工业和信息化高职高专「十二五」规划教材立项项目

21世纪高等职业教育财经类规划教材

电子商务专业

电子商务基础与实务

The Theory and Practice of Electronic Commerce

张传玲 甄小虎 ◎ 主编

吴锐 张雪芬 陈静 丛琳 ◎ 副主编

李亮宇 ◎ 主审

人民邮电出版社

北京

图书在版编目（CIP）数据

电子商务基础与实务 / 张传玲，甄小虎主编. -- 北京：人民邮电出版社，2012.6（2015.1重印）
21世纪高等职业教育财经类规划教材. 电子商务专业
ISBN 978-7-115-27640-7

Ⅰ. ①电… Ⅱ. ①张… ②甄… Ⅲ. ①电子商务—高等职业教育—教材 Ⅳ. ①F713.36

中国版本图书馆CIP数据核字(2012)第061916号

内容提要

本书采用项目驱动任务导向编写模式，内容深入浅出，通俗易懂，通过具体的工作任务，介绍电子商务相关的基础知识。

全书内容包括初识电子商务、网络工具的使用、电子商务交易模式的应用、电子支付、电子商务安全、网络营销实践、中小企业网站策划七个项目，客户关系管理、移动电子商务、电子商务与现代物流、电子商务法律法规四个拓展知识模块。

本书强调学生实际动手能力的培养。每个项目包括多个任务，其中每个任务又有相关的知识介绍，以此提高学生的操作能力。同时，每个项目都有拓展训练，希望通过拓展训练能达到举一反三的效果。

本书可作为高等职业院校、普通高等院校（应用型本科）、成人高校电子商务类专业及其他相关专业的教学用书，也可作为电子商务的培训教材和自学用书。

21世纪高等职业教育财经类规划教材·电子商务专业

电子商务基础与实务

◆ 主　　编　张传玲　甄小虎
　副 主 编　吴　锐　张雪芬　陈　静　丛　琳
　主　　审　李亮宇
　责任编辑　刘　琦

◆ 人民邮电出版社出版发行　北京市丰台区成寿寺路11号
　邮编　100164　电子邮件　315@ptpress.com.cn
　网址　http://www.ptpress.com.cn
　北京铭成印刷有限公司印刷

◆ 开本：700×1000　1/16
　印张：14.75　2012年6月第1版
　字数：350千字　2015年1月北京第5次印刷

ISBN 978-7-115-27640-7

定价：29.00元

读者服务热线：(010)81055256　印装质量热线：(010)81055316

反盗版热线：(010)81055315

广告经营许可证：京崇工商广字第0021号

前　言

随着互联网的不断普及，电子商务已成为国民经济和社会信息化的重要组成部分。截至 2011 年 12 月底，我国网民规模达到 5.13 亿，网络购物用户规模达到 1.94 亿。我国许多企业已进入电子商务领域，而且还有更多的企业正准备进军这一领域，因此，需要一大批懂电子商务，会用电子商务的技能型人才。

本书以面向应用为宗旨，突出实践技能的培养。全书共分初识电子商务、网络工具的使用、电子商务交易模式应用、电子支付、电子商务安全、网络营销实践、中小企业网站策划 7 个项目及客户关系管理、移动电子商务、电子商务与现代物流、电子商务法律法规 4 个拓展知识模块。通过本书的学习使学生真正做到学以致用、活学活用，切实培养学生的实践操作能力，实现工学结合，提高学生的综合素质。

本教材的编写有以下几个特色。

（1）教材采用项目驱动、任务导向的课程模式，符合高职教学要求，具有良好的易教易学性。

（2）体例具有创新性。依据工作过程系统化课程开发的基本思路，将工作过程转换成 7 个学习项目。每个项目包括学习目标、典型案例、工作任务、看图识字、知识框架、技能拓展和复习思考题几个部分。每个工作任务由任务导入、背景知识、任务实施三个模块组成。

（3）教学内容实用性。教材内容的组织坚持理论以够用为原则，注重操作技能的掌握和运用。按照理论与实践相结合的要求，将理论知识嵌入到各个教学实践项目之中，通过完成工作任务，学习相关的理论知识。

（4）具有教、学、做、评一体化的特点，教材有良好的可操作性。本教材以项目为纽带，把教师、学生、教学内容进行有机整合。每个工作任务采用任务单的形式，提出具体要求，学生根据任务单要求进行操作，教师根据学生完成情况进行打分。

（5）丰富的教学资源更有利于教师教学和学生自学。本教材配有丰富的教学资源，为教学提供全方位、立体化的解决方案。教学资源包括电子课件、习题等。

本教材由山东经贸职业学院张传玲、甄小虎担任主编，负责提纲的编写、体例的设计，初稿的增删修改、统稿和定稿，安徽工业经济职业技术学院吴锐、山东经贸职业学院张雪芬、安徽工业经济职业技术学院陈静、山东经贸职业学院丛琳任副主编。具体分工如下：张传玲负责项目一，甄小虎负责项目六，张雪芬负责项目四，吴锐负责项目三和项目七，丛琳负责项目二和拓展知识一～拓展知识四，陈静负责项目五。

本书可作为高等职业学校、普通高等院校（应用型本科）、成人高校、民办院校

前言

及本科院校举办的二级职业院校电子商务类专业及其他相关专业的教学用书，也可作为电子商务培训教材和自学用书。

在教材编写过程中，我们做了许多努力，但由于水平有限，书中内容难免有疏漏之处，恳请广大读者批评指正，并将意见及时反馈给我们，以便在教材修订时加以改进。

意见建议请寄：zhangcl878@163.com

联系电话：0536-260070

编　者

2012 年 1 月

目 录

目 录

目　录

项目一

初识电子商务

学习目标

【知识目标】

- 了解电子商务的内涵、特点、功能及发展史。
- 理解电子商务运行模式、实施流程。
- 明确电子商务专业的就业方向与岗位。

【能力目标】

- 通过实地调研或网络调研，形成对电子商务及其发展现状的正确认识。

典型案例

网络购物勃兴助推中国电子商务快速发展

近年来国内经济生活领域最值得关注的现象之一，莫过于以网络购物为代表的电子商务的迅猛发展。随着政府的日益重视以及网络环境的日益成熟，有业内人士认为，中国电子商务服务业将成为全球领先的战略性新兴产业。

十一届全国人大四次会议政府工作报告中指出，要积极发展电子商务、网络购物、地理信息等新型服务业。有业内人士表示，这是网络购物首次明确地进入政府工作报告内容，因此受到业内外的普遍关注。

据了解，我国电子商务和网络购物市场近年来取得了令人瞩目的发展，成为我国少数发展水平与全球同步甚至领先的行业之一。据商务部统计，2007 年至 2009 年，我国网络零售交易额年均增长速度高达 117%，是同期社会消费品零售总额年均增长速度的 6.5 倍。社科院发布的《商业蓝皮书》统计数据表明，2011 年网络购物的全年交易额达到 8 000 亿元，约占全年社会商品零售总额的 3%。

业内人士指出，网络零售交易平台可以通过提供海量信息管理平台和有效的信用评价体系，集成物流、支付等电子商务服务体系，显著地降低交易成本，促进内需和消费。

首先，借助网络购物平台，各地特别是中西部地区企业能有效地对接全国大市场。以国内领先的网络零售平台淘宝网为例，新疆和内蒙古网商超过 90%的交易都是销往外省，内蒙古奶酪在全国的销售额达到 1 666 万元，新疆大枣在全国的销售额达到 1.25 亿元。2010 年，四川、辽宁、新疆、内蒙古等省区在淘宝网上的消费金额中超过 80%都是跨省消费。

其次，网购具有全天候消费的特点，从而可与传统零售形成强劲互补。根据淘宝网的数据，淘宝网上的购物高峰集中在工作日，且高峰时间集中在 21—22 点，这与线下消费者在周末集中购物的消费习惯形成强劲互补。

最后，网购可以提供极大丰富、高性价比的商品。2010 年，淘宝网在线商品数达到 8 亿件，并且以每天新增 1 000 万件的速度持续增加，平均每分钟出售 4.8 万件商品。同时，网购能有效降低营销、渠道、物流等环节的交易成本，商品具有良好的性价比。

经过近几年的发展，目前国内的网购市场正呈现出几个新的发展趋势。一是网货加速品牌化。网货品牌成为网购市场的消费焦点，这其中既包括歌瑞尔、德尔这样的外贸转内销网货品牌，也包括麦包包、零号男等一批完全基于网络发展起来的网货品牌；二是主流品牌网销化。国际金融危机加速了品牌厂商的网络销售进程，并涌现出一批“明星网货”，如联想、宝洁、优衣库、戴尔、李宁等品牌；三是主流消费网购化，家居日用类商品销售的数量和金额成倍上升。

国际市场研究机构国际数据公司（International Data Corporation，IDC）研究认为，经过 10 年的发展，电子商务服务业已成为目前国内信息经济的重要生产要素，预计中国电子商务服务业将成为全球领先的战略性新兴产业。按当前发展曲线计算，到 2015 年，我国电子商务平台的交易规模将增长 5～10 倍，以淘宝网为代表的网络零售平台将覆盖 5 亿消费者，交易额有望超过 2 万亿元。

思考

1. 你在以前的生活、学习过程中是否已经接触过电子商务？举例说明。
2. 在你的印象中，电子商务是怎样的？简单谈谈自己的理解。

任务一　电子商务之旅

任务导入

21 世纪，要么电子商务，要么无商可务。比尔·盖茨在十多年前的这一预言，正在成为现实。

始于 1997 年的中国电子商务已经走过了十几年的历程。从最初的强调“互联网”、“新经济”的技术属性，到现在对“商务”本质的返璞归真，社会各界对电子商务的理解不断深入。从 B2B、B2C、C2C 再到如今的 C2B，电子商务的商业模式与运营形态正在走向多元化。越来越多的人开始认识到，电子商务不只是一个新产业，更是一个全新的商业时代。

作为电子商务的初学者，我们对于电子商务的内涵、特点等还只是停留在表层的认识上，为了在互联网高速发展的今天，也能从这个极具发展前景的行业中分得一杯羹，让我们扬起风帆，开始踏上神奇的“电子商务之旅”！

背景知识

1. 什么是传统商务

传统商务起源于史前，当我们的祖先开始对日常活动进行分工时，商业活动就开始了。每个家庭不再像以前那样既要种植谷物，又要打猎和制造工具，而是专心于某一项活动，然后用他们的产品换取所需之物。例如，制造工具家庭可以和种植谷物家庭互换产品。在这些原始的活动中，无形的服务也开始了买卖，例如，巫医通过巫术或求神换取食品或工具。最终，货币的出现取代了易货贸易，交易活动变得更容易了。然而，贸易的基本原理并没有变化。所以，商务或商务活动就是至少有两方参与的有价物品或服务的协商交换过程，它包括买卖各方为完成交易所进行的各种活动。

企业的商务活动不仅是采购与销售，还包括很多其他活动。例如：产品的销售方需要了解顾客的需要向潜在顾客促销产品，接收订单，支付产品，开具票据，接收付款，向顾客提供售后服务等。当然，产品的购买方也要参与很多业务活动，他们必须明白自己的需要，确定能够满足这些需要的产品并对这些产品做出评价。然后，他们要订购所需的产品，确定商品的交付方式并付款。在很多情况下，买方需要就产品的质量保证与售后服务问题与卖方保持联系。

2. 什么是电子商务

在互联网技术迅速发展的今天，网上订购 CD，网上订花，网上订餐，网上订票，网上购物，网上交易……电子商务这一词汇开始频繁地出现在人们的日常生活当中。组织和个人都对电子商务有了不同程度的认识，人们对电子商务的兴趣也与日俱增，但是可能有许多人只是认为，电子商务就是网上购物。其实当今的电子商务领域并不局限于网上购物或买卖，还包括其他更多的业务。那么，到底什么是电子商务呢？电子商务有狭义与广义之分，一般我们认为的电子商务是指广义的电子商务（E-Business），狭义的电子商务我们称为电子商业（E-Commerce）。

电子商业（E-Commerce）是指实现整个贸易过程中各阶段贸易活动的电子化。从涵盖范围方面可以定义为，交易各方以电子交易方式而不是通过当面交换或直接面谈方式进行的任何形式的商业交易；从技术方面可以定义为，电子商业是一种多技术的集合体，包括交换数据（如电子数据交换、电子邮件）、获得数据（如共享数据库、电子公告牌）以及自动捕获数据（如条形码）等。

电子商务（E-Business）是利用网络实现所有商务活动业务流程的电子化，不仅包括了电子商业的面向外部的业务流程，如网络营销、电子支付、物流配送等，还包括了企业内部的业务流程，如企业资源计划、管理信息系统、客户关系管理、供应链管理、人力资源管理、网上市场调研、战略管理及财务管理等。

综合各方面的不同看法，结合我国电子商务的实践，可以将电子商务的概念做如下表述：电子商务系指交易当事人或参与人利用计算机技术和网络技术（主要是互联网）等现代信息技术所进行的各类商务活动，包括货物贸易、服务贸易和知识产权贸易。这里的“利用信息技术和计算机网络”和“进行商务活动”都具有丰富的含义。

传统企业要进行电子商务运作，重要的是优化内部管理信息系统（Management Information System，MIS）。MIS 是企业进行电子商务的基石。MIS 本质上是通过对各种内部信息的加工处理，实现对物流、资金流、信息流的有效管理和控制，从而最终扩大销售，降低成本，提高利润。

3. 电子商务与传统商务的区别

（1）商务工具的变迁

电子商务与传统商务其核心都是商务，只是手段、工具不同。早在 1839 年，当电报刚出现时，人们就开始了对运用电子手段进行商务活动的讨论。随着电话、传真、电视、计算机、网络等工具的诞生，商务活动中可应用的工具也得到了补充。商务工具的变迁如图 1-1 所示。

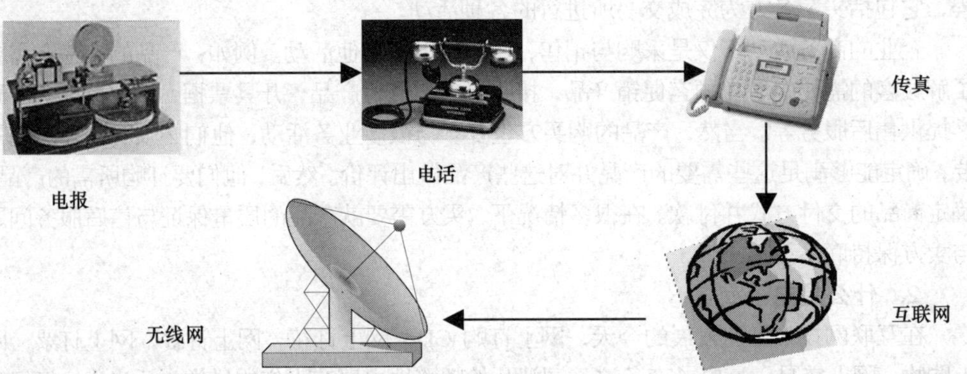

图 1-1 商务工具的变迁

（2）电子商务与传统商务的比较

通过前面我们对电子商务与传统商务的分析可以看出，电子商务与传统商务可从信息取得、流通方式、流通渠道、交易对象、交易时间、消费者的便利性等方面进行比较，如表 1-1 所示。

表 1-1 电子商务与传统商务的比较

项 目	传 统 商 务	电 子 商 务
信息提供	根据销售商的不同而不同	透明、准确
流通渠道	企业→中间商→消费者	企业→消费者
交易对象	部分地区	全球
产易时间	营业时间内	二十四小时全天候
销售方法	企业推动式	消费者拉动式

续表

项 目	传 统 商 务	电 子 商 务
顾客便利性	受时间、地点的限制，便利性弱	不受任何限制，自由式，便利性强
客户管理	需要很长时间掌握顾客需求，不便于客户管理	能够迅速掌握顾客需求，便于客户管理
销售场地	需要销售空间，有门店	虚拟空间

4. 电子商务的功能与特点

（1）电子商务的功能

电子商务可提供网上交易和管理等商务活动全过程的服务。因此，它具有企业业务组织、信息发布与广告宣传、咨询洽谈、网上订购、网上支付、网上金融与电子账户、信息服务传递、意见征询和调查统计、交易管理等各项功能。

① 企业业务组织。

电子商务是一种基于信息的商业进程，在这一进程中，企业内外的大量业务被重组，使整个企业更有效地运作。企业对外通过 Internet 加强了与合作伙伴之间的联系，打开了面向客户的窗口；对内则通过 Intranet 提高业务管理的集成化和自动化水平，以实现高效、快速和方便的业务活动流程。

② 信息发布与广告宣传。

企业可以在互联网上发布各类商业信息和企业信息，以供客户浏览。客户可借助网上的搜索引擎工具迅速地找到所需商品信息，而商家则可利用网上主页和电子邮件在全球范围内作广告宣传。与以往的各类广告相比，网上的广告成本更为低廉，宣传范围覆盖全球，同时能给顾客提供更为丰富的信息。

③ 咨询洽谈。

在电子商务活动中，顾客可以借助非实时的电子邮件（E-mail）、新闻组（News Group）和实时的论坛（BBS）来了解市场和商品信息，洽谈交易事务，如有进一步的需求，还可用网上的交互平台来交流即时的图文信息。网上的咨询和洽谈能超越人们面对面洽谈的限制，提供多种方便的异地交谈形式，甚至可以在网络中传输实时的图片和视频片段，产生如同面对面交谈的感觉。

④ 网上订购。

网上订购通常都是在产品介绍的页面上提供十分友好的订购提示信息和订购单。当客户填完订购单后，系统会通过发送电子邮件或其他方式通知客户确认订购信息。通常，订购信息会采用加密的方式来传递和保存，以保证客户和商家的商业信息不会泄露。

⑤ 网上支付。

对于一个完整的电子商务过程，网上支付是不可缺少的一个重要环节。客户和商家之间可采用虚拟电子货币、网银在线、信用卡等系统来实现支付。网上支付比起传统的支付手段更为高效和方便，可节省交易过程中许多人员的开销。不过，由于网上支付涉及机密的商业信息，所以，它需要更为可靠的信息传输安全性控制以防止欺骗、窃听、冒用等非法行为出现。

⑥ 网上金融与电子账户。

网上的支付需要电子金融来支持，即银行或信用卡公司以及保险公司等金融机构为客户提供可在网上操作的金融服务，而电子账户管理是其基本的组成部分。信用卡号或银行账号是电子账户的一种标志，其可信度需配合必要的技术措施来保证，如数字凭证、数字签名、加密等手段的应用，为电子账户操作提供可靠的安全保障。

⑦ 信息服务传递。

交易过程中的信息服务传递，如订货信息、支付信息、物流配送信息等均可通过各种网络服务来实现。另一方面，信息是交易商品的一种形式，如软件、电子读物、信息服务等，可直接通过网络传递到客户手中。

⑧ 意见征询和调查统计。

在网页上采用“选择”、“填空”等问卷调查方式收集用户对产品及服务的反馈意见，使企业的市场运营形成一个回路。通过对反馈意见的分析，以及对交易数据的统计，可以了解用户的需求和爱好，有效地把握市场的发展趋势，使企业获得改进产品、扩大市场的商业机会。

⑨ 交易管理。

在商务活动中，对整个交易过程的管理涉及人、财、物多个方面以及企业与企业、企业与客户、企业内部等各方面的协调和管理，因此，交易管理涉及商务活动的全过程。电子商务的发展，将会提供一个良好的交易管理的网络环境及多种多样的应用服务系统以促进电子商务获得更广泛的应用。

（2）电子商务的特点

电子商务综合运用信息技术，以提高贸易伙伴间商业运作效率为目标，将一次交易全过程中的数据和资料用电子方式实现，在整个商业运作过程中实现交易无纸化、直接化。电子商务可以使贸易环节中各个参与者更紧密地联系，更快地满足需求，在全球范围内选择贸易伙伴，以最小的投入获得最大的利润。

电子商务与传统的商务活动相比，具有以下几个特点。

① 交易虚拟化。

通过互联网进行的贸易活动，贸易双方从贸易磋商、签订合同到支付等，无须当面进行，均可通过计算机在互联网上完成，整个交易都可在网络这个虚拟化的环境中进行。对卖方来说，可以到网络管理机构申请域名，制作自己的主页，组织产品信息上网。而虚拟现实、网上聊天等新技术的发展使买方能够根据自己的需求选择商品，并将信息反馈给卖方。通过信息的交互传递，签订电子合同，完成交易并进行电子支付，实现整个交易的完全虚拟化。

② 交易成本低。

电子商务使得买卖双方的交易成本大大降低，具体表现在以下方面。

- 距离越远，网络上进行信息传递的成本相对于信件、电话、传真而言就越低。此外，电子商务还可缩短信息传递时间，减少数据重复录入，降低信息成本。
- 买卖双方通过网络进行商务活动，无需中介者参与，减少了交易的环节，减少了流通成本。
- 卖方可通过互联网进行产品介绍、宣传，节省了在传统方式下的广告制作及印刷制品等的费用，降低了宣传成本。

- 电子商务实行“无纸贸易”，可减少90%的文件处理费用，降低管理成本。
- 互联网使买卖双方即时沟通供需信息，使无库存生产和无库存销售成为可能，从而使库存成本尽可能为零。
- 企业利用内部网（Intranet）可实现“无纸办公（OA）”，提高了内部信息的传递效率，节省了时间，同时降低了管理成本。通过互联网把公司总部、代理商以及分布在其他国家的子公司、分公司联系在一起，及时对各地市场情况做出反应，及时生产，及时销售，降低存货，快捷配送，从而降低产品成本。
- 传统的贸易平台是地面店铺，新的电子商务贸易平台则是一台联网的计算机，大大降低了经营成本。

③ 交易效率高。

由于互联网将贸易中的商业报文标准化，使商业报文在世界各地的传递能在瞬间完成，计算机自动处理数据，使原料采购、产品生产、需求与销售、银行汇兑、保险、货物托运及申报等过程无须专人干预，就能在最短的时间内完成。电子商务克服了传统贸易方式的费用高、易出错、处理速度慢等缺点，极大地缩短了交易时间，使整个交易非常快捷与方便。

④ 交易透明化。

电子商务使买卖双方从交易的洽谈、签约以及货款的支付、交货通知等整个交易过程都在网络上进行。通畅、快捷的信息传输可以保证各种信息之间互相核对自动化、实时化，降低伪造信息的可能性。例如，在典型的许可证EDI（Electronic Data Interchange，电子数据交换）系统中，由于加强了发证单位和验证单位的通信、核对，假的许可证就不易漏网。

⑤ 提升企业竞争力。

电子商务使得许许多多的中小企业也可以通过网络实现全天候、国际化的商务活动。通过网络进行宣传、营销，可以创造更多的销售机会，从而提高企业的竞争力。

⑥ 促进经济全球化。

电子商务使得世界各地的人们都可以了解到国际上的商业信息，加速了信息沟通和交流，促进了国际商务活动的开展，跨国商务活动变得越来越简易和频繁，适应了经济全球化的发展趋势。

5. 电子商务的优势与劣势

（1）电子商务的优势

企业对电子商务感兴趣的理由非常简单——电子商务可以为企业带来利润。对企业来说，电子商务的优势可以归纳为一句话：电子商务可以增加销售额并降低成本。一家小企业在网上做广告可以把企业的促销信息传递到世界各地的潜在客户那里。企业也可以通过电子商务将信息传递到在地球上极为狭小的目标市场。互联网和WWW创造了虚拟社区，这些虚拟社区就可以成为企业理想的目标市场。

企业在销售商品和处理订单时，用电子商务可以降低询价、报价和确定现货等活动的处理成本。例如，前面提到的戴尔公司通过互联网销售计算机。由于这些活动不需要客户服务代表，公司的运营效率非常高。

电子商务可以增加卖方的销售机会，也同样可以增加买方的购买机会。企业在采购时可以利用电子商务找到新的供应商和贸易伙伴。在电子商务中，由于互联网的强大交互性，买卖双方之间的讨价还价也非常便利，从而降低交易成本。

电子商务同时给买方提供了更多的选择，因为买方可以考虑更多卖方的产品和服务，买方每天二十四小时都可以与卖方接触，可以得到更多有关产品的信息。

电子商务的优势可以直接惠及整个社会，互联网可以安全、迅速、低成本地实现税收、退休金和社会福利金的电子结算。电子商务可以帮助人们实现在家工作、在家学习。我国2004年非典时期电子商务的发展是一个最好的实例。

（2）电子商务的劣势

有些业务流程也许永远也不能使用电子商务。例如，无论将来技术如何进步，易腐食品和珠宝古董等物品也不能远程检验。电子商务的劣势主要在于关键技术的不成熟。例如，在中国大部分农民还没有计算机，特别是中西部地区的信息化技术程度还很低。

企业在采用任何新技术之前都要计算投资收益情况，而电子商务的投资收益很难计算，一般投资期较长。中国知名电子商务网站阿里巴巴直到2002年才赢利一元钱。同样，电子商务的实施并不是简单的技术、手段的改变，还存在着理念上的改变。很多企业实施电子商务还会遇到消费习惯和观念上的障碍，例如，一些消费者不愿在互联网上发送信用卡号码，许多50岁以上的人不相信网络的安全，不相信网上购物。

6. 电子商务概念模型

电子商务的概念模型是对现实中电子商务活动的一般抽象描述，它由交易主体、电子市场、交易事务和信息流、资金流、物流等基本要素组成，如图1-2所示。关于物流的概念会在后面进一步介绍。

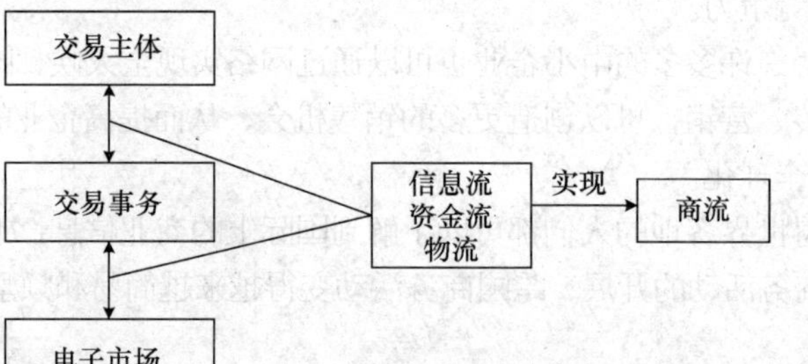

图1-2 电子商务的概念模型

在这一模型中，交易主体是能够从事电子商务活动的组织或个人；电子市场是电子商务主体从事商品和服务交换的虚拟场所，它由各种各样的商务活动参与者利用各种通信装置，通过网络连接成一个统一的经济整体；交易事务是交易主体从事的具体的商务活动内容，例如，询价、报价、转账支付、广告宣传、商品运输等。

电子商务的任何一笔交易都包括信息流、资金流、物流和商流。信息流既包括商品信息的提供、网络促销、技术支持、售后服务等内容，也包括各种单证的传递以及交易双方的支付能力、信誉等。资金流主要指资金的转移过程，包括转账、付款、兑换等过程。物流主要是指商品实体的空间转移，包括装卸、运输、配送、储存、包装等环节。对于一些数字化产品，可以通过网络配送。商流指交易双方进行交易和所有权转移的过程，商流标志着交易的最终实现。

7. 电子商务的框架构成和流程

下面从电子商务中的各个角色来阐述电子商务的框架构成，并在此基础上，分析电子商务的流程、分类和特点等。

（1）电子商务参与要素

电子商务的基本组成要素有网络、用户、配送中心、认证中心、银行、商家等，如图1-3所示。

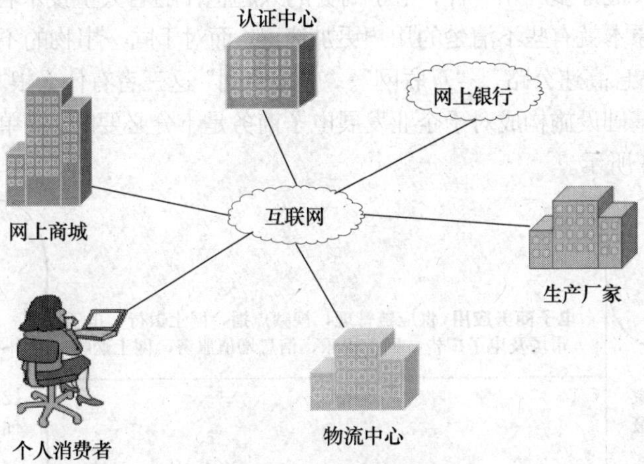

图1-3　电子商务基本组成要素

① 互联网、内联网和外联网。

互联网是电子商务的基础，是信息流、资金流传送的载体。内联网是企业内部商务活动的场所。外联网是企业与企业之间及企业与个人进行商务活动的纽带。

② 网上商城与消费者。

网上商城既是买方又是卖方，它既要从网上收集信息，从生产厂家订货，又要发布信息，向消费者销售商品。消费者是个人最终用户，他们通过浏览网页，收集商品信息，实现足不出户的网上购物。

③ 认证中心。

认证中心是法律承认的权威机构，负责发放和管理电子证书，使网上交易的各方能相互确认身份。电子证书是一个包含证书持有人个人信息、公开密钥、证书序号、有效期、发证单位的电子签名等内容的数字文件。

④ 物流中心。

物流中心接受商家送货请求，组织运送无法从网上直接得到的商品，跟踪产品的流向，将产品送到最终客户手中。

⑤ 网上银行。

网上银行在网上实现在线转账业务，为用户提供二十四小时实时服务；与信用卡公司合作，发放电子钱包，提供网上支付手段，为电子商务中的客户服务。

（2）电子商务的框架

电子商务影响的不仅仅是交易各方的交易过程，它在一定程度上改变了市场的组成结构。传统的市场交易链是在商品、服务和货币的交换过程中形成的。现在，电子商务在其中强化了一个因素——信息，于是就有了信息商品、信息服务和电子货币。在这里，贸易的实质并没有变，但是贸易过程中的一些环节因为所依附的载体发生了变化，也相应改变了形式。从单个企业来看，贸易的方式发生了一些变化；从整个的贸易环境来看，有的商业机会消失了，同时又有新的商业机会产生，有的行业衰退了，同时又有别的行业兴起了，从而使得整个贸易过程呈现出一些崭新的面貌。

同互联网的其他许多应用一样，电子商务的兴起也伴随着大量技术名词的涌现。这在很大程度上使得原本就有些不清楚的用户更加迷惑，而对于同一事物的不同叫法更加重了这种情况，如“信息高速公路”、“互联网”、“虚拟空间”这三者有什么根本区别呢？因此，了解电子商务的基础设施构成对于企业发展电子商务是十分必要的。简单的电子商务的一般框架，如图 1-4 所示。

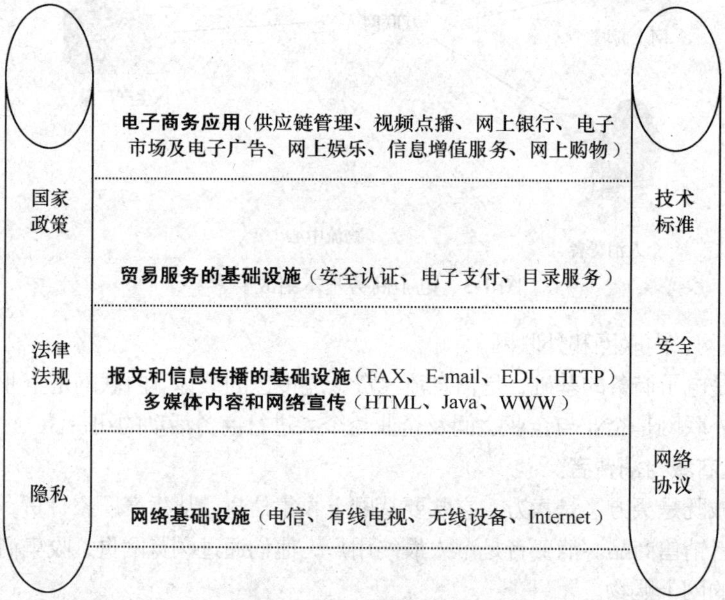

图 1-4　电子商务框架

① 网络基础设施。

信息高速公路是网络基础设施的一个较为形象的说法，它是实现电子商务的最底层的基础设施。正像公路系统由国道、城市干道、辅道共同组成一样，信息高速公路是由骨干网、城域网、局域网等层层搭建起来的。它使任何一台联网的计算机都能随时同这个世界连为一体。信息可以通过电话线传播，也可以通过点播的方式传递。

有了信息高速公路只是使得通过网络传递信息成为可能，究竟使用什么样的车要看用户的具体做法。目前网上最流行的发布信息的方式是以 HTML（超文本链接语言）的形式将信息发布在 WWW 上。传统上，厂商需要花很大的力气做各种广告和促销活动来宣传自己的产品，在电子商务的环境下，厂商仍然要宣传自己的产品，不过方式就大大不同了。

这种不同有两个前提条件：一是网络基础设施的畅通和方便便宜的接入，二是有数目可观的潜在的网络用户群。因为厂商宣传的目的是要让用户知晓自己的产品，这好比在报纸上做广告就要找读者群大的报纸，效果才会好。有了这两个条件，互联网的优势就是无可争议的了。互联网使得地域界限变得不那么重要，用户只要学会如何使用 Web 浏览器，就能很好地访问和使用 Web 上的电子商务工具。WWW 带来了相对公平的商业竞争机会，小公司也完全有能力在 Web 上发布产品目录和存货清单。HTML 使得消费者和采购人员能够得到最适当、最精练的信息。例如，一个复杂的 Web 服务器可以向一个特定的查询者提供符合其个人习惯的目录，一个 Web 站点所能完成的功能比任何用户登记卡所能做到的更好、更持久，它能够捕捉和分析用户行为，掌握动态的个人市场营销情况，用来完成未来规划。

② 报文和信息传递、多媒体内容和网络宣传基础设施。

网络上传递的内容包括文本、图片、声音、图像等。但网络本身并不知道传递的是声音还是文字，它对它们一视同仁，都视为 0、1 串。对于这些串的解释、格式编码及还原是由一些用于消息传播的硬件和软件共同实现的，它们位于网络设施的上一层。这些消息传播工具提供了两种交流方式：一种是非格式化的数据交流，如用传真和电子邮件传递的消息，主要是面向人的；另一种是格式化的数据交流，像我们前面提到的 EDI 就是典型代表，它的传递和处理过程可以是自动化的，无须人的干涉，也就是面向机器的，订单、发票、装运单都比较适合格式化的数据交流。对于电子商务来说，目前的消息传递工具要想适合电子商务的业务需要还要扩展其功能，使得传递的消息是可靠的、不可篡改的、不可否认的，在有争议的时候能够提供适当的证据。在这个领域上的另一个挑战是要使这些传播工具适用于各种设备（PC、工作站、无线接收设备）、各种界面（字符界面、图形界面、虚拟现实）和各种网络（有线、无线、光纤、卫星通信）。

③ 贸易服务的基础设施。

贸易服务的基础设施是为了交易所提供的通用的业务服务，是所有的企业、个人做贸易时都会用到的服务，所以也称为基础设施，主要包括安全和认证、电子支付、商品目录和价目表服务等。

首先，这些服务有很大一部分是围绕着怎样提供一个安全的电子销售偿付系统发展开来的。当我们在进行一笔网上交易时，购买者发出一笔电子付款（以电子信用卡、电子支票或电子现金的形式），并随之发出一个付款通知给卖方；卖方通过中介机构对这笔付款进行认证并最终接收，同时发出货物，这笔交易才算完成。为了保证网上支付是安全的，就必须保证交易是保密的、真实的、完整的和不可抵赖的。目前的做法是用交易各方的电子证书（即电子身份证明）来提供端到端的安全保障。

其次，如前面所提到的，任何一个商业实体都面临着的核心领域可以分为电子销售偿付系统、供货体系服务、客户关系解决方案。

④ 其他影响因素。

政策法规和技术标准是整个电子商务框架的两个支柱。国际上，人们对信息领域的立法工作十分重视。美国政府发布的《全球电子商务的政策框架》中，对有关法律做了专门的论述；1996 年联合国贸易组织通过了《全球电子商务示范法》，俄罗斯、德国、英国等国家也先后颁布了多项有关法规。目前，我国政府在信息化方面的注意力还主要集中在信息化基础建设方面，信息立法还没有进入实质阶段，电子商务的法律法规还有待健全。其他的如个人隐私权、信息定价等问题也需要进一步界定，比如，是否允许商家跟踪用户信息，对儿童能够发布哪些信息，这些问题随着越来越多的人介入到电子商务中，必将变得更加重要和迫切。

另外，提到政策法规，必须考虑到各国的不同体制和国情与互联网和电子商务的跨国界性是有一定冲突的，这就要求加强国际间的合作研究。例如，私有企业在美国经济运行中占主导地位，制定政策法规时美国政府必然向私有企业倾斜，同时尽量减少政府限制；而在中国则会采取以政府为主导的经营政策。此外，由于各国的道德规范不同，也必然会存在需要协调的方面。在很少接触跨国贸易的情况下，我们不会感觉到它们的冲突；而在电子商务时代，在全球贸易一体化的情况下，用户很容易通过网络购买外国产品，就会出现矛盾。比如，酒类在有些国家是管制商品，但商人对此未必知晓，即使知道，也未必不会在利益驱使下去违反法规。特别是对于大量小宗的跨国交易，海关该如何应付，已成为需普遍面对的问题。通常法律应具有一定的前瞻性，我们在制定法规时应该充分考虑到这些因素，法律的不完善势必会影响我们参与国际竞争。第二个支柱是技术标准。技术标准定义了用户接口、传输协议、信息发布标准等技术细节。就整个网络环境来说，标准对于保证兼容性和通用性是十分重要的。正像有的国家左行制、有的国家右行制会给交通运输带来一些不便，不同国家 110V 和 220V 的电器标准会给电器带来麻烦一样，我们今天在电子商务中也遇到了类似的问题。目前许多厂商、机构都意识到了标准的重要性，正致力于联合起来开发统一标准。例如，VISA（维萨）、Mastercard（万事达）等国际信用卡组织已经同业界合作制定出用于电子商务安全支付的 SET（Secure Electronic Transaction，安全电子交易）协议。

（3）电子商务的流程

在全面了解电子商务流程以前，先看一下一般网上购物的流程。

① 你在某电子商务网站订购了三件商品，该网站的一台计算机负责这一工作，计算机把你的订单（一本书、一个游戏软件和一台数码相机）发送到网站的配送中心之一。

② 在一个地方配送中心，客户的订单被传送到离客户最近、有客户所需商品的配送仓库。计算机会告诉送货员应该去什么地方取货。

③ 所有商品都放入一个大货篓中，货篓中堆放着许多顾客订购的商品，在这个大仓库的传送带上走上几英里的路程。机器扫描每件商品上的条形码，同时配送中心的几百名工人也将监督这一工作。

④ 你要的三件商品在货运斜管中汇合，然后被装入纸箱。所有货篓都被传送到中心点。在那里，工人核对商品条形码与订单号，以确认哪些商品归哪些顾客。你所订购的三件商品最后被装入一个宽三英尺的货运斜管中，然后装入一个纸箱。工人在纸箱上贴上一种新条形码，用来表明你所购买的商品。

⑤ 工人将商品装箱、贴胶带、称重、贴标签，最后箱子被装入一辆卡车，离开仓库。选择相应的送货方式，将商品送到你手中。

完整的电子商务过程包括交易前的准备，交易中的磋商、订立合同与执行、支付与清算，交易后的售后服务等环节，如图 1-5 所示。我们将会在后面的内容中详细介绍。

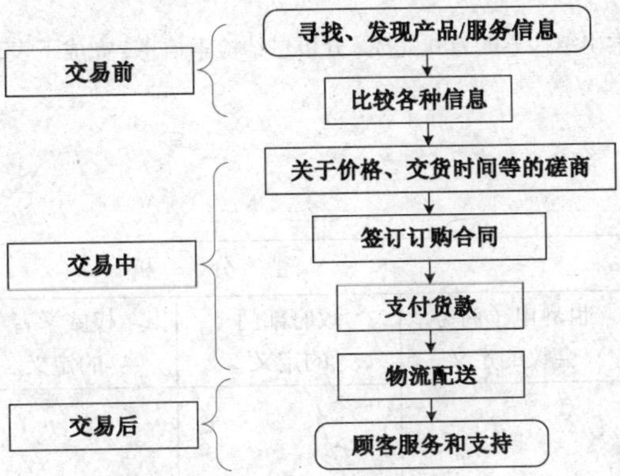

图 1-5　电子商务的流程

任务实施

任务一　电子商务之旅任务单

任务编号：EB1-1		学时：_____课时	
实训地点：		日期：_____年_____月_____日	
姓名：	班级：	学号：	成绩：

一、任务描述

通过选用合适的搜索引擎（如 google、baidu、yahoo 等）或者其他电子商务信息检索工具，检索我国和世界其他国家（如美国）电子商务的发展历程，从而对电子商务形成初步的自我认识和理解，为后续项目和任务的开展和实施做好准备。任务实施中记录主要操作步骤，通过对信息的整理与分析，形成对以下问题的初步自我认知。

1. 什么是电子商务？电子商务的功能及特点是什么？
2. 我国和世界其他国家（如美国）电子商务的发展经历了哪几个阶段？
3. 在世界电子商务的发展历程中，有哪些关键年份和典型事件？其中，我国的关键年份和典型事件又有哪些

二、相关资源

1. 章炳林.电子商务概论[M].北京：水利水电出版社，2011.
2. 王光明.中国电子商务之都互联网经济发展报告[M].杭州：浙江大学出版社，2009.
3. 中国互联网络信息中心：www.cnnic.net.cn
4. 中国电子商务研究中心： b2b.toocle.com
5. 派代网：www.paidai.com
6. 亿邦动力网：www.ebrun.com
7. 博星卓越学习室： www.xuexishi.com
8. 艾瑞网： www.iresearch.cn
9. 中国电子商务协会：www.ec.org.cn
10. 中文搜索引擎指南： www.sowang.com/seek.htm

三、任务分配

本任务以个人形式单独完成，每位同学按照任务单的要求，完成任务

续表

四、任务实施

本任务主要通过搜索引擎检索的方式完成。分析总结检索信息，完成下表，形成自我认知学习报告。（表格可自行扩展）

<table>
<tr><th>序号</th><th>问　　题</th><th colspan="4">分　　析</th></tr>
<tr><td rowspan="2">1</td><td rowspan="2">什么是电子商务</td><td>世界电子商务会议的定义</td><td>政府部门的定义</td><td>权威学者的定义</td><td>本教材的定义</td></tr>
<tr><td></td><td></td><td></td><td>狭义：

广义：</td></tr>
<tr><td rowspan="2">2</td><td rowspan="2">电子商务功能特点</td><td colspan="2">功　　能</td><td colspan="2">特　　点</td></tr>
<tr><td colspan="2"></td><td colspan="2"></td></tr>
<tr><td rowspan="2">3</td><td rowspan="2">电子商务发展阶段</td><td colspan="2">我　　国</td><td colspan="2">美　　国</td></tr>
<tr><td colspan="2"></td><td colspan="2"></td></tr>
<tr><td rowspan="2">4</td><td rowspan="2">关键年份典型事件</td><td colspan="2">年　　份</td><td colspan="2">事　　件</td></tr>
<tr><td colspan="2"></td><td colspan="2"></td></tr>
</table>

五、相关知识

1. 网络信息检索的方法和技巧及相关知识（具体可参阅项目二）；

2. 电子商务的定义及发展历程

六、任务执行评价

评定形式	自我评定（20%）	教师评定（80%）	任务总计（100%）
得分（100）			
个人签名：		指导教师签名：	

日期：　　年　　月　　日

七、任务拓展

1. 通过网络检索等途径了解归纳出电子商务调研报告的书写格式。

2. 通过实地调研、走访和网络检索，了解杭州成为“中国电子商务之都”的必然性，然后形成调研报告

任务二 本地电子商务发展现状调研

任务导入

作为一名为本地企业提供电子商务服务的公司的员工，同时也作为一名电子商务专业的学生，你对于本地电子商务目前处在一个什么样的环境、发展程度如何等问题一定有着浓厚的兴趣。电子商务在国外的发展已经相当成熟了，在我国，浙江杭州、广东深圳、上海等一线大城市发展也相当迅速，而在更多的中小城市，我们所在区域的电子商务做得怎么样呢？让我们通过本任务的学习来获得问题的答案。

背景知识

1. 电子商务的产生与发展

电子商务对整个人类来说都是一个新生事物，它的产生有其深刻的技术背景和商业背景，生产力发展的客观要求和IT业技术发展既是它的产生原因，也是它的发展动力。

（1）电子商务产生的背景

① 环境压力成为电子商务发展的巨大动因。

当今社会的宏观和微观环境正在创造一个高度竞争的、以客户为中心的商务环境，而且，环境变化之迅速，令人难以捉摸。有人说，未来唯一不变的就是变化。企业在市场上生存的压力越来越大。当前企业面临的主要经营压力见表1-2。

表1-2 企业面临的主要经营压力

市场和经济压力	社会环境压力	技术压力
激烈的竞争	劳动力性质的改变	技术迅速过时
经济全球化	政府管制的解除	不断出现新的技术和创新
区域性贸易协定	政府补贴的减少	信息爆炸
一些国家劳动力廉价	道德与法律重要性增加	技术性价比的迅速下降
市场频繁而重大的变化	企业社会责任的增加	
买方市场的形成	政策变化迅速	

面对压力，企业要想很好地生存，必须及时做出反应。传统的做法已于事无补，企业必须不断进行管理创新。战略系统的采用、建立商业联盟、持续的改进和业务流程再造（BRP）已成为公认的企业对压力的有效反应，如图1-6所示。

在这方面，电子商务可以起到很有力的支持作用。例如，基于网络技术的电子商务可以加速产品或服务的开发、测试和实现的步伐；信息共享可以推进管理授权和员工内部协作；电子商务可以帮助减少供应链延迟和存货量，消除其他低效率现象；电子商务与消费者互动交流，是实现批量定制的理想工具。

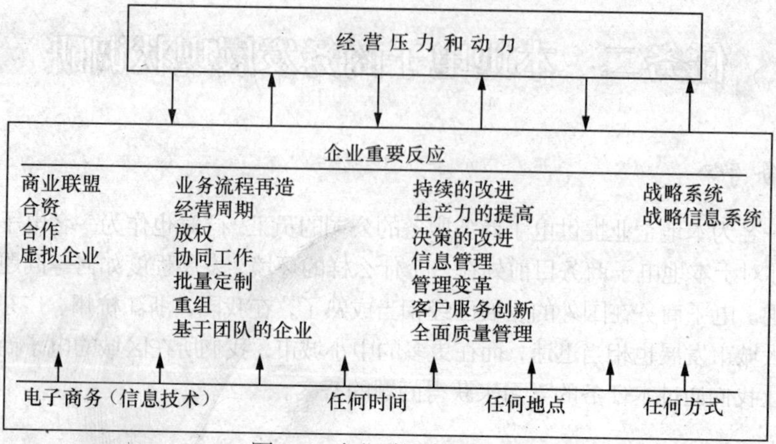

图 1-6　企业对压力的反应

② 技术进步成为电子商务产生和发展的基础条件。

电子商务最早产生于 20 世纪 60 年代，发展于 20 世纪 90 年代，其产生和发展的重要条件主要有以下方面。

- 计算机的广泛应用。近 30 年来，计算机的处理速度越来越快，处理能力越来越强，价格越来越低，为电子商务的应用提供了基础。
- 网络的普及和成熟。由于互联网逐渐成为全球通信与交易的媒体，全球上网用户呈几何级数增长，快捷、安全、低成本的特点为电子商务的发展提供了应用条件。
- 信用卡的普及应用。信用卡以其方便、快捷、安全等优点而成为人们消费支付的重要手段，并由此形成了完善的全球性信用卡计算机网络支付与结算系统，使“一卡在手，走遍全球”成为可能，同时也为在电子商务中实施网上支付提供了重要的手段。

③ 社会为电子商务发展提供了优良的环境。

1997 年 5 月 31 日，由美国 VISA 和 Mastercard 国际信用卡组织等联合制定的电子安全交易协议（SET）出台。该协议得到了大多数厂商的认可和支持，为开发电子商务提供了一个关键的安全环境。

同时，自 1997 年欧盟发布了欧洲电子商务协议，美国随后发布“全球电子商务纲要”以后，电子商务受到世界各国政府的重视，许多国家的政府开始尝试“网上采购”，这为电子商务的发展提供了有力的支持。

（2）电子商务发展的阶段

目前关于电子商务的发展阶段问题有两种划分方法。一种是“两阶段”论，即传统电子商务阶段和现代电子商务阶段（是以互联网的应用为标志）；另一种是“三阶段”论，本节介绍“三阶段”论。

① 20 世纪 60～90 年代：基于 EDI 的电子商务。

从技术的角度来看，人类利用电子通信的方式进行贸易活动已有几十年的历史了。早在 20 世纪 60 年代，人们就开始了用电报报文发送商务文件的工作；到 20 世纪 70 年代人们又普遍采用方便、快捷的传真机来替代电报。但是由于传真文件是通过纸面打印来传递和管理信息的，不能将信息直接转入到信息系统中，因此，随着计算机技术的迅速发展，人们开始采用 EDI 作为企业间电子商务的应用技术，这就是电子商务的雏形。

EDI 在 20 世纪 60 年代末期产生于美国，当时的贸易商们在使用计算机处理各类商务文件的时候，发现由人工输入到一台计算机中的数据 70%来源于另一台计算机输出的文件，但由于过多的人为因素，影响了数据传递的准确性和工作效率的提高。人们开始尝试在贸易伙伴之间的计算机上使用数据自动交换，EDI 应运而生。

EDI 是按一个公认的标准将业务文件从一台计算机传输到另一台计算机上去的电子传输方法。由于 EDI 大大减少了纸张票据，因此，人们也形象地称之为“无纸贸易”或“无纸交易”。

从技术上讲，EDI 包括硬件与软件两大部分。硬件主要是计算机网络，软件包括计算机软件和 EDI 标准。从硬件方面讲，20 世纪 90 年代之前的大多数 EDI 不是通过互联网，而是通过租用的线路在专用网络上实现的，这类专用的网络被称为 VAN（Value Added Network，增值网）。这样做的目的主要是考虑到安全问题。随着互联网安全性的日益提高，作为一个费用更低、覆盖面更大、服务更好的系统，它已表现出替代 VAN 而成为 EDI 的硬件载体的趋势，因此有人把通过互联网实现的 EDI 叫做互联网 EDI。

从软件方面看，EDI 所需要的软件主要是将用户数据库系统中的信息翻译成 EDI 的标准格式供传输交换。由于不同行业的企业是根据自己的业务特点来规定数据库的信息格式的，因此，当需要发送 EDI 文件时，必须把从企业专有数据库中提取的信息翻译成 EDI 的标准格式才能进行传输，这就需要相关的 EDI 软件来帮忙。EDI 软件主要有转换软件（Mapper）、翻译软件（Translator）、通信软件等。此外还包括 EDI 标准，我们会在以后的章节中进行讲述。

但是，EDI 电子商务存在一定的缺陷。例如它的解决方案都建立在大量功能单一的专用软硬件设施的基础上，同时，EDI 电子商务仅在发达国家的大型企业内应用，多数发展中国家和中小型企业难以开展。

② 20 世纪 90 年代以来：基于国际互联网的电子商务。

由于使用 VAN 的费用很高，仅大型企业才能使用，因此限制了基于 EDI 的电子商务应用范围的扩大。20 世纪 90 年代中期后，国际互联网迅速走向普及化，逐步地从大学、科研机构走向企业和百姓家庭，其功能也已从信息共享演变为一种大众化的信息传播工具。从 1991 年起，一直被排斥在互联网之外的商业贸易活动正式进入到这个王国，电子商务成了互联网应用的最大热点。人们可以凭借互联网这个载体，在计算机网络上宣传自己的产品和服务，进行交易和结算，将商务活动中的物流、信息流和资金流等业务流程集合在一起。电子商务不仅可以降低经营成本，而且可以提高服务水平，增强企业适应市场的能力。这种基于全球计算机信息网络的电子商务，又被称为第二代电子商务。

③ 现在的 E 概念电子商务阶段。

自 2000 年年初以来，人们对于电子商务的认识，逐渐由电子商务扩展到 E 概念的高度，人们认识到电子商务实际上就是电子信息技术同商务应用的结合。而电子信息技术不但可以和商务活动结合，还可以和医疗、教育、卫生、军事、政府等有关的应用领域结合，从而形成有关领域的 E 概念。电子信息技术同教育结合，孵化出电子教务——远程教育；电子信息技术和医疗结合，产生出电子医务——远程医疗；电子信息技术同政务结合，产生出电子政务，等等。对于不同的E概念，产生了不同的电子商务模式。随着电子信息技术的发展和社会需求的不断提出，人们会不断地为电子信息技术找到新的应用。

（3）电子商务发展对社会经济的影响

随着电子商务魅力的日渐显露，虚拟企业、虚拟银行、网络营销、网络购物、网上支付、网络广告等一大批前所未闻的新词汇正在为人们所熟悉和认同，这些词汇同时也从另一个侧面反映了电子商务正在对社会和经济产生的影响。

① 电子商务将改变商务活动的方式。

传统的商务活动最典型的情景就是“推销员满天飞”，“采购员遍地跑”，“说破了嘴，跑断了腿”，消费者在商场中筋疲力尽地寻找自己所需要的商品。现在，通过互联网，只要动动手就可以了。人们可以进入网上商场浏览、采购各类产品，而且还能得到在线服务；商家们可以在网上与客户联系，利用网络进行货款结算；政府通过网络可以方便地进行电子招标、政府采购等。

② 电子商务将改变人们的消费方式。

网上购物的最大特征是消费者的主导性。购物意愿掌握在消费者手中，同时消费者还能以一种轻松自由的自我服务的方式来完成交易，消费者的主动权可以在网络购物中充分体现出来。

③ 电子商务将改变企业的生产方式。

电子商务是一种快捷、方便的购物手段，消费者的个性化、特殊化需要可以完全通过网络展示在生产厂商面前。为了取悦顾客，突出产品的设计风格，制造业中的企业纷纷发展和普及电子商务。如美国福特汽车公司在1998年3月将分布在全世界的12万个计算机工作站与公司的内部网连接起来，并将全世界的1.5万个经销商纳入内部网，其最终目的是实现能够按照用户的不同要求按需供应汽车。

④ 电子商务将给传统行业带来革命。

电子商务可以在商务活动的全过程中，通过人与电子通信方式的结合，极大地提高商务活动的效率，减少不必要的中间环节。各种线上服务为传统服务业提供了全新的服务方式；传统的制造业借此进入小批量、多品种的时代，使“零库存”成为可能；传统的零售业和批发业借此开创了“无店铺”、“网上营销”新模式。

⑤ 电子商务将带来一个全新的金融业。

在线电子支付是电子商务的关键环节，也是电子商务得以顺利发展的基础条件。随着电子商务在电子交易环节上的突破，网上银行、银行卡支付网络、电子支票、电子现金等服务的出现，将传统的金融业带入一个全新的领域。1995年10月，全球第一家网上银行——“安全第一网络银行”（Security First Network Bank）在美国诞生。这家银行没有建筑物，没有地址，营业厅就是网页，员工只有10人。

⑥ 电子商务将转变政府的行为。

政府承担着管理和服务的功能，尤其作为“看得见的手”，在调节市场经济运行，弥补市场失灵带来的不足方面起着很大的作用。电子商务时代，在企业应用电子商务进行生产经营，银行实现金融电子化以及消费者网上消费的同时，同样对政府管理行为提出新的要求。电子政府或称网上政府，将随着电子商务发展而发展并发挥重要作用。一门新的学科——电子政务已在一些大学设立。

⑦ 电子商务影响企业管理。

电子商务对企业管理的影响是深远的，具体表现在以下方面。

• 组织结构。电子商务对传统的企业组织形式带来了猛烈的冲击，它打破了传统职能部门依赖于分工与协作完成整个任务的过程而形成了并行工程。在电子商务的构架里，除了市场部和销售部与客户打交道外，其他职能部门也可以通过电子商务网络与客户频繁接触，原有各工作单元之间的界限被打破，重新组合成了一个直接为客户服务的工作组。这个组直接与市场接轨，并以市场的最终效果来衡量流程的组织状况。企业间的业务单元不再是封闭的金字塔式层次结构，而是网络状的相互沟通、相互学习的网状结构。这种结构可以使各业务单元广开信息交流渠道，共享信息资源，增加利润，减少摩擦。

在电子商务的模式下，企业的经营活动打破了时间和空间的限制，出现了一种类似于无边界的新型企业——虚拟企业。它打破了企业之间、产业之间、地域之间的一切界限，把现有资源组合成为一种超越时空、利用电子手段传输信息的经营实体。虚拟企业可以是企业内部几个要素的组合，也可以是不同企业之间的要素组合；其管理由原来的相互控制转向相互支持，由监控转向激励，由命令转向指导。

• 管理模式。在电子商务架构下，企业组织信息传递的方式由单向的“一对多”到双向的“多对多”转换，信息无须经过中间环节就可以到达沟通的双方，工作效率明显提高。这种组织结构的管理模式叫做“第五代模式”，即 21 世纪的管理模式——信息模式。信息模式下的企业管理有三个主要特点。

第一，企业内部构造了内部网（Intranet）、数据库。所有的业务单元都可以通过内部网快捷地交流，管理人员之间沟通的机会大大增加，组织结构出现分布化和网络化。

第二，中间管理人员获得更多直接信息，他们在企业管理决策中发挥的作用更大，使整个组织架构趋向扁平化。

第三，企业管理由集权制向分权制转换。电子商务的推行，使企业过去高度集中的决策中心组织改变为分散的多中心决策组织。单一决策下的许多缺点（官僚主义、低效率、结构僵化、沟通壁垒）在多中心的组织模式下消失了，企业决策由跨部门、跨职能的多功能型的组织单元来制定。这种多组织单元共同参与、共担责任、共享利益的决策过程，增加了员工的参与感和决策能力，调动了员工的积极性，提高了企业决策的科学水平。

• 生产经营。电子商务对企业生产经营的影响主要表现在以下几个方面。

第一，降低企业的交易成本。首先，电子商务可以降低企业的促销成本。据国际数据公司的调查，利用互联网做广告媒体，进行网上促销活动，结果是销售额增加 10 倍，而费用只是传统广告费用的 1/10。其次，电子商务降低了采购成本。利用电子商务采购系统，企业可以加强与供应商之间的合作，将原材料采购与产品制造有机地结合起来，形成一体化信息传递和处理系统。

第二，减少企业库存。IBM 从 1996 年开始应用电子商务高级计划系统。通过该系统，生产商可以准确地依据销售商的需求来生产，这样就提高了库存周转率，使库存总量保持在适当的水平，从而把库存成本降低到最低。

第三，缩短企业的生产周期。网络技术的飞速发展为产品的开发与设计提供了快捷的方式。开发者可以利用网络快速做市场调研，可以利用信息的快速传播迅速接收到产品的市场反馈，随时对开发中的产品进行改良，可以利用网络了解到竞争对手的最新情况，从而适当调整自己的产品。

第四，增加企业交易机会。网络的开放性和全球性使得电子商务不受时空的限制，企业必须连续不断地为世界各地的客户提供技术支持和销售服务。不间断的运作给企业增添了许多交易机会。

总而言之，作为一种商务活动过程，电子商务将带来一场史无前例的革命。其对社会经济的影响会远远超过商务的本身，除了上述这些影响外，它还将对就业、法律制度以及文化教育等带来巨大的影响。电子商务会将人类真正带入信息社会。

2. 电子商务的运行模式

（1）按电子商务应用服务的领域及对象分类

按电子商务应用服务的领域及对象不同，可分为 5 种运行模式，即企业对企业、企业对消费者、消费者对消费者、政府机构对企业、政府机构对消费者的电子商务。

① 企业对企业的电子商务（B2B 或 B to B）。

企业对企业的电子商务，也称为商家对商家或商业机构对商业机构，即 Business to Business，简称为 B2B。B2B 电子商务模式如图 1-7 所示。

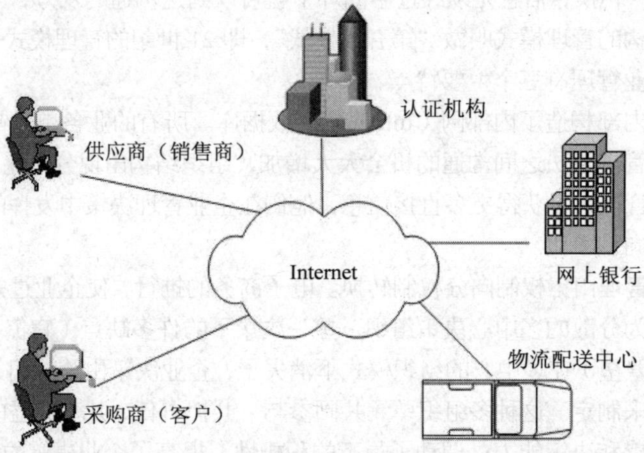

图 1-7　B2B 电子商务模式

企业对企业的电子商务模式是电子商务中的重头戏。它是指企业在开放的网络中寻求贸易伙伴、谈判、订购以及结算的整个贸易过程。通过电子商务，处于生产领域的商品生产企业可以根据买方的需求和数量进行生产，实现个性化的生产；处于流通领域的商贸企业可以更及时、准确地获取消费者信息，从而准确订货，减少库存，并通过网络促进销售，提高效率，降低成本，获取更大的利益。

在 B2B 电子商务运行模式中，参与主体主要包括，认证机构、采购商、供应商、B2B 服务平台、物流配送中心、网上银行等。

供应商的主要业务有，产品目录制作和发布、产品数据维护、在线投标、在线洽谈、网上签约、订单处理、在线业务数据统计等。采购商的主要业务有，在线招标、在线洽谈、网上签约、订单处理、支付货款、货物接收、在线业务数据统计等。后台管理是由交易中介服务平台的管理者（第三方）对在平台上进行的商务流程的管理活动，而不是交易双方企业的相关商务活动。后台管理的主要内容有，注册会员管理、系统运营维护、产品管理、订单管理、信息发布等。

企业可以在网络上发布信息，寻找贸易机会，通过信息交流比较商品的价格和其他条件，详细了解对方的经营情况，选择交易对象。在交易过程中，可以迅速完成签约、支付、交货、纳税等一系列操作，加快货物和资金的流转。

当前著名的 B2B 网站列举如下。

中国商品交易中心（CCEC）：http://www.ccec.com/

阿里巴巴·中国：http://china.alibaba.com/

慧聪网：http://www.hc360.com/

中企动力：http://www.ce.net.cn

② 企业对消费者电子商务（B2C 或 B to C）

企业对消费者的电子商务，也称商家对个人客户或商业机构对消费者的商务，即 Business to Customer（简称为 B2C）。商业机构对消费者的电子商务基本等同于电子零售商业。B2C 模式是我国最早应用的电子商务模式，以 8848 网上商城的正式运营为标志，目前采用 B2C 模式的主要以当当、卓越等为代表。B2C 模式是企业通过互联网为消费者提供一个新型的购物环境——网上商店，消费者通过网络在网上购物，这里的“物”指实物、信息和各种售前与售后服务。由于这种模式节省了客户和企业的时间和空间，大大提高了交易效率。目前 B2C 电子商务的付款方式是货到付款与网上支付相结合，而企业货物的配送，大多数选择物流外包方式以节约运营成本。随着用户消费习惯的改变以及优秀企业示范效应的促进，网上购物用户正在迅速增长，这种商业的运营模式在我国已经基本成熟。B2C 电子商务的运营模式如图 1-8 所示。

著名的 B2C 网站列举如下。

卓越：www.joyo.com

当当：www.dangdang.com

京东商城：www.360buy.com

③ 消费者对消费者的电子商务（C2C 或 C to C）。

消费者对消费者的电子商务，即 Customer to Customer，简称为 C2C。C2C 模式的产生以 1998 年易趣的成立为标志，目前采用 C2C 模式的主要以 eBay 易趣、淘宝等为代表。C2C 电子商务模式是一种个人对个人的网上交易行为，目前 C2C 电子商务企业采用的运作模式是通过为买卖双方搭建拍卖平台，按比例收取交易费用，或者提供平台方便个人在平台上开设网上商店，以会员制的方式收取服务费。

当前著名的 C2C 网站列举如下。

易趣：www.ebay.com.cn

淘宝：www.taobao.com

拍拍：www.paipai.com

目前，还有 B-B-C、B-B-B 等新模式的出现。

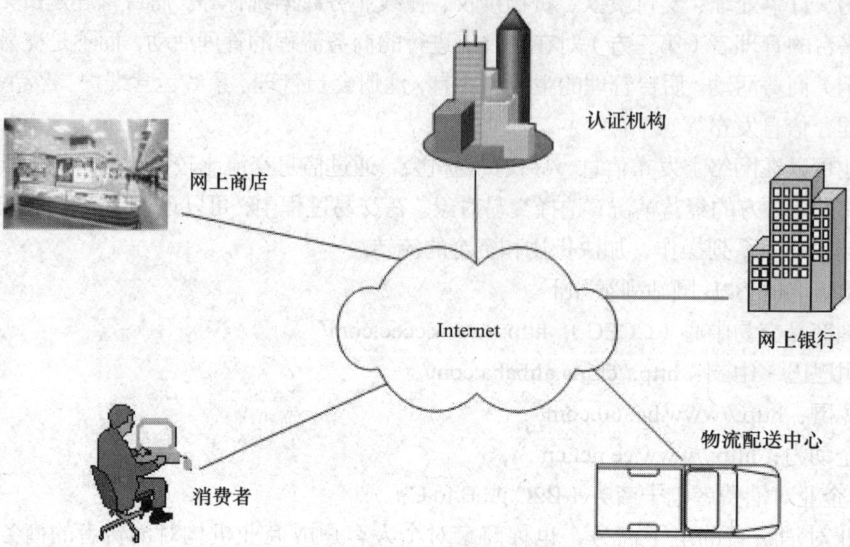

图 1-8 B2C 电子商务模式

④ 政府机构对企业的电子商务（G2B 或 G to B）。

政府机构对企业的电子商务，即 Government to Business，简称为 G2B。G2B 模式可以覆盖政府组织与企业间的许多事务，如政府采购。政府采购是一种公共经济行为，其宗旨是降低成本，反腐倡廉，调控市场。通过政府采购可以将政府的管理向透明化、高效率转型，同时在管理的取向上，向科学化、服务性靠拢；政府通过提供企业报税、进出口报关、企业办事、招商投资、招标公告、中标公告等服务内容，向企业和个人投资者提供办事、政策、信用、财经、招标、投资、产业等相关服务。

⑤ 政府机构对公众的电子商务（G2C 或 G to C）。

政府机构对公众的电子商务，即 Government to Customer，简称为 G2C。政府通过各级政府网站，向民众提供市民办事、便民公告、政策答疑、民意调查、福利费发放、个人缴税等服务内容，引导公民方便地获得政务、办事、旅游、生活等方面的信息咨询及服务。

（2）按照商务活动内容分类

按照商务活动的内容分类，电子商务主要包括两类商业活动：一是间接电子商务，即有形货物的电子订购，它仍然需要利用传统渠道如邮政服务和商业快递车送货；二是直接电子商务，即无形货物和服务，如计算机软件、娱乐内容的联机订购、付款和交付，或者是全球规模的信息服务。直接和间接电子商务均提供特有的机会，同一公司往往二者兼营。间接电子商务要依靠一些外部要素，如运输系统的效率等。直接电子商务能使双方越过地理界线直接进行交易，充分挖掘全球市场的潜力。

（3）按照使用网络类型分类

根据使用网络类型的不同，电子商务目前主要有三种形式。第一种形式是 EDI（Electronic Data Interchange，电子数据交换）商务；第二种形式是互联网（Internet）商务；第三种形式是内联网（Intranet）商务。

① EDI 商务。

按照国际标准组织的定义，EDI 商务是“将商务或行政事务按照一个公认的标准，形成结构化的事务处理或文档数据格式，从计算机到计算机的电子传输方法”。简单地说，EDI 就是按照商定的协议，将商业文件标准化和格式化，并通过计算机网络，在贸易伙伴的计算机网络系统之间进行数据交换和自动处理。

EDI 主要应用于企业与企业、企业与批发商、批发商与零售商之间的批发业务。相对于传统的订货和付款方式，EDI 大大节约了时间和费用。相对于互联网，EDI 较好地解决了安全保障问题。这是因为，使用者均有较可靠的信用保证，并有严格的登记手续和准入制度，加之多级权限的安全防范措施，从而实现了包括付款在内的全部交易工作电脑化。

但是，由于 EDI 必须租用 EDI 网络上的专线，即通过购买增值网（VAN）服务才能实现，费用较高；也由于需要有专业的 EDI 操作人员，并且也需要贸易伙伴使用 EDI，因此阻碍了中小企业使用 EDI。加之早期计算机昂贵，调制解调器（Modem）只有 300bps，商品软件少，许多应用程序需要自行开发，因此只有大公司才有能力使用 EDI。这种状况使 EDI 虽然已经存在了 20 多年，但至今仍未广泛普及。近年来，随着计算机降价及 Internet 的迅速普及，基于互联网、使用可扩展标识语言（Extensible Mark Language，XML）的 EDI，即 Web-EDI，或称 Open-EDI 正在逐步取代传统的 EDI。

② 互联网商务。

按照美国 Internet 协会的定义，互联网是一种“组织松散、国际合作的互联网络”。该网络“通过自主遵守计算的协议和过程”，支持主机对主机的通信。具体来说，互联网就是让一大批计算机采用一种叫做 TCP/IP 的协议来即时交换信息。

互联网商务是国际现代商业的最新形式。它以计算机、通信、多媒体、数据库技术为基础，通过互联网络，在网上实现营销、购物服务。它突破了传统商业生产、批发、零售及进、销、存、调的流转程序与营销模式，真正实现了少投入、低成本、零库存、高效率，避免了商品的无效搬运，从而实现了社会资源的高效运转和最大节余。消费者可以不受时间、空间、厂商的限制，广泛浏览，充分比较，模拟使用，力求以最低的价格获得最为满意的商品和服务。

③ 内联网商务。

Intranet 是在 Internet 基础上发展起来的企业内部网，或称内联网。它在原有的局域网上附加一些特定的软件，将局域网与互联网连接起来，从而形成企业内部的虚拟网络。内联网与互联网之间的最主要的区别在于内联网的敏感或享有产权的信息受到企业防火墙安全网点的保护，它只允许有授权者介入内部 Web 网点，外部人员只有在许可条件下才可进入企业的内联网。内联网将大、中型企业分布在各地的分支机构及企业内部有关部门和各种信息通过网络予以连通，使企业各级管理人员能够通过网络读取自己所需的信息，利用在线业务的申请和注册代替纸张贸易和内部流通的形式，从而有效地降低了交易成本，提高了经营效益。

互联网（Internet）商务、EDI（Electronic Data Interchange）商务和内联网（Intranet）商务的关系可以用图 1-9 表示。

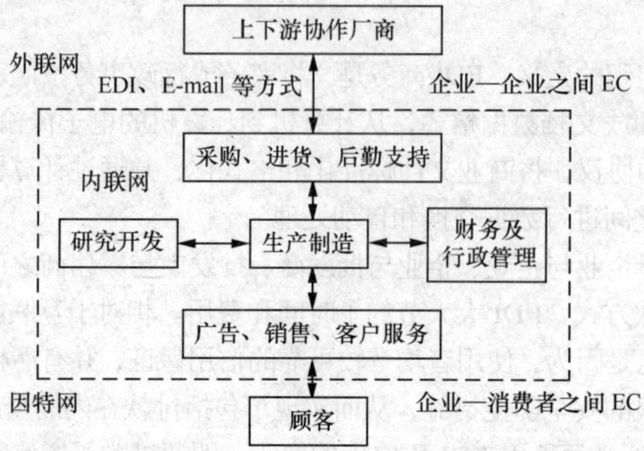

图 1-9　互联网商务、EDI 商务和内联网商务的关系

鉴于 EDI 商务的特殊性和 Intranet 商务的局限性，有关内容需要专门的著作加以阐述；也由于互联网商务在电子商务中占据越来越重要的地位，本书在后面将不再详细讨论有关 EDI 和 Intranet 方面的问题，而将主要篇幅放在讨论互联网商务的基本原理及其应用方面。后面所提到的电子商务主要指互联网商务活动。

3. 我国电子商务发展面临的问题

企业进入电子商务市场会面临许多问题，有社会性的、政府方面的、行业和企业内部的、消费者方面的，等等。因此，在进入电子商务市场时应该对这些问题有一个比较清楚的了解。美国政府在其全球电子商务框架文件中指出，电子商务需要在三个领域和九类问题上和世界各国进行协商，包括财务方面的关税和税收、电子支付问题，法律方面的适用电子商务的统一商法、知识产权保护、隐私问题、安全问题，市场标准方面的通信基础设施和信息技术、内容、技术标准。

在我国，开展电子商务必须克服比发达国家更多的困难，我国电子商务面临的主要问题有以下几个方面。

（1）网络基础设施建设问题

由于经济实力和技术等方面的原因，我国网络的基础设施建设还比较缓慢和滞后。另一方面，上网用户少，网络利用率低，网络资源大量闲置和浪费，投资效益低，严重制约着网络的进一步发展。因此，如何加大基础设施建设的力度，提高投资效益，改变网络通信方面的落后面貌，应是促进我国电子商务应用普及的首要问题。

（2）政府的统一组织和协调问题

互联网是跨国界的网络，建立在其上的电子商务活动也具有同样的特点，应遵循电子商务的国际准则，以保证电子商务的顺利实施。政府对电子商务活动所起的作用应是扶持和服务，而不是控制和干预。

（3）安全问题

如何保障电子商务活动的安全，一直是电子商务的核心研究领域。一个安全的电子商务系统，首先必须具有一个安全、可靠的通信网络，以保证交易信息安全、迅速地传递；其次必须保证数据库服务器绝对安全，防止黑客闯入网络盗取信息。目前，合同的执行、赔偿、个人隐私、资金安全、知识产权保护、税收等方面的问题使企业在实施电子商务时顾虑重重。

（4）网上支付问题

对于通过电子商务手段完成交易的双方来说，银行等金融机构的介入是必然的。从整个电子商务网站的发展来看，要在网络上直接完成交易，更多的是通过与金融网络的连接来支付和收费。目前我国各个国有专业银行网络选用的通信平台不统一，不利于各银行间跨行业务的互联、互通，也不利于中央银行的金融监管以及宏观调控政策的实施。

（5）电子商务法律问题

互联网是一个缺乏“警察监督”的信息高速公路，管理起来十分困难，并且各国的不同体制和不同国情与 Internet 和电子商务的跨国界性有一定的冲突。

（6）企业计算机应用水平落后，网络意识淡薄

目前，我国许多企业的产、供、销、人、财、物等重要资源的管理尚未实现电子化，信息加工和处理手段落后，信息处理能力仅是世界平均水平的 2.1%，且仍以提供单纯的技术产品信息为主，不擅长对动态信息的跟踪和获取。企业对电子商务的需求比较少，企业用户还没大量出现。所谓企业的信息化只是在理论界、信息产业界热度很高，而在企业中热度并不太高，从而造成经营决策的被动局面。另外，我国信息产品的核心元件都依赖外国，价格昂贵且安全性差，造成应用水平差。

（7）企业管理水平落后，经营方式陈旧

我国许多企业的管理尚处于主观、随意的经验管理阶段，而管理程序化、科学化是实现电子商务的基本要求。目前的不规范管理，只能使计算机简单模拟原来手工操作流程，加大系统实现的难度，增加投资成本，降低电子商务的投资收益率。五花八门的应用，不仅不能提高工作效率，相反还会降低原来的工作效率。同时，几千年来流传下来的手工业的商业模式在人们头脑中根深蒂固，要想改造这样的商业环境，以适应电子商务产生的新的市场竞争格局，是相当艰巨的任务。

（8）商家信誉问题

就电子商务的发展过程来看，必然经历一个从简单的商情查询到网上购物和实现交易的阶段。当传统的购物方式引发的各种纠纷还靠“3・15”消费者权益日曝光来解决时，消费者如何能信任互不照面的网上交易？在这方面我们与国外的差距，在技术上是次要的，而在个人、企业和政府信用的体系上才是主要的，它的建立不是一朝一夕的事情。

（9）消费者的观念问题

互联网的出现实际上已有很长时间了，但大众真正介入电子商务只是最近几年的事情。要促进电子商务的发展，最主要的是要大众上网。大众对电子商务的不信任，使中国的电子商务开展起来困难重重。如一光盘超市开张三个月访问量达到 20 万人次，但网上销售量仅仅只有几百张，人们宁愿在网上查询信息，而亲自到门市购买。人们对新事物的认识上的滞后严重地制约了电子商务的发展。应加大计算机知识的普及教育，使更多的人认识计算机和网络及电子商务，加强电子商务的宣传力度，将消费者的消费观念真正改变过来，适应虚拟的网上市场。

（10）人才问题

开展电子商务的主要障碍之一还有计算机和网络人才匮乏。要在各行各业实现电子化

和信息化，需要大量的计算机网络和电子商务人才，这是我国电子商务建设成功的根本保证。如果不能很好地解决这一问题，中国的电子商务就无法真正地开展起来。

4. 电子商务专业学生就业机会和就业岗位

（1）时代的朝阳职业——电子商务

21世纪，人类真正迈入了电子时代。随着企业国际贸易、国际商务活动的增多，电子计算机技术在商务领域的重要性与便捷性已被更多的人所认识，很多商务和商业活动的开展越来越多地依赖于计算机网络技术。电子商务逐渐成为社会生活的主要方式，也成为数字化社会的基础。我们有理由相信，在未来几年内我国电子商务人才供求缺口将不断加剧，电子商务人才将跨入"金领"的行列，这一职业的从业前景也是非常看好的，必将成为电子时代的一个朝阳职业。

随着电子商务这一新兴职业的崛起，劳动和社会保障部于2003年制定了"电子商务师从业人员"国家职业标准，将电子商务师列为国家的正式职业序列，并为职业教育培训提供了科学、规范的依据。

职业定义：利用计算机技术、网络技术等现代信息技术从事商务活动的专门人员。

职业内容：电子商务师是通过专业的网络商务平台，帮助商家与顾客或商家与商家之间完成商务买卖活动的从业人员。

职业等级：1.电子商务员（国家职业资格四级）；2.助理电子商务师（国家职业资格三级）；3.电子商务师（国家职业资格二级）；4.高级电子商务师（国家职业资格一级）。

（2）电子商务人才的需求

当今社会已步入信息时代，人才成为经济发展的重要因素，随着网络经济时代的到来和电子商务的迅猛发展，社会对电子商务人才也提出了新的需求。所谓的电子商务人才是指既掌握现代信息技术又通晓现代商贸理论与实务，能通过电子方式来进行商贸活动的一种复合型人才。就目前情况来看，我国电子商务的发展对人才提出了以下几个层面的需求。

① 企业电子商务应用人才。

企业开发电子商务，除了具备软硬件的条件外，更重要的是对知识复合型人才的需求。具体包括：企业电子商务管理人员，负责本单位电子商务系统的管理运作，需要掌握电子商务的基础知识、商贸知识、电子商务法规、电子商务案例分析与电子商务项目管理的知识等；电子商务实际操作人员，负责本单位电子商务活动的实际操作，需要掌握电子商务的基础知识、商贸基础知识、电子商务相关技术、电子商务技能和操作规范、操作标准等。

② 电子商务项目开发人才。

在电子商务法规、市场、应用环境创建与完善的同时，电子商务的项目开发就成为一个单位搞好电子商务的关键之一。社会所需的电子商务项目开发人才又可分为以下几类：电子商务分析人员，需掌握相关的电子商务信息技术、管理技术及项目系统分析领域的商务知识；电子商务项目设计人员；要求掌握电子商务信息技术、网络技术、相关软硬件知识等；电子商务项目具体实施人员，要求掌握电子商务开发软件技术、网络编程技术等。

③ 电子商务管理人才。

电子商务管理人才主要是指政府行政部门的对电子商务行业进行管理的人才。他们应掌握电子商务的基本的法律、法规，国家的有关方针、政策，网络管理、CA（Certificate Authority，电子商务认证中心）认证管理及相关应用领域的管理知识等。

④ 电子商务的教学科研人才。

电子商务的教学科研人才主要是指在大专院校、相关科研机构及相应部门和企业中从事电子商务教学及科研工作的人才。他们的知识应是信息网络技术和商务理论的融合，应该能够将理论知识和实践技能很好地结合，能够对电子商务的某些问题和领域进行前瞻性的研究并提出建设性的意见和指导。

（3）电子商务人才的特征和基本素质

① 电子商务的人才的特征。

• 电子商务人才的实务性特征。电子商务是从网络和商务实践中发展起来的，而且还在不断的应用和发展之中，现有的电子商务理论还很难对日新月异的电子商务活动进行卓有成效的指导。电子商务人才培养要突出实务性特征，要使电子商务人才能够迅速理解、适应和进入电子商务实务环境，能够熟练操作和运作电子商务活动，具有从实务中学习和进步的能力。

• 电子商务人才的复合型特征。电子商务人才是一种复合型人才，无论其侧重哪一方面，都应该拥有足够的技术和商务两方面的知识，既要懂得电子商务技术手段，能将商务需求转化为电子商务应用，又要熟知一些电子商务环境下的商务运作方式和模式，如供应链管理、虚拟企业、客户关系管理方式，以及网上商店、网上采购、网上银行、网上交易市场等电子商务模式。

当然，电子商务人才的复合型知识，决不意味着一堆现有技术和商务知识的随意组合，而应该是一个有机的整体，应该具有一定的前瞻性。电子商务人才要在电子商务这种现代商务模式的基础上将其整合起来，认识到自己所掌握的知识决不只是应用或修补的工具，而是一种新的现代商务活动方式。因此，他们应当理解电子商务环境下的商务组织、管理和业务方式及其特点，理解电子商务决不仅是商务手段和方式的更替，而是整个商务运作体系的变革，应该具有完整的电子商务观。

• 电子商务人才的多元化特征。由于电子商务的变革几乎涉及人类经济生活的所有方面、所有层次，而每一个方面、每一个层次都有自身的特殊性，所以要求电子商务人才具有不同的知识和能力结构，或者说需要不同的电子商务人才。因此，不能将电子商务人才简单地归为一个方面或一个层次；相反，必须充分认识到电子商务人才在方面和层次上的多元化特征。例如，会有侧重技术的电子商务人才和侧重商务的电子商务人才，会有分别侧重支付、物流和信息流的电子商务人才，会有专门从事网络营销的电子商务人才，会有专门从事电子商务管理的人才，会有从事电子商务战略分析的人才，会有从事证券电子商务的人才，会有专门从事网上银行的人才等。

② 电子商务人才的基本素质。

电子商务工作是集计算机网络技术、应用技能和经济贸易知识于一体的综合性很强的岗位，只有复合型的人才才能胜任这一岗位。因此，电子商务人才必须具备广博的知识和较强的综合素质。

• 电子商务人才必备的知识和技能。

熟练掌握与电子商务有关的应用技术。例如，计算机和网络的应用技术、保密和安装技术、电子支付技术、企业信息系统管理技术、数据库技术、网站的开发和管理技术。

熟悉和了解与行业相关的经济、法律和技术知识。例如，熟悉整体经济和行业发展的大趋势、经济政策的走向、相关的技术发展趋势、有关的法律法规。

熟悉和掌握企业经营管理和贸易方面的知识。例如，熟悉企业经济活动的整体运行规律，特别是企业的采购和销售业务；能有效地开展市场营销和各种促销活动；熟练掌握贸易洽谈的具体程序和相关单证；能熟练进行贸易洽谈；掌握金融支付工具以及财务核算方面的技能。

- 不同类型的电子商务人才应具备的能力。

不同类型的电子商务人才，对其基本素质的要求各有侧重。

技术支持层人才，应重点掌握与电子商务有关的技术，例如，网络通信建设、系统管理、主页制作、程序开发等。

应用操作层人才，应重点掌握与电子商务有关的具体操作应用技能。例如，掌握信息使用技术，能结合贸易理论与实务并通过电子商务方式进行商务活动，为企业和社会提供电子商务服务。

管理层人才。电子商务的管理人员分为初、中、高三类。管理层人才应懂得电子商务在企业经营生产和管理中的作用；知道如何利用电子商务来改善企业经营战略，提高企业的经营管理效率，降低成本；利用电子商务来构建企业的价值链，增强企业竞争力，取得更好的经济效益。

此外，经济全球化趋势使电子商务已经突破地域和国界的限制，网络上的信息绝大多数以英语作为通用语言。因此，电子商务人才还必须具备一定的英语能力。

（4）电子商务专业学生的就业岗位和就业机会

① 电子商务专业学生的就业岗位。

根据对智联招聘（www.zhaopin.com）、前程无忧（www.51job.com）、电子商务人才网（www.echr.com.cn）等几个网站中电子商务岗位需求信息的汇总和整理，可以得出目前电子商务专业学生的就业岗位主要有以下方面。

- 网站运营经理/主管。

一般要求：熟悉网络营销常用方法，具有电子商务全程运营管理的经验；能够制定网站短、中、长期发展计划，并执行与监督；负责整体网站及频道的运营、市场推广、广告与增值产品的经营与销售；负责网站运营团队的建设和管理，实现网站的战略目标、流量提升与赢利。

- 网站策划/编辑。

一般要求：熟悉网站策划、实施、运营、宣传等业务流程；熟悉电子商务运营与操作流程，能够洞悉电子商务的发展方向；对企业上网有比较深的理解，熟悉企业网站的功能要求；有较强的中文功底和文字处理能力，具有一定的网站栏目策划、运营管理知识；具有较强的选题、策划、采编能力、归纳能力；熟悉电脑操作，掌握基本网络知识。

- 网站推广。

一般要求：负责网站内容、网站网页设计、网站企划、网站营销企划、网站社群相关服务、内容规划及经营、会员维护及管理工作；文笔好，能够独立完成市场宣传策划及文案的撰写；能够熟练运用各种宣传媒介进行宣传推广工作。

- 网站开发人员。

一般要求：负责网站 WEB 页面的开发与后台的技术支持，能够满足运作层对技术层的需要；精通 ASP/PHP/CGI 3 种开发工具的一种，能够独立开发后台；精通 SQL server、Access，能够独立完成数据库的开发，有 1 年开发经验；能读懂常用 JSP 的代码，并且能够编写基本的 JSP 程序；精通 HTML 语言，完全能手写 HTML 代码；熟练掌握 ASP、Java、JavaScript、SQL Server 等技术；熟练掌握 Windows 2000/2003、Linux/Unix 其中一种操作系统；熟练掌握 SQL Server，熟悉 Oracle 数据库管理系统；熟悉网站的管理、设计规划、前台制作、后台程序制作与数据库管理流程与技术。

- 网站设计。

一般要求：能熟练应用 Flash、Dreamweaver、Photoshop、CSS+DIV、XML+XSL（不包括程序）等编辑网页；精通平面设计，熟悉 FrontPage，DreamWeaver，Flash 等网页制作工具，能够承担大型商业网站制作；熟悉 Photoshop、Coreldraw 等图形设计、制作软件，熟悉 HTML、ASP 语言；具备一定的视觉传达设计功底，擅长广告创意、设计在网络广告、传统媒体广告上的应用；对网站建设、VI 的设计及应用有一定的经验，具有沟通、合作精神，有创造力；熟悉 JavaScript，能够了解 jsp 或 servlet 或 php，独立完成动态网页；掌握 HTML、JavaScript，了解网站程序实现原理，有与程序员配合的经验。

- 网络营销员。

一般要求：熟悉网络、网络营销和办公软件；负责公司产品在网络上的推广；对网络营销感兴趣，并能很好地掌握电子商务及网络发展的各种理念。

- 外贸电子商务等岗位。

一般要求：熟悉外贸业务流程并能利用电子商务开展外贸业务。

② 电子商务专业学生就业机会。

- 电子商务服务企业。

这类企业可提供的就业机会包括硬件（研发、生产、销售、集成）、软件（研发、销售、实施）、咨询等。随着电子商务应用的普及，相关的硬件、软件开发和销售对专业人员的需求是确定的，不过这种需求可能是显性的，也可能是隐性的。显性情况下，用人单位会公开招聘懂得电子商务的专业人才；隐性情况下，用人单位人力资源部面对市场客户的电子商务需求，并不一定知道具有电子商务专业背景的人才是否正好适用，而只能让具有计算机等相关学科背景的人勉强应付，或要求其补充学习电子商务知识。咨询行业因为其“与生俱来”的专业广度和深度，需求一般都比较明确，比如新竞争力网络营销管理顾问咨询公司的招聘。

- 电子商务企业。

对这样的企业来说，无论是纯粹专业的电子商务企业还是和其他主业结合开辟的全新的运营模式（例如西单商场），对电子商务专业人才的需求是最对口的。

- 传统企业。

对于传统企业来讲，电子商务意味着新增的运营工具（比如企业网站，现在恐怕很难找到没有网站的公司）。运行新增运营工具的人，无非是从使用老运营工具的员工中培养或招聘专业人才。当然培养原来的老员工的工作恐怕还是得内行的专业人士来进行。

- 传统行业。

对传统行业来讲，电子商务就是新的业务手段。无论贸易、物流、加工行业还是农业等都会使用到电子商务。把传统行业专门提出来讲，目的就在于，如果有志于某一行业，就应该深入了解这个行业的发展状况、发展趋势、新技术、新产品。从专业的角度判断这个行业的电子商务发展水平和发展潜力。当然，要能独立做出这些判断必须专业知识和实践能力达到一定的高度才行。

（5）电子商务从业人员现状

随着经济市场的繁荣，越来越多的企业正积极应用电子商务，建立自己的电子商务平台，但目前我国电子商务人才十分短缺。根据岗位职责和综合能力的差异，电子商务职业岗位的月薪在 3000～8000 元，而随着电子商务业的日益兴盛，这一职业的薪酬水平还有大幅上升的空间。在巨大的市场需求下，电子商务成为职场颇为抢手的职业，也让具备此资格的从业者有足够的理由待价而沽。但是我国目前电子商务专业毕业生的就业率仅为20%，远低于全国普通高校毕业生 70%就业率的水平。造成我国电子商务专业毕业生就业率低的原因有很多，主要有以下几点。

① 人才培养不到位，培养方向模糊。

造成这种局面的根本原因在于高校在电子商务人才的教育和培养方面还存在欠缺。一方面大量电子商务专业的学生找不到工作，另一方面大量企业特别是中小企业找不到合适的电子商务人才，这中间存在着严重的错位。许多学校不能清晰地界定其培养的电子商务人才将来的就业方向。他们提出的培养目标宽泛，以“万能”为应用目标，这并不符合中国企业目前对电子商务人才的专业、实用的需求。培养出的电子商务学生搞技术比不过学计算机、学软件的，搞商务比不过学管理、学营销的。电子商务人才是复合型人才，而现在很多高校培养电子商务专业的学生往往只是从管理类、营销类、计算机类里面选几门课程，然后在选几门电子商务概论之类的课程，这样培养出来的学生必然存在很大的问题。只有定位清晰、目标明确，才有可能创新传统的人才培养模式；也只有针对电子商务岗位的特点和要求，才能培养出适应能力强、特色鲜明、技能突出，与企业电子商务应用“零距离”的专业人才。

② 供需双方的理解出现偏差。

尽管毕业生在简历中都标明了电子商务专业，但招聘企业很少在招聘岗位上明确写出“电子商务专业”这样的职位。实际上，对很多企业来说，包括信息调查、市场策划、市场营销、国际贸易、网络计算机技术、财务、行政等在内的工作岗位都需要电子商务专业人才，只不过这些企业没有在岗位描述中列出“电子商务”四个字罢了。由于毕业生不了解电子商务在各行各业的应用现状及发展前景，当他们没有发现“电子商务”四个字时，便放弃了投递简历，即使投递了，也是作为专业不对口的无奈之选。

③ 实践环节与企业需求脱节。

目前，许多高校仅仅设立了一个简单的电子商务实验室，学生无法亲身体验和实际操作，理论和实践难以结合，培养的学生只会动口，不会动手，难以适应企业的需要，造成企业无法找到合适的电子商务人才。因此，一是要充分利用互联网上的免费资源以及企业的一些针对教学的开放平台，建立学生与企业的沟通渠道，尽可能使学生较早地接触到真实的电子商务活动，形成企业、学校、学生的长期合作、相互支持的资源环境。二是要在教学中引进企业人员，通过一线实战经验的传授，缩短学生毕业后适应工作岗位的时间。完善以上两点才可以使求职者缩减与企业要求的距离，才不会与企业需求脱节。

（6）电子商务职业的发展前景

互联网上的电子商务目前已经被公认为现代商业的发展方向，这是一个发展潜力巨大的市场，具有诱人的发展前景。中国在 1996 年出现了第一笔网上交易，2011 年中国电子商务市场规模达 4.8 万亿元，预计未来 3～5 年内，中国电子商务市场仍将维持持续稳定的增长态势，同比增速稳中有升，2012 年有望突破 10 万亿元。据国家劳动保障部门统计，目前国内电子商务从业人员仅数十万人。专家预计，未来 10 年，我国电子商务人才缺口为 200 多万人！因此，电子商务从业人员将具有广阔的职业前景。

任务实施

任务二　本地电子商务发展现状调研任务单

<table>
<tr><td colspan="2">任务编号：EB1-2</td><td colspan="2">学时：_____课时</td></tr>
<tr><td colspan="2">实训地点：</td><td colspan="2">日期：_____年_____月_____日</td></tr>
<tr><td>姓名：</td><td>班级：</td><td>学号：</td><td>成绩：</td></tr>
<tr><td colspan="4">一、任务描述
请通过选用合适的搜索引擎（如 google、baidu、yahoo），结合所在地区特色，以及对知名电子商务企业等校内外生产性实训基地的调研，从宏观上了解我国和世界电子商务的应用现状、对社会的影响；从微观上了解本地的经济特色，本地企业、产业集群发展、应用电子商务的现状。任务实施中记录主要操作步骤，通过对信息的整理与分析，形成对以下问题的初步自我认知。
1. 本地电子商务应用现状如何？
2. 我国电子商务应用现状如何？
3. 美国、日本、韩国等发达国家电子商务应用现状如何？
4. 全球有哪些知名的电子商务网站，分属什么领域？
5. 目前电子商务出现了哪些新的应用模式和现象？
6. 电子商务未来发展趋势如何</td></tr>
<tr><td colspan="4">二、相关资源
1. 章炳林.电子商务概论[M].北京：水利水电出版社，2011.
2. 姜红波.电子商务概论[M].北京：清华大学出版社，2009.
3. 王光明.中国电子商务之都互联网经济发展报告[M].杭州：浙江大学出版社，2009.
4. 中国互联网络信息中心：www.cnnic.net.cn
5. 中国电子商务研究中心： b2b.toocle.com
6. 派代网：www.paidai.com
7. 亿邦动力网：www.ebrun.com
8. 博星卓越学习室：www.xuexishi.com
9. 艾瑞网：www.iresearch.cn
10. 中国电子商务协会：www.ec.org.cn
11. 中文搜索引擎指南：www.sowang.com/seek.htm</td></tr>
</table>

续表

三、任务分配

本任务以 3～5 人组成小组共同完成，每个小组按照任务单的要求，完成任务。最后小组共同制作本地电子商务现状调研学习报告，以小组的形式汇报调研结果

组长	学号					
	姓名					
小组成员	学号					
	姓名					
任务分配						
完成情况						

四、任务实施

结合企业参观和检索信息，分析、讨论，形成本地电子商务现状调研学习报告，报告格式如下

本地电子商务现状调研学习报告

1. 本地经济的支柱产业是什么？产业的聚集地在哪里？简单列举，至少 5 个

2. 本地企业、产业电子商务应用现状调研分析。提示：较详细地叙述

3. 我国电子商务应用现状调研分析

4. 全球知名电子商务网站统计（至少 5 个，越多分数越高）

序号	网站名称	网址	所属行业
1			
2			
3			
4			
5			

（注：表格可根据需要增减行数）

续表

5. 目前电子商务新的应用模式和现象调研分析

序号	新模式名称	模式定义
1		
2		
3		

（注：表格可根据需要增减行数）

6. 电子商务未来发展趋势调研分析

7. 小结

五、相关知识

1. 新兴电子商务应用模式；

2. 电子商务应用现状及发展趋势

六、任务执行评价

评定形式	自我评定（20%）	小组评定（30%）	教师评定（50%）	任务总计（100%）
得　分（100）				

组长签名：	指导教师签名：

日期：　　年　　月　　日

七、任务拓展

1. 自主参观走访当地知名电子商务企业，撰写参观感受。

2. 走访城市和农村，对城市和农村的电子商务发展情况做一比较，找出农村电子商务发展与城市的差距，提出发展农村电子商务的个人设想

看图识字

1. 看图

图 1-10 为中国电子商务发展阶段。

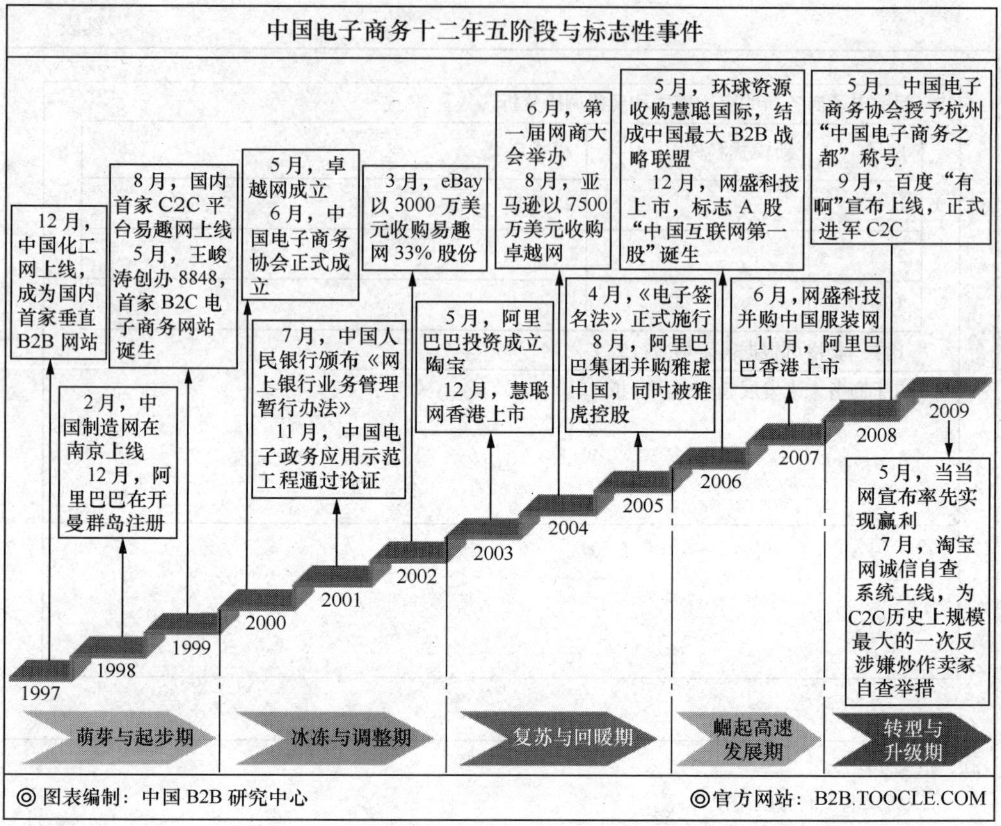

图 1-10 中国电子商务发展阶段

2. 识字

2011 年 1 月 19 日，中国互联网络信息中心（CNNIC）在京发布了《第 27 次中国互联网络发展状况统计报告》(以下简称《报告》)。

该《报告》显示，截至 2010 年 12 月底，我国网民规模突破 4.5 亿元大关，达到 4.57 亿元，较 2009 年年底增加 7 330 万人；互联网普及率攀升至 34.3%，较 2009 年提高 5.4 个百分点。我国手机网民规模达 3.03 亿元，较 2009 年底增加 6 930 万人。手机网民在总体网民中的比例进一步提高，从 2009 年年末的 60.8%提升至 66.2%。手机网民较传统互联网网民增幅更大，构成拉动中国总体网民规模攀升的主要动力。

《报告》显示，网络购物用户年增长 48.6%，是用户增长最快的应用，而网上支付和网上银行也以 45.8%和 48.2%的年增长率，远远超过其他类网络应用，我国更多的经济活动正在加速步入互联网时代。与电子商务类应用规模和模式的快速增长相比，网络娱乐进入相对平稳的发展期。《报告》显示，2010 年大部分娱乐类应用渗透率均已下滑，网络音乐、网络游戏和网络视频的用户渗透率分别下降 4.2%、2.4%和 0.4%，用户规模增幅相对较小。

中小企业纷纷试水“网络营销”。《报告》显示，中小企业互联网接入比例达 92.7%，规模较大的企业互联网接入比例更是接近 100%。43%的中国企业拥有独立网站或在电子商务平台建立网店；57.2%的企业利用互联网与客户沟通，为客户提供咨询服务；中小企业电子商务/网络营销应用水平为 42.1%，其中电子邮件以 21.3%的比例成为“最普遍的互联网营销方式”。

知识框架

图 1-11 所示为项目一知识框架。

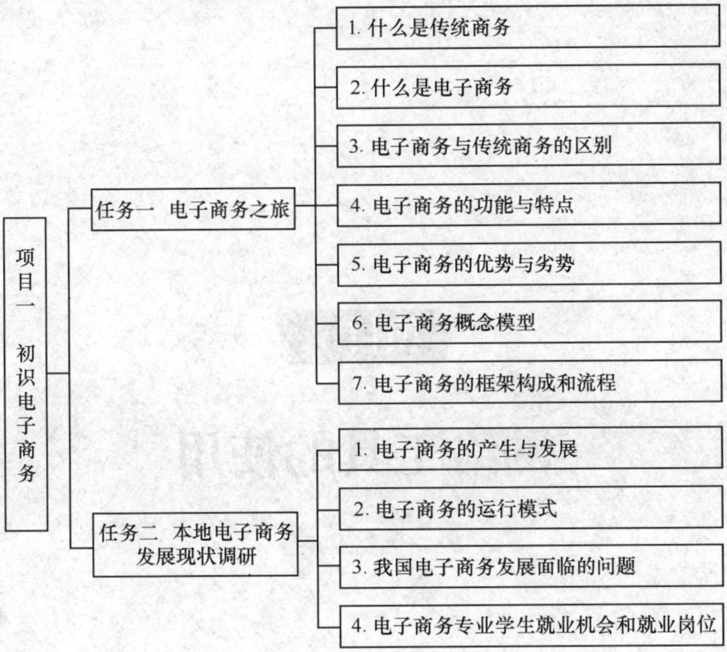

图 1-11　项目一知识框架

技能拓展

访问君思电子商务世界网站，了解电子商务的内涵与发展动态。

复习思考题

1. 简述电子商务的内涵。
2. 电子商务的特点是什么？
3. 简述电子商务的分类。
4. 简述电子商务的框架构成。
5. 简述电子商务的一般流程。
6. 举例说明你所知道和理解的电子商务。

项目二

网络工具的使用

学习目标

【知识目标】

- 了解电子商务所涉及的基本技术——互联网基本功能、互联网的历史和发展现状，互联网的应用等相关知识。
- 掌握 IP 地址与域名、WWW 服务、电子邮件与文件传输等概念和功能。

【能力目标】

- 能够独立为企业申请新域名，根据需要正确修改 IP 地址。
- 能利用互联网了解丰富的信息资源，熟悉各个信息搜索网站的功能和操作方法。
- 能够在 sina、163、126、sohu 等网站上申请属于自己的电子邮箱，进行电子邮件的发送和接收。

典型案例

网易公司的互联网服务

网易公司（Netease，www.163.com）成立于 1997 年 6 月。凭借对中国互联网市场发展的远见卓识和洞察，以及无可争议的技术实力，网易已成为一家集丰富的内容、活跃的网上社区和大规模的电子商务平台为一身的互联网公司，是中国最大的互联网企业之一，在中国互联网行业中起着令人瞩目的领导作用。网易主页如图 2-1 所示。

图 2-1 网易公司网站主页

网易公司为中国大众提供了很多常用的互联网服务。网易公司迄今已创造了中国第一家提供中文全文检索、第一个大容量免费个人主页基地、第一个免费电子贺卡站、第一个网上虚拟社区、第一次网上拍卖等多项业绩，堪称中国互联网业务创新开拓的先锋。目前，网易的注册用户数已达 320 万，日浏览量达 1 400 万次，并拥有 7 300 个网上社区论坛，18 万个人主页，社区论坛及个人主页分别以每天 650 个和 15 000 个的速度增长。聊天室最高 13 000 人同时在线。网易已成为中国互联网业最知名的品牌之一。图 2-2 为网易公司免费电子邮件页面。

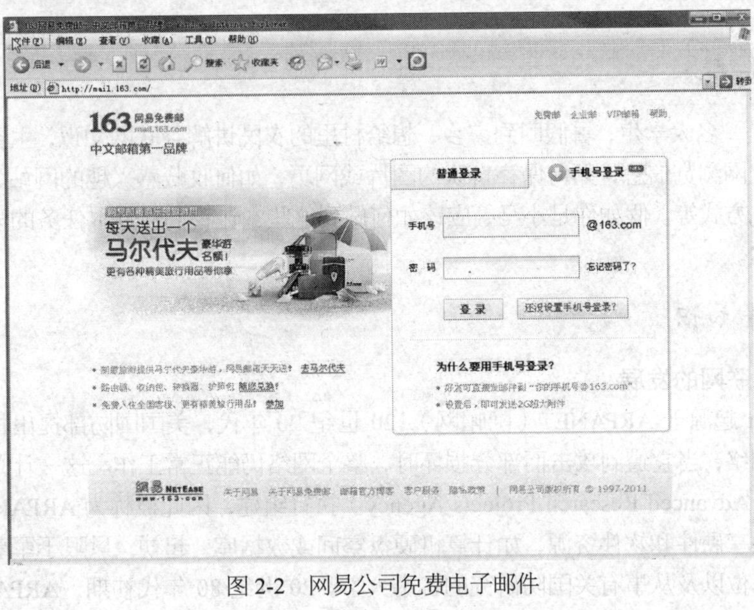

图 2-2 网易公司免费电子邮件

网易公司在互联网服务方面取得成功的关键在于，网易在技术方面一直是业内无可争议的领先者，凭借大量优秀的专业人才，网易独立开发了多套 Internet 系统软件，包括中文全文搜索引擎系统、虚拟社区系统、大容量分布式电子邮件系统等。其中，网易的大容量分布式电子邮件系统（中文免费邮系统）推出后大受欢迎，被 163 电子邮局、首都在线以及国中网等多个知名站点和 ISP（Internet Service Provider，互联网服务提供商）购买。而网易的虚拟社区更是以其功能全面、服务多样深受网友的欢迎，每天吸引几十万人的访问，成为名副其实的网上家园。

从网易公司互联网服务的案例中我们可以得到以下启示。

1. 在互联网业迅速发展的今天，互联网服务已渐渐成为制胜的关键因素，网络公司应该致力于为网友们提供高标准的服务。网易从成立之初就注重这一点，在中国率先开放了大容量的免费个人主页空间，帮助两万多名网民建造了自己的个人主页。另外，网易还专门开通了 800 免费服务电话，热情回复网民的咨询，及时接待网民的投诉。

2. 注重在技术上提高。作为最受欢迎的中国网站之一，网易一直致力于推动中国的数字化生活与数字化商务，促进中国信息产业的发展；不断在技术上创新突破，更把这些先进的技术用于为用户提供优质专业的服务。

3. 提供特色化服务。在提供标准化服务的同时，网易也注重从多方面创新，不断满足一些特殊群体的个性化需求。如网易在新近推出的网站拍卖站里，有诸如“拍卖管家”、“目录管家”等很多深受网友欢迎的特色服务。

思考

谈谈你对互联网的认识，你认为互联网给我们的生活带来哪些改变？

任务一　互联网的使用

任务导入

小马是一名大学生，暑假回到家乡，想给村里的农民讲解互联网知识，主要是让他们知道如何上网浏览信息，如何保存喜欢的图片或网页，如何收藏感兴趣的网站，如何设置网页的浏览方式等。假如你是小马，应该如何做到这些？让我们通过本任务的学习来获得问题的答案。

背景知识

1. 互联网的发展

Internet 起源于 ARPANET（阿帕网）。20 世纪 70 年代，美国国防部提出构想，组建一个新的网络，当它遭到攻击而部分损坏时，整个网络仍能正常工作。这一计划由高级研究规划署（Advanced Research Projects Agency）执行组建，因此被称为 ARPANET。它使人们能够共享硬件和软件资源，如计算机硬盘空间或数据库，起初，只限于军事、国防项目的承包单位以及从事有关国防研究的各个大学。20 世纪 80 年代初期，ARPANET 派生出两个网络：一个是纯军事用网络 MILNET；另一个则是以 6 个超级计算机中心为基础，依靠 TCP/IP 协议建立的美国国家科学基金会网络 NSFNET（National Science Foundation Network）。该网络上的成员可以互相通信，它主要为科研及教育机构服务。1990 年，ARPANET 解体，NSFNET 完全取代 ARPANET 成为 Internet。

1992 年，Internet 协会成立，这是一个用户自发形成的组织，以制定 Internet 相关标准和推广 Internet 的普及为目标。Internet 协会把 Internet 定义为“组织松散，独立国际合作的互联网络”，“通过自主遵守协议和过程，支持主机对主机的通信”。

Internet 从一个科研、教育应用的计算机网络系统，在短短的几年内演变为全面商业化的全球信息网，发展速度之快、应用面之广都是前所未有的。

目前国内规模和影响大的部级互联网单位有以下 4 个。

中国科技网（CSTNET），1995 年在原中国国家计算机网 NCFC 和中国科学院网 CASNET 的基础上建设而成，并发展为覆盖全国的计算机网络，是有正式国际信道出口的四大互联网络之一。

中国公用计算机互联网（CHINANET），1994 年由原邮电部投资开始建设，1995 年分别在北京和上海开通 256kbit/s 和 64kbit/s，为公众提供 Internet 服务。当前它的发展速度很快，覆盖面和出口线路的速率有极大的发展，是国内资源的大众媒介。

中国教育科研网（CERNET），1994 年开始建设，由国家教育部管理，是一个全国性的教育科研基础设施，也是我国第一个覆盖全国的互联网。它是一个公益性网络，为全国的大、中、小学的师生服务。

中国金桥信息网（CHINAGBN），1996 年正式开通国际互联网，该网以卫星为媒介，集中在以 ATM（Asynchronous Transfer Mode，异步传输模式）技术为基础的骨干网和接入网的建设，并使之成为宽带综合业务信息网在全国范围提供商业性的经营服务，向公众提供更多的接入、增值、多媒体和数据库服务。

2. 接入互联网的方法

目前，我国 Internet 用户接入 Internet 主要采用以下几种方案。

（1）PSTN 公共电话网：使用最广泛

公共交换电话网（Public Switched Telephone Network，PSTN），这种方式的特点是资金投入小，接入方便，个人计算机只要安装 Modem，有电话线就可以上网。但是它的传输速率低，上网速度慢，而且因为独占电话线而使得电话的拨打和接听都受到影响。所以这种方式已经慢慢被淘汰，一般用于宽带无法到达，或技术原因无法实现的地方，仅适合个人用户。

（2）ISDN 综合业务数字网：通话上网两不误

综合业务数字网（Integrated Services Digital Network，ISDN），利用公众电话网，向用户提供端对端的数字信道连接，支持一系列的语音和非语音业务。

ISDN 业务俗称“一线通”，有两种速率接入方式：基本速率接口（BRI，Basic Rate Interface）方式以及主速率接口（PRI，Primary Rate Interface）方式。BRI 接口包括两个能独立工作的 B 信道（64kbit/s）和一个 D 信道（16kbit/s），其中 B 信道一般用来传输语音、数据和图像，D 信道用来传输信令或分组信息。PRI 接口的 B 和 D 皆为 64kbit/s 的数字信道。采用这种方式上网的用户可以在上网的同时拨打电话，就像有两条电话线一样。

综合业务数字网ISDN的主要特点是：业务实现方便，服务种类丰富；方式灵活；传输速率高；信道建立时间短；线路使用频率高；性价比适宜。

ISDN适合于家庭用户和中小企业事业单位接入Internet。

（3）ADSL非对称数字用户环路：个人宽带流行风

非对称数字用户环路（Asymmetrical Digital Subscriber Line，ADSL）是一种能够通过普通电话线提供宽带数据业务的技术。ADSL素有"网络快车"之美誉，因其下行速率高、频带宽、性能优、安装方便、不需交纳电话费等特点而深受广大用户喜爱，成为继Modem、ISDN之后的又一种全新的高效接入方式。

ADSL可以在普通的电话铜缆上提供1.5～8Mbit/s的下行和10～64kbit/s的上行传输，可进行视频会议和影视节目传输。它的弱点是，用户距离电信的交换机房的线路距离不能超过4千米～6千米，限制了它的应用范围。

（4）DDN专线：面向集团企业

DDN是英文Digital Data Network的缩写，这是随着数据通信业务发展而迅速发展起来的一种新型网络。DDN的主干网传输媒介有光纤、数字微波、卫星信道等，用户端多使用普通电缆和双绞线。DDN将数字通信技术、计算机技术、光纤通信技术以及数字交叉连接技术有机地结合在一起，提供了高速度、高质量的通信环境，可以向用户提供点对点、点对多点透明传输的数据专线出租电路，为用户传输数据、图像、声音等信息。DDN的通信速率可根据用户需要在$N\times 64$kbit/s（N=1～32）之间进行选择，当然速度越快租用费用也越高。

这种方式适合对带宽要求比较高的应用，如企业网站。它的特点也是速率比较高，范围为64kbit/s～8Mbit/s。但是，由于整个链路被企业独占，所以费用很高，因此中小企业较少选择。这种线路优点很多，有固定的IP地址，可靠的线路运行，永久的连接等，但是性能价格比太低。

（5）Cable-Modem线缆调制解调器：用于有线网络

线缆调制解调器（Cable-Modem）是近两年开始试用的一种超高速Modem，它利用现成的有线电视（CATV）网进行数据传输，已是比较成熟的一种技术。它不仅仅是传统意义上的调制解调器，实际上更多的是作为局域网接口运行。随着有线电视网的发展壮大和人们生活质量的不断提高，通过Cable Modem利用有线电视网访问Internet已成为越来越受业界关注的一种高速接入方式。

（6）LAN局域网：技术成熟成本低

局域网（Local Area Network，LAN）是利用以太网技术，采用光缆+双绞线的方式对社区进行综合布线，所以叫小区宽带。LAN是目前小区中接入宽带采用方式最多的。用户家里的计算机通过五类跳线接入墙上的五类模块就可以实现上网。现在学校一般也采用这种方式上网。

（7）LMDS本地多点分布业务：无线通信

本地多点分布业务（Local Multipoint Distribution System，LMDS）是将点对点微波通信（PMP）技术和ATM（Asynchronous Transfer Mode，异步传输模式）技术有效结合的无线通信技术。它的特点是工作频带宽，频率复用度高，系统容量大，可扩展性好，启动资金小，节省线路投资，减少线路建设期；可动态分配系统资源，降低了风险；设备安装调试容易，开通迅速，维护简单。但 LMDS 的推广也存在问题：关键技术正在试验；要求无遮挡视距传输，枢纽站置于 15m～20m 高处，不方便应用；受降雨影响大。

3. IP地址

互联网是由上亿台主机互相连接形成的全球性网络。为了识别网络上的每台主机，Internet 上的每一台主机都必须有一个唯一的地址，作为该主机在 Internet 上的唯一标志，这个地址就称为 IP 地址。IP 地址是一个 32 位的二进制数，为书写方便和记忆，通常采用点分十进制表示法，即 8 位一组分成四组，每组用十进制数表示，并由圆点分隔。比如，北京电报局主机服务器的 IP 地址为 202.96.0.33，而“上海热线”服务器的 IP 地址为 203.93.56.1。

按照网络规模的大小，IP 地址可以分为 A、B、C、D、E 五类。其中 A、B、C 类是三种主要的类型地址。D 类是一个专门保留的地址，它并不指向特定的网络，目前这一类地址被用在多点广播（Multicast）中。多点广播地址用来一次寻址一组计算机，它标识共享同一协议的一组计算机。E 类保留用于将来和实验使用。

关于 IP 地址的分类，参见表 2-1。

表 2-1　　IP 地址的分类

<table>
<tr><td>A 类</td><td>0</td><td colspan="4">网络标识（1～126）</td><td>主机标识（24 位）</td></tr>
<tr><td>B 类</td><td>1</td><td>0</td><td colspan="3">网络标识（128～191）</td><td>主机标识（16 位）</td></tr>
<tr><td>C 类</td><td>1</td><td>1</td><td>0</td><td colspan="2">网络标识（192～223）</td><td>主机标识（8 位）</td></tr>
<tr><td>D 类</td><td>1</td><td>1</td><td>1</td><td>0</td><td colspan="2">网络标识（224～239）多点广播地址</td></tr>
<tr><td>E 类</td><td>1</td><td>1</td><td>1</td><td>1</td><td colspan="2">网络标识（240～255）实验和将来使用</td></tr>
</table>

目前使用的 IP 协议称为 IPv4，大部分的 A 类地址由美国使用，其他国家的网络系统大都被划为 C 类地址而不够使用，造成 IP 地址资源的缺乏，从而出现新的版本，即 IPv6，它具有长达 128 位的地址空间，可以彻底解决地址不足的问题。

4. 域名

由于用数字表示的 IP 地址难以记忆，不如用字符表示来得直观。为了便于使用和记忆，也为了易于维护和管理，所以采用一种称为域名的方法来表示 IP 地址，如北京电报局主机服务器的域名为 www.bta.net.cn，而“上海热线”服务器的域名为 www.online.sh.cn。所以，域名就是用字符表示的 IP 地址。

域名采用层次结构，每一层由一个子域名组成，子域名间用“.”分隔，其格式为：计算机名.网络名.机构名.最高域名。Internet 上的域名由域名系统 DNS（Domain Name System）统一管理。DNS 是一个分布式数据库系统，由域名空间、域名服务器和地址转换请求程序三部分组成，用来实现域名和 IP 地址之间的转换。

一台计算机可以有多个域名（一般用于不同的目的），但只能有一个 IP 地址。一台主机从一个地方移到另一个地方，当它属于不同的网络时，其 IP 地址必须更换，但是可以保留原来的域名。也就是说，同一个 IP 地址可以对应多个不同的域名，一个域名却只能和一个 IP 地址对应。

5. 互联网的应用

从用户的角度来看，因特网是一系列通过网络来完成通信任务的应用程序。最普遍和最广泛的网络应用服务包括 WWW 服务、电子邮件、文件传输、远程登录等，下面将逐条予以简单介绍。

（1）万维网

WWW（World Wide Web）简称 W3，有时也叫 Web，中文译名为万维网、环球信息网等。WWW 是目前 Internet 中最流行的服务项目，已经成为很多人在网上查找、浏览信息的主要手段。WWW 是一种交互式图形界面的 Internet 服务，具有强大的信息连接功能，它是图形化、超媒体的、与平台无关的、分布式的、交互式的、动态的。它使得成千上万的用户通过简单的图形界面就可以了解和接受各个大学、组织、公司等的最新信息和各种服务。WWW 系统是新近发展的最重要的一种交互式信息查询工具，也是迄今为止用户使用最多和最为方便的工具。它能把各种类型的信息有机地集成起来，供用户阅读、查找，是一种基于超链接（Hyperlink）的超文本（Hypertext）系统。通过“超文本链接”将位于 Internet 上不同地点的信息有机地汇编组织在一起，用户仅需要提出查询要求，而到什么地方查询及如何查询则由 WWW 自动完成。除浏览文件和信息外，WWW 还可以通过相应的软件显示与文本内容相配合的图形、图像和声音等信息。

WWW 将 Internet 上的信息资源以超文本形式组织成网页（Web），当用户阅读这些信息时，会注意到某些信息处被一种特殊的方式加了标记（超文本链接），借助于这些超级链接，阅览者可以从一个网页跳到另一个网页。一页页含有相关文字、图像、声音等信息的页面，借助于浏览器展现在用户前面，任何用户只需用鼠标点击，即可浏览全世界感兴趣的页面内容。

（2）电子邮件

计算机能够通过网络将文件传送到千里之外的另一台主机上，这就使得通过计算机网络进行个人通信变为可能。以这种方式传送的文件通常被称为电子邮件，缩写为 E-mail 或 Email。它是一种既经济又快速的网上通信方式。

电子邮件服务是互联网最重要的服务功能之一。互联网用户可以向互联网上的任何人发送和接收任何数据的信息。网上任何人的信件可以在几秒钟之内送往分布世界各地的邮件服务器中，使拥有电子邮件地址的收件人可以随时取阅。电子邮件不但能传送文本，还能传送含有图片、声音或由其他程序产生的文件，并可以通过电子邮件订阅各种电子新闻杂志等，它们将定时投递到你的电子邮箱里。

通过电子邮件，用户可以方便快速地交互信息，传递文件、图形、图像和语音等信息，查询各种信息资源，加入有关的公告、专题讨论、电子论坛等。与一般邮件相比，电子邮件具有快速、便捷、高效、廉价等特点。电子邮件不是一种“终端到终端”的服务，其发送服务企业接收服务器不需要直接连接就能工作。因此，即使对方不在，仍可以将邮件送到对方的邮箱里。电子邮件是 Internet 用户使用最多的应用之一。

（3）文件传输

文件传输是指在计算机网络上的主机之间传送文件，它是在文件传输协议 FTP（File Transfer Protocol）的支持下进行的。与大多数 Internet 服务一样，FTP 服务也是基于一个客户机/服务器模式。用户通过一个支持 FTP 协议的客户机程序，连接到在远程主机上的 FTP 服务器程序，从远程主机中拷贝所需的各类软件。FTP 协议支持两台计算机之间互传任何类型的信息，如文本文件、图像文件、二进制文件、声音文件、数据压缩文件等。

Internet 上有许多 FTP 服务器，提供海量的共享资源，用户可以根据需要从服务器上获得自己需要的软件，这一过程称为下载（Download）。也有一些服务器允许用户将文件从用户计算机传送至服务商，这一过程称为上传（Upload）。

用户从 FTP 服务器上下载所需要的文件到本地计算机上时，由于 FTP 服务器有时接受的服务量过大，为保证服务和基于安全的考虑，有的 FTP 服务器要求用户输入合法的用户标识 ID 和口令（Password）后，才允许用户登录上 FTP 服务器。另一种 FTP 服务，它们可以提供称为"匿名 FTP 服务"的服务。用户只需要以"anonymous"（匿名）作为用户标识，可以不提供口令（但一般会要求以用户的一个电子邮件地址作为口令，目的是让服务器知道哪些人访问过自己），直接登录 FTP 服务器进行各种操作。

（4）远程登录

远程登录（telecommunication network，Telnet）协议是 TCP/IP 协议的一部分，它定义了本地登录客户机与远程服务器之间的交互过程。Telnet 是一个独立的程序，文件名为 Telnet.exe。可以在本地运行 Telnet，访问远程计算机。在远程计算机上登录执行命令，如同在本地登录执行命令一样，你丝毫感觉不到与远程计算机间隔了很远的距离。

远程登录有两种形式：第一种是远程主机有你自己的账号，你可以用自己的账号和口令访问远程主机；第二种形式是匿名登录，一般 Internet 上的主机都为公众提供一个公共账号，不设口令。大多数计算机仅需输入"guest"即可登录到远程计算机上。这种形式在使用权限上受到一定限制。Telnet 命令格式为

Telnet <主机域名><端口号>

利用远程登录，用户可以实时使用远程计算机上对外开放的全部资源，可以查询数据库、检索资料，或利用远程计算机完成只有巨型机才能做的工作。

另外，Internet 上有许多服务是通过 Telnet 来访问的，如 Archie、Gopher 等，这类系统通常开放公用账号，无需输入密码。

6. 浏览器的使用

浏览器英文为 Browser，它实际上是一个软件程序，用于与 WWW 建立连接，并与之进行通信。它可以在 WWW 系统中根据连接确定信息资源的位置，并将用户感兴趣的信息资源取回来，对 HTML 文件进行解释，然后将文字图像或者将多媒体信息还原出来。目前，常用的浏览器有微软的 Internet Explorer、Mozilla 的 Firefox、360 安全浏览器、腾讯 TT、搜狗浏览器、 傲游浏览器等。这里，我们以微软的 IE 浏览器为例，介绍一下浏览器的使用方法。

IE 窗口上方的菜单栏中排列着一系列的菜单，它们分别提供了各种各样的功能，如图 2-3 所示。

【文件】菜单用于新建浏览器窗口，打开一个网页或将当前网页保存等。

【编辑】菜单用于复制、剪切、粘贴所选中的文字等，将当前页中内容全部选中，以及在当前页中查找需要的内容。

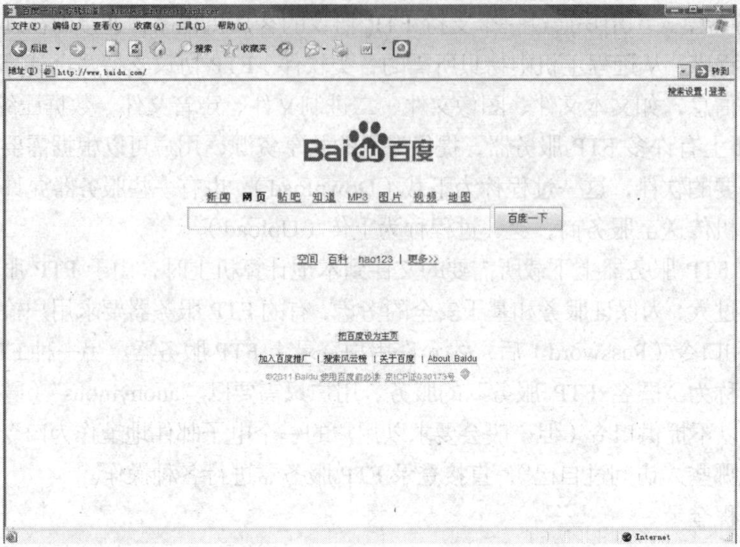

图 2-3　IE 浏览器

【查看】菜单用于设置工具栏、状态栏等的显示或隐藏，改变文字大小和编码，以及查看当前页 html 源代码。

【收藏】菜单用于添加和整理收藏夹。

【工具】菜单用于设置与邮件、新闻相关的命令，以及设置 Internet 选项。

（1）浏览 Web 网站

IE 浏览器的工具栏下方是地址栏，只要输入想浏览的网址，再单击 Enter 键即可，如图 2-4 所示。IE 浏览器会自动查找所输入的网址，打开相应的网页。

图 2-4　Internet 地址栏

（2）把网页添加到收藏夹

把网页添加到收藏夹，可使用以下两种方法。

方法一：直接添加法。

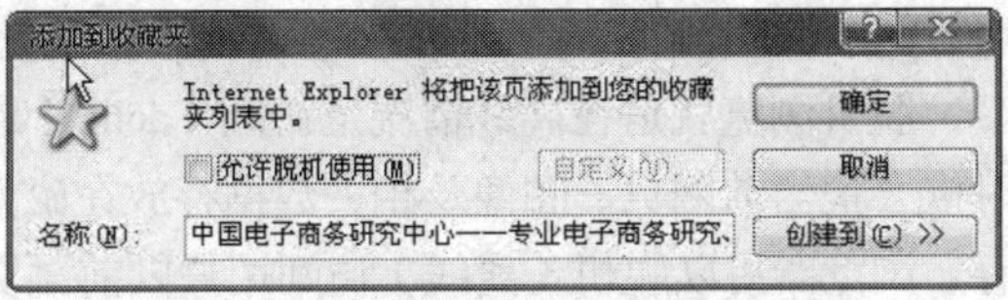

图 2-5　“添加到收藏夹”对话框

用鼠标选择 IE 浏览器中的【收藏】|【添加到收藏夹】菜单命令，打开提示对话框，然后在对话框中为网页输入一个容易记忆的名称（也可以不输入），如图 2-5 所示。如果想把网址保存在新的目录中，可以单击【创建到】按钮，在弹出的选项卡中选择【新建文件夹】，输入目录名称，再单击【确定】按钮退出即可。

方法二：右键添加法。

在当前网页的空白处单击鼠标右键，然后在弹出的快捷菜单中选择【添加到收藏夹】命令，然后再按上述方法进行操作即可。

（3）整理收藏夹

随着上网时间的增加，IE 收藏夹中可能会存放了大量的网页地址，这样不但查找所用时间长，而且管理也很不方便，所以应该定时整理 IE 收藏夹的记录。其具体操作步骤如下。

① 执行【收藏】|【整理收藏夹】菜单命令，弹出“整理收藏夹”对话框，如图 2-6 所示。

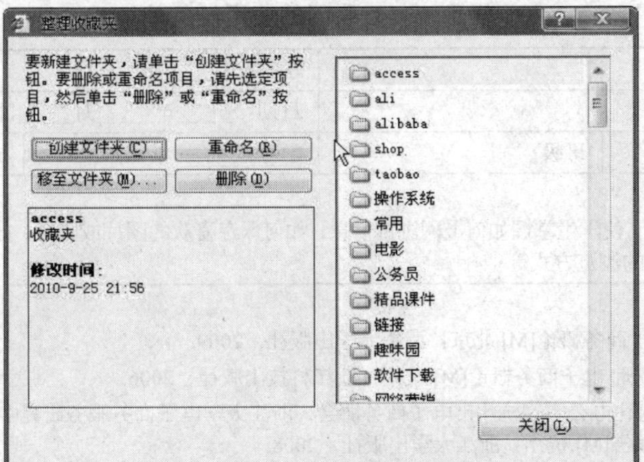

图 2-6　“整理收藏夹”对话框

② 根据需要对收藏夹进行各种操作。

- 创建文件夹。单击【创建文件夹】按钮，在弹出的对话框中输入目录名称，再确定退出即可完成收藏夹的添加工作。
- 记录重命名。用鼠标选中一个文件夹或一条记录，然后单击【重命名】按钮，再在弹出的对话框中重新输入新名称，按 Enter 键即可。
- 移动文件夹。方法一：用鼠标选中一个文件夹或若干条记录，然后按住鼠标左键不放并上、下移动到适当位置，再松开鼠标即可完成。方法二：用鼠标选定操作目标后，单击【移至文件夹】按钮，再选择目标文件夹并确定也可以达到目的。

- 删除文件夹。用鼠标选定操作目标，再单击【删除】按钮即可。

（4）脱机浏览

脱机浏览就是在离线情况下访问 Cache（磁盘缓存）中的网页。浏览器在联网工作的时候会把当前网页、图像及相关数据存放在磁盘缓存中，并建立相应的索引。利用磁盘缓存，浏览器可以脱机（离线）访问用户以前浏览过的网页信息。如果用户先输入想要访问的地址和条目后打开多个窗口，并快速地找到相关网页，但不小心断网了，这时通过脱机浏览可以继续阅读信息而不会影响到工作和学习。

那么如何才能实现脱机浏览呢？最简单的方法有以下两种。

① 在 IE 浏览器中选择【工具】|【Internet 选项】命令，切换到“连接”选项卡中将【拨号设置】设为【从不进行拨号连接】，再选择【文件】|【脱机工作】命令，然后单击工具栏上的【历史】按钮，将会出现“历史记录”栏。单击相应的日期，将会出现当日浏览过的网址，再单击要浏览的网址就会在屏幕右方出现相应的网页。

② 脱机浏览是利用磁盘缓存来实现的。【历史记录】中的信息就来源于磁盘缓存，IE 磁盘缓存的默认文件夹是\Windows\Temporary Internet Files。利用【我的电脑】或【资源管理器】打开该文件夹，在其中直接双击要查看的网页就可以启动浏览器进行浏览。

任务实施

任务一　互联网的使用任务单

<table>
<tr><td colspan="2">任务编号：EB2-1</td><td colspan="2">学时：____课时</td></tr>
<tr><td colspan="2">实训地点：</td><td colspan="2">日期：____年____月____日</td></tr>
<tr><td>姓名：</td><td>班级：</td><td>学号：</td><td>成绩：</td></tr>
<tr><td colspan="4">一、任务描述
通过本次任务，使学生掌握如何上网浏览信息，如何保存喜欢的图片或网页，如何收藏感兴趣的网站，如何设置网页的浏览方式等</td></tr>
<tr><td colspan="4">二、相关资源
1. 姜红波.电子商务概论[M].北京：清华大学出版社，2009.
2. 章剑林，商玮.电子商务概论[M].杭州：浙江科技出版社，2006.
3. 杭州市信息化办公室，杭州市电子商务协会，浙江大学电子商务服务研究中心.中国电子商务之都 2008 年度发展报告[M].杭州：浙江大学出版社，2008.
4. 王光明. 中国电子商务之都互联网经济发展报告[M].杭州：浙江大学出版社，2009.
5. 艾瑞网：http://www.iresearch.cn
6. 中国电子商务协会：http://www.ec.org.cn</td></tr>
<tr><td colspan="4">三、任务分配
本任务以个人形式单独完成，每位同学按照任务单的要求，完成任务</td></tr>
<tr><td colspan="4">四、任务实施
1. IE 浏览器的设置——默认主页、显示字体、安全级别。
将网站 http://www.edu.cn 的首页设置为默认主页，并修改显示字体，设置安全级别。
2. 收藏重要站点网址。</td></tr>
</table>

续表

<table>
<tr><td>
将新浪网网址 http://www.sina.com 添加到收藏夹，并将当前页保存在 C:\My Documents 目录下，改名为“abc.htm”。
3. 列表总结 Internet Explorer 的几项基本的功能
<table>
<tr><td>项　　目</td><td>能够实现的基本功能</td></tr>
<tr><td>IE 工具菜单</td><td></td></tr>
<tr><td>保存网页</td><td></td></tr>
<tr><td>收藏夹</td><td></td></tr>
</table>

在教师的指导下依次完成布置的任务，将完成过程中关键页面的内容，进行截图，保存到 word 文档中，以学号+姓名的方式命名，提交给任课教师
</td></tr>
<tr><td>
五、相关知识
1. 浏览器的使用；
2. 互联网的发展
</td></tr>
<tr><td>
六、任务执行评价。
<table>
<tr><td>评定形式</td><td>自我评定
（20%）</td><td>教师评定
（80%）</td><td>任务总计
（100%）</td></tr>
<tr><td>得　　分
（100）</td><td></td><td></td><td></td></tr>
<tr><td colspan="2">个人签名：</td><td colspan="2">指导教师签名：</td></tr>
</table>
日期：　　年　　月　　日
</td></tr>
<tr><td>
七、任务拓展
利用收藏夹不仅可以收藏一些常用网址，还可以对以前收藏的内容进行整理，如删除、重命名、移动收藏夹等。请同学们自己尝试这些功能的操作，并思考利用 Internet Explorer 还可以进行哪些功能的设置和调整
</td></tr>
</table>

任务二　电子邮件的使用

任务导入

电子邮件作为互联网上最广泛的应用之一，具有任何传统的方式无法相比的优势。正是由于电子邮件的使用简易、投递迅速、收费低廉、易于保存、全球畅通无阻等优点，使得电子邮件被广泛地应用，它使人们的交流方式得到了极大的改变。那么电子邮件是如何实现传递过程的呢？让我们通过本任务的学习来获得问题的答案。

背景知识

1. 电子邮件地址格式

电子邮箱实际上就是互联网服务商 ISP（Internet Service Provider）在 E-mail 服务器上为用户开辟出一块专用的磁盘空间，来存放用户的电子邮件文件。每个电子邮箱都有一个地址，称为电子邮箱地址（E-mail Address）。电子邮箱地址的格式是固定的，并且在全球

范围内是唯一的。电子邮箱地址的格式为

用户名@主机名

其中，“@”符号表示“at”，用户名是申请电子邮箱时用户自己起的名字。主机名是拥有独立 IP 地址计算机的名字。例如：shec@21cn.com，用户名为“shec”，主机名为“21cn.com”。

2. 电子邮件的传递过程

电子邮件服务采用客户机/服务器结构，电子邮件从发送到接收要经过如下 4 个步骤。

① 发送方将写好的电子邮件发送到自己的 E-mail 服务器；

② 发送方的 E-mail 服务器接收用户发来的邮件，并根据收件人的地址传送到收件人的 E-mail 服务器中；

③ 接收方的 E-mail 服务器接收到其他 E-mail 服务器发来的邮件，根据收件人地址分发到相应的电子邮箱中；

④ 接收方可以在任何时间和任何地点从自己的 E-mail 服务器中读取邮件，并对其进行处理。

发送方到达接收方的路径选择是由互联网自动完成的。用户只需要在某一网站上注册邮箱，登录之后编辑邮件，发送就可以了。接收邮件的时候，登录邮箱，查看收件箱就可以了。

3. SMTP协议

SMTP（Simple Mail Transfer Protocol）称为简单邮件传输协议，目标是向用户提供高效、可靠的邮件传输服务。SMTP 的一个重要特点是它能够在传送中接力传送邮件，即邮件可以通过不同网络上的主机接力式传送。它在两种情况下工作：一是电子邮件从客户机传输到服务器；二是从某一个服务器传输到另一个服务器。SMTP 是个请求/响应协议，它监听 25 号端口，用于接收用户的邮件请求，并与远端邮件服务器建立 SMTP 连接。

4. POP协议

POP（Post Office Protocol）称为邮局协议，用于电子邮件的接收，它使用 TCP 的 110 端口，现在常用的是第三版，所以简称为 POP3。

POP3 仍采用 Client/Server（客户机/服务器）工作模式。当客户机需要服务时，客户端的软件（Outlook Express 或 Foxmail）将与 POP3 服务器建立 TCP 连接，此后要经过 POP3 协议的以下三种工作状态：首先是认证过程，确认客户机提供的用户名和密码，在认证通过后便转入处理状态，在此状态下用户可收取自己的邮件或做邮件的删除，在完成相应的操作后客户机便发出 QUIT 命令，此后便进入更新状态，将做删除标记的邮件从服务器端删除掉，到此为止整个 POP 过程完成。

任务实施

任务二　电子邮件的使用任务单

任务编号：EB2-2		学时：_____课时	
实训地点：		日期：_____年_____月_____日	
姓名：	班级：	学号：	成绩：

一、任务描述

本次课的实训任务是注册个人邮箱，并对 Outlook Express 进行设置，并尝试寻找一款邮件群发机，进行群发操作。通过学习大家应掌握如何充分利用 IE 浏览器以及其设置，掌握 Outlook Express 收发邮件的使用方法，掌握利用群发邮件发布企业广告的方法

二、相关资源

1. 雷玲.电子商务概论[M].武汉：武汉大学出版社，2009.
2. 福步外贸论坛：http://bbs.fobshanghai.com/forum-83-1.html
3. 中国电子商务网论坛 http://bbs.cebn.cn/
4. 艾瑞网：http://www.iresearch.cn
5. 中国电子商务协会：http://www.ec.org.cn
6. 中文搜索引擎指南：http://www.sowang.com/seek.htm
7. http://www.91e8.com/

三、任务分配

本任务以个人形式单独完成，每位同学按照任务单的要求，完成任务

四、任务实施

1. 在网易申请一个电子邮箱。
2. 将该电子邮箱在 Outlook 中进行配置，显示名为自己的姓名。
3. 配置电子邮件服务器：接受邮件服务器为 pop3. 163.com，发送邮件服务器为 smtp.163.com。
4. 设置邮箱的账号与密码（与网易中申请账号与密码一致）。
5. 在“高级”选项卡中，勾选在服务器上保留邮件副本。
6. 配置成功后，请用 Outlook 软件将本次的学习报告（将完成过程中关键页面的内容进行截图）作为附件发送到老师的邮箱中（提示：这一步可以最后操作），邮件的主题为本次任务的名称+学号+姓名。
7. 如果发送邮件失败请记录失败提示的信息，并找出解决的方法，直至发送成功。
8. 下载一个邮件群发器，并群发一封关于自我介绍的邮件（作为附件）给至少 3 个人（包括任课教师）

五、相关知识

1. 邮件接收和传输协议；
2. Outlook 的设置与使用方法；
3. 邮件群发器的使用

六、任务执行评价

评定形式	自我评定（20%）	教师评定（80%）	任务总计（100%）
得　　分 （100）			
个人签名：		指导教师签名：	

日期：　　年　　月　　日

七、任务拓展

1. 开设自己的博客。
2. 掌握一款文件传输工具

任务三 搜索引擎的使用

任务导入

互联网上的信息迅速膨胀，如果不掌握一些基本技巧，很容易在浩瀚的互联网信息海洋中迷失方向。互联网的优势就在于能为您随时提供最新、最全面的资讯，因此，网络的作用能否得以充分发挥，根本在于如何应用。把握了搜索引擎的使用方法也就意味着抓住了网络应用的关键。那如何能够得心应手地使用搜索引擎来检索出我们需要的高质量的信息呢？让我们通过本任务的学习来获得问题的答案。

背景知识

1. 搜索引擎概述

搜索引擎（Search Engine）是指根据一定的策略、运用特定的计算机程序搜集互联网上的信息，在对信息进行组织和处理后，将信息显示给用户，是为用户提供检索服务的系统。

（1）搜索引擎的种类

搜索引擎按其工作方式主要可分为三种，分别是全文搜索引擎（Full Text Search Engine）、目录索引类搜索引擎（Search Index/Directory）和元搜索引擎（Meta Search Engine）。

全文搜索引擎是名副其实的搜索引擎，国外具代表性的有 Google、Fast/AllTheWeb、AltaVista、Inktomi、Teoma、WiseNut 等，国内著名的有百度（Baidu）。它们都是通过从互联网上提取各个网站的信息（以网页文字为主）而建立的数据库中，检索与用户查询条件匹配的相关记录，然后按一定的排列顺序将结果返回给用户，因此他们是真正的搜索引擎。从搜索结果来源的角度，全文搜索引擎又可细分为两种。一种是拥有自己的检索程序（Indexer），俗称“蜘蛛”（Spider）程序或“机器人”（Robot）程序，并自建网页数据库，搜索结果直接从自身的数据库中调用，如上面提到的 7 家引擎；另一种则是租用其他引擎的数据库，并按自定的格式排列搜索结果，如 Lycos 引擎。

目录索引虽然有搜索功能，但在严格意义上算不上是真正的搜索引擎，仅仅是按目录分类的网站链接列表而已。用户完全可以不用进行关键词（Keywords）查询，仅靠分类目录也可找到需要的信息。目录索引中最具代表性的莫过于大名鼎鼎的雅虎（Yahoo）。其他著名的还有 Open Directory Project（DMOZ）、LookSmart、About 等。国内的搜狐、新浪、网易搜索也都属于这一类。

元搜索引擎在接受用户查询请求时，同时在其他多个引擎上进行搜索，并将结果返回给用户。著名的元搜索引擎有 InfoSpace、Dogpile、Vivisimo 等（元搜索引擎列表）。中文元搜索引擎中具代表性的有搜星搜索引擎。在搜索结果排列方面，有的直接按来源引擎排列搜索结果，如 Dogpile，有的则按自定的规则将结果重新排列组合，如 Vivisimo。

除上述三大类引擎外，还有以下几种非主流形式引擎。

① 集合式搜索引擎：如 HotBot 在 2002 年底推出的引擎。该引擎类似于 META 搜索引擎，但区别在于不是同时调用多个引擎进行搜索，而是由用户从提供的 4 个引擎当中选择，因此叫它“集合式”搜索引擎更确切些。

② 门户搜索引擎：如 AOL Search、MSN Search 等虽然提供搜索服务，但自身既没有分类目录也没有网页数据库，其搜索结果完全来自其他引擎。

③ 免费链接列表（Free For All Links，FFA）：这类网站一般只简单地滚动排列链接条目，少部分有简单的分类目录，不过规模比起 Yahoo 等目录索引来要小得多。

（2）搜索引擎基本工作原理

① 全文搜索引擎的工作原理。

在搜索引擎分类部分我们提到过，全文搜索引擎从网站提取信息建立网页数据库的概念。搜索引擎的自动信息收集功能分两种：一种是定期搜索，即每隔一段时间（比如 Google 一般是 28 天），搜索引擎主动派出“蜘蛛”程序，对一定 IP 地址范围内的互联网站进行检索，一旦发现新的网站，它会自动提取网站的信息和网址加入自己的数据库；另一种是提交网站搜索，即网站拥有者主动向搜索引擎提交网址，它在一定时间内（2 天到数月不等）定向向你的网站派出“蜘蛛”程序，扫描你的网站并将有关信息存入数据库，以备用户查询。由于近年来搜索引擎索引规则发生了很大变化，主动提交网址并不保证你的网站能进入搜索引擎数据库，因此目前最好的办法是多获得一些外部链接，让搜索引擎有更多机会找到你并自动将你的网站收录。

当用户以关键词查找信息时，搜索引擎会在数据库中进行搜寻。如果找到与用户要求内容相符的网站，便采用特殊的算法——通常根据网页中关键词的匹配程度，出现的位置/频次，链接质量等——计算出各网页的相关度及排名等级，然后根据关联度高低，按顺序将这些网页链接返回给用户。

② 目录搜索引擎的工作原理。

与全文搜索引擎相比，目录索引有许多不同之处。

首先，搜索引擎属于自动网站检索，而目录索引则完全依赖手工操作。用户提交网站后，目录编辑人员会亲自浏览你的网站，然后根据一套自定的评判标准甚至编辑人员的主观印象，决定是否接纳你的网站。

其次，搜索引擎收录网站时，只要网站本身没有违反有关的规则，一般都能登录成功。而目录索引对网站的要求则高得多，有时即使登录多次也不一定成功。尤其像 Yahoo 这样的超级索引，登录更是困难。

此外，在登录搜索引擎时，我们一般不用考虑网站的分类问题，而登录目录索引时则必须将网站放在一个最合适的目录（Directory）。

最后，搜索引擎中各网站的有关信息都是从用户网页中自动提取的，所以从用户的角度看，我们拥有更多的自主权；而目录索引则要求必须手工另外填写网站信息，而且还有各种各样的限制。更有甚者，如果工作人员认为你提交网站的目录、网站信息不合适，他可以随时对其进行调整，当然事先是不会和你商量的。

目录索引，顾名思义就是将网站分门别类地存放在相应的目录中，因此用户在查询信息时，可选择关键词搜索，也可按分类目录逐层查找。如以关键词搜索，返回的结果跟搜索引擎一样，也是根据信息关联程度排列网站，只不过其中人为因素要多一些。如果按分层目录查找，某一目录中网站的排名则是由标题字母的先后顺序决定（也有例外）的。

目前，搜索引擎与目录索引有相互融合渗透的趋势。原来一些纯粹的全文搜索引擎现在也提供目录搜索，如Google就借用Open Directory目录提供分类查询。而像Yahoo这些老牌目录索引则通过与Google等搜索引擎合作扩大搜索范围。在默认搜索模式下，一些目录类搜索引擎首先返回的是自己目录中匹配的网站，如国内搜狐、新浪、网易等；而另外一些则默认的是网页搜索，如Yahoo。

2. 搜索命令的使用

搜索引擎为用户查找信息提供了极大的方便，你只需输入几个关键词，任何想要的资料都会从世界各个角落汇集到你的计算机前。然而如果操作不当，搜索效率也是会大打折扣的。因此，掌握基本的搜索规则对每个冲浪者是十分重要的。

（1）关键字用法

搜索引擎根据关键字完成信息的搜索，通过用户在查询栏中键入的关键字查找该关键字的文章及所在的网址。所以，要得到最佳的搜索效果，应遵循搜索引擎语法来组织搜索条件，即给出最佳匹配的关键字。

查询关键字可以是词、字或短句，句子应能读得懂。搜索引擎将通过词与词之间的语法联系进行主题检索，而不是采用简单的字符串匹配。

（2）使用逻辑操作符

搜索引擎中常用的操作符有AND、OR和NOT。

① AND（或“&”），该操作符用于搜索包括两个以上关键字的情况，以改善、限制搜索的结果。如“计算机&设计”，查询结果是计算机设计方面的文件。

② OR（或“|”）用于寻找用OR连接的几个关键字中至少包含一个的文件。如，“新闻OR经济（新闻|经济）”，查询到的结果是至少包含“经济”这个词或包含“新闻”这个词的文件。OR的使用将得到大量的搜索结果。

③ NOT（或“!”）用于寻找包含NOT前关键字但排除NOT后关键字的文件。如“新闻NOT经济（新闻！经济）”，查询的结果是排除含有“经济”这个词的“新闻”文件。

采用组合逻辑操作符需要考虑优先级。查询的顺序将取决于优先级的高低。如查询的关键字逻辑组合为“(广州|北京)! 上海”，表示查询的内容包含地名广州或北京，但是不包含上海。

（3）通配符和“+、–”连接号

搜索引擎中还可以使用通配符和连接号。

① 通配符“*”。星号通配符不允许用在单词的开始或中间，在查询单词的末尾加一个“*”通配符，表示查询对象为该单词的前缀与任意字母的组合。如Compu*可以代表Computer、Compulsion、Compunication等。

② 连接号“+”。被“+”号连接的是需要搜索的单词。如果要搜索索引文件中的某个特定单词，则可在该单词前加一个“+”号。“+”号和单词之间不能有空格，如

+Internet。

③ 连接号“–”。“–”连接的是被排除的词。搜索排除含有特定单词的文件，可在该单词前加一个“–”号。如查询关键字为“+上海，–北京，广州”，表示查询的信息内应含有“上海”，但不包含“北京”，有无“广州”关系不大。

（4）使用逗号、括号或引号进行词组查找

在搜索引擎中还可以进行词组查找。

① 逗号的作用类似于 OR。与 OR 的差别是逗号要求查询结果“越多越好”，文件中的关键字越多，该文件排列的位置越靠前。如，“编辑，出版，发行”，查询排列的结果是同时包含“编辑”、“出版”和“发行”的文件排列在前面。

② 括号的作用和数学中的括号相似，被括在括号中的内容优先级高。如（网址 or 网站）and（搜索 or 查询），查询的关键字就是“网址搜索”，“网址查询”，或“网站搜索”，“网站查询”。

③ “”（双引号）。用双引号括起来的词要求精确匹配，不包括其演变形式。作用是告知搜索引擎，引号中的内容作为一个字符串短语在数据库中进行搜索。如键入“electronic magazine”，表示查找关于电子杂志方面的信息。如果不加双引号查找的结果是包含“electronic（电子）”和“magazine（杂志）”两方面的网页信息。

（5）空格的使用

输入汉字作为关键字，不要在汉字后面增加多余的空格。空格在搜索引擎中是特殊操作符，作用与 AND 相同。如“计 算 机”与“计算机”作为关键词两者查询的结果将不同。

（6）中文搜索

用运算符把关键字串接起来组成查询语句，可以使查询范围更明确。使用的运算符号如上所述，有 and、or、not、<in>title、*、“”等。这些符号必须是 ASCII 字符，英文字母大小写都行，但绝不能采用中文全角字符。

<in>title 表示，浏览器窗口顶端称为标签（title）的部分是文件的关键字，它概括了文件的中心意思，让查询限定在标签部分，可以使查询结果更准确。如“聊天<in>title”，当标签中出现“聊天”的文档时才进入查询结果，可以比较快地找到网上聊天地址。

（7）NEAR 操作符

<NEAR>操作符用于寻找在一定区域范围内同时出现、不相邻、间隔很小的单词的文件。间隔越小，排列位置越靠前，彼此间距应控制在<NEAR>/n 范围内（n，要求被检索单词的间距最大不超过 n 个单词）。如 computer NEAR→100 game，要求查找的文件内容含 computer 和 game 两个单词，但两个单词之间的间隔不能超过 100 个单词。

以上搜索规则对大多数搜索引擎都适用，但每个搜索引擎本身又有各自的特点。因此，在使用搜索引擎时，充分利用他们各自的优点，可得到最佳及最快捷的查询结果。

任务实施

任务三　搜索引擎的使用任务单

任务编号：EB2-3		学时：____课时	
实训地点：		日期：　　年　　月　　日	
姓名：	班级：	学号：	成绩：

一、任务描述

通过比较指定关键词在不同搜索引擎的搜索结果的不同，掌握基本的检索技巧，培养信息检索与分析的能力

二、相关资源

1. 百度：www.baidu.com
2. 谷歌：www.google.com.hk
3. 搜狗：www.sogou.com
4. 雅虎搜索：cn.yahoo.com
5. 中国电子商务研究中心： b2b.toocle.com
6. 派代网：www.paidai.com
7. 亿邦动力网：www.ebrun.com
8. 博星卓越学习室： www.xuexishi.com
9. 艾瑞网： www.iresearch.cn
10. 中国电子商务协会：www.ec.org.cn
11. 中文搜索引擎指南： www.sowang.com/seek.htm

三、任务分配

本任务以个人形式单独完成，每位同学按照任务单的要求，完成任务

四、任务实施

1. 登录百度（www.baidu.com）、谷歌（www.google.com.hk）、搜狗（www.sogou.com）、雅虎搜索（www.yahoo.cn）等搜索引擎网站，搜索自己的姓名，分析各搜索引擎网站的搜索结果有何区别。然后在百度、谷歌、搜狗搜索关键词“东阿阿胶”，并填写下表。

比较项目	百度	谷歌	搜狗
搜索速度			
搜索信息量（页面数）			
排名前5名页面			

2. 根据上述实践填写下表，总结主流搜索引擎的特点（至少3个，表格请自行增减）。

序号	搜索引擎名称	网址	主要特点

3. 课堂讨论交流搜索引擎的使用体会

续表

<table>
<tr><td colspan="4">五、相关知识
1. 搜索引擎的原理；
2. 搜索引擎的使用技巧</td></tr>
<tr><td colspan="4">六、任务执行评价</td></tr>
<tr><td>评定形式</td><td>自我评定
（20%）</td><td>教师评定
（80%）</td><td>任务总计
（100%）</td></tr>
<tr><td>得　分
（100）</td><td></td><td></td><td></td></tr>
<tr><td colspan="2">个人签名：</td><td colspan="2">指导教师签名：</td></tr>
<tr><td colspan="4">日期：　　年　　月　　日</td></tr>
<tr><td colspan="4">七、任务拓展
请选择一个你熟悉或有兴趣的论文题目，通过搜索关键词的方式查找相关的资料，试分析各搜索工具的特点</td></tr>
</table>

看图识字

1. 看图

分　类	应　用	应用普及率
沟通类	发送和接收电子邮件	64.5%
	网络电话/VOIP	18.9%
信息类	了解商品或服务信息	54.5%
	从政府机构获取信息	49.8%
	发布信息或即时消息	47.3%
商务服务类	网络客户服务	41.4%
	网上银行	49.1%
内部支撑类	网络招聘	40.5%
	在线员工培训	16.6%
	与政府机构互动（如在线办事）	22.0%

图 2-7　主要企业互联网应用普及率一览表

2. 识字

2011 年 10 月 27 日，中国互联网络信息中心（CNNIC）在京发布了《中国中小企业互联网应用状况调查报告（2011 年上半年）》，《报告》显示，超过八成的受访中小企业使用互联网办公，接近一半的受访中小企业拥有独立网站或网店。

根据调查，85%的受访中小企业（不含个体工商）在办公中使用了互联网，48.1%的受访中小企业拥有独立网站或网店。从企业互联网的接入方式上看，宽带已经是最主流的接入方式。受访中小企业主要通过固定宽带方式接入互联网，而移动宽带也开始占据一定份额，窄带方式的互联网接入已经接近消亡，在所有上网企业中的渗透率仅为 5%左右。中国中小企业中主要互联网应用的普及情况普遍较好，一些基础的沟通类、信息类应用的普及率已达较高水平。其中，电子邮件的普及程度最高，在所有受访中小企业中的普及率达到了 64.5%；而网络电话/VoIP、在线员工培训、与政府机构互动这几项企业互联网应用普及程度相对较低，主要原因是这几项应用对于普通中小企业的重要程度和必要性并不高，但实现的成本却相对较高，短期内这几项应用普及度也不会有太大的提升。

知识框架

图 2-8 所示为项目二知识框架。

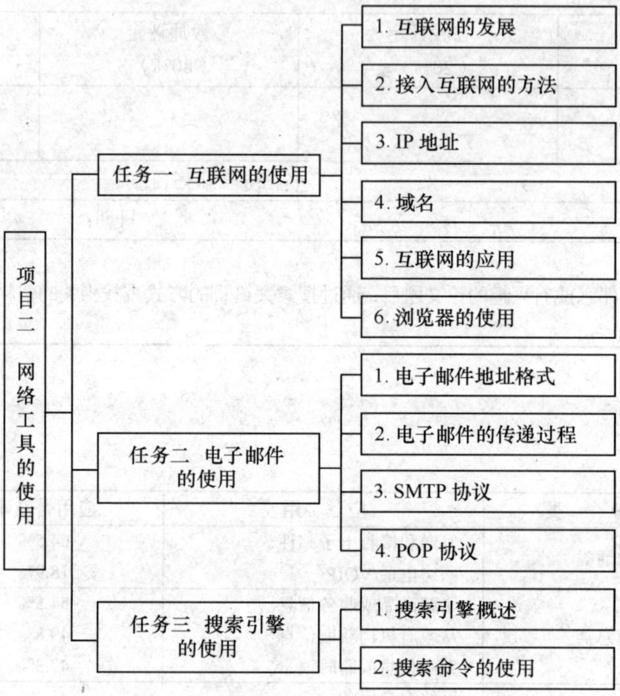

图 2-8 项目二知识框架

技能拓展

在朋友生日的时候，你想送给朋友一个数码相机。列出 5 种数码相机的型号、主要参数、生产商、价格、外观等，在这些产品中至少有一种是中国生产的。在互联网上收集这些信息，并标明收集信息的网站，写一份报告，总结完成这个项目的收获与不足。

复习思考题

1. 接入互联网有哪些方式？
2. 什么是 IP 地址，什么是域名？它们之间有什么样的对应关系？
3. 常用的互联网服务有哪些？
4. 如何申请电子邮箱？如何发送接收电子邮件？
5. 什么是搜索引擎？它的工作原理是什么？
6. 搜索引擎的使用技巧有哪些？

项目三

电子商务交易模式应用

学习目标

【知识目标】

- 掌握 B2B、B2C、C2C 电子商务模式和盈利模式。
- 掌握 B2C 网上商城特点。
- 掌握 B2B 电子商务交易流程。
- 掌握 C2C 交易平台的交易流程。

【能力目标】

- 能通过平台进行 C2C 电子商务交易。
- 能通过平台进行 B2C 业务操作。
- 能通过平台进行 B2B 业务操作。

典型案例

电子商务——中国经济增长新动力

2011 年 8 月 27 日"新闻联播"首条新闻特别报道：电子商务——中国经济增长新动力。新闻中以京东商城的快递员为主线报道了电子商务在我国的飞速发展，具体报道文字内容如下。

“电子商务”，就在我说这四个字的一瞬间，近 19 万元的交易额已经在中国诞生了。可别小看这 19 万元，它让人们的生活方式变了，消费观念变了，让企业的销售渠道变了，发展方式变了。电子商务正在成为我国经济增长新动力。送快递的丁杰刚刚被提拔为经理，现在他每天指挥着三四百人的队伍，为客户送货。可四年前刚入行时，在他眼里，这个职业看不到什么前景。

快递员丁杰：“那时候我们一个月拿一千多块钱，而且件很少，送完这个件，很可能要跑出去五六公里才可能有下一个件。”

活少、路远，是因为当时我国的电子商务还处于起步阶段。那时，网络零售额只有 500 多亿元，仅占当年社会消费品零售总额的千分之五。

科技部现代服务业专家组副组长柴跃廷：“仅仅是星星点点的东西，也就是说还没有到一个井喷式的发展阶段。”

也是在那时候，我国围绕网络购物、网上交易、支付服务出台了一系列政策、措施，互联网普及率不断攀升，电子商务由此步入了发展的快车道。网络零售额从起步到 500 亿元用了十年左右的时间，而从 500 亿元跃升到 5 000 亿元，仅仅用了三年。与此同时，网络购物用户规模日益扩大，到 2010 年底已达 1.61 亿人。而快递员丁杰所在的京东商城也以每年 200%的速度高速成长。

京东商城董事局主席刘强东：“我们上半年有接近 100 亿元销售额，所以全年能销售 280 亿元。”

中国社科院财贸研究所副所长荆林波：“去年和今年，风险投资公司投资中国的互联网企业多达 155 个项目，这个数字超越了美国纳斯达克市场上所有的融资额度，所以我想我们将欣喜地看到中国的电子商务爆炸式的发展期。”

思考

1. 你在日常生活中是否已经接触过电子商务网站，例如淘宝网、京东商城、当当网、阿里巴巴等？

2. 在你的印象中，这些电子商务网站和经营模式是否有区别，区别是什么？

任务一 淘宝购物体验

任务导入

截至 2010 年 12 月 31 日，淘宝网创造了超过 182.3 万人的直接就业机会，也就是说全国有近 182.3 万人通过在淘宝网上开店实现了就业。往前推 2 年，2008 年年底这个数字是 57 万。据全球咨询机构国际数据公司（International Data Corporation，IDC）测算，每一人在淘宝开店实现就业，就将带动 2.85 个相关产业的就业机会。于是，182.3 万可以扩展到 500 万以上，而且已经全部覆盖了中国的所有省份和直辖市。

数据显示，182.3 万直接就业人群中，一半以上年龄在 20～32 岁之间，其中大学生通过网络创业实现就业成为潮流。网上开店或者成为其创业的开端，或者为其累积实践经验，这一经验将助益他们未来的人生。从 2009 年开始，淘宝网也加强了对学生卖家的倾斜政策等。淘宝网创办的网商培训学府——淘宝大学，在不断的探索与实践中逐步形成在线培训、现场授课和培训认证三位一体的教学模式。现有资深卖家讲师百余名，培训网络遍布全国 30 个城市，合作高校百余所。大学生网上开店所产生的良好效应也促使了政府部门出台相关政策来支持大学生网上开店。作为大学生的你是否尝试过淘宝购物呢？是否想在学习期间多了解一些淘宝创业的知识呢？让我们一起来学习一下本次任务内容。

背景知识

1. 我国C2C电子商务的发展现状和趋势

在我国，C2C 网上零售市场始终占据网上零售市场较大的比重。C2C 电子商务模式一直是网上购物的主要形式，预计未来几年，我国 C2C 电子商务网站的总营运规模将继续快速增加。C2C 的快速发展，不仅为消费者提供了购物的新选择，而且也为越来越多的创业者提供了一个新的平台。但和网络购物发达的国家和地区相比，我国还有很大差距。比如网购人数在互联网用户中的占比，中国依然落后于发达国家和地区。截至 2011 年 12 月，我国网络购物用户规模达到 1.87 亿人，网购渗透率达到 41.6%，而美国已经达到 94%，最高的韩国更是达到 99%。又比如，网络购物在整个零售市场的比重，中国也落后于发达国家或地区。

随着互联网用户数量的不断增加，电子商务基础用户规模将进一步扩大，现有用户对于 C2C 电子商务的接纳与认可也在不断提升；随着支付、物流、信用环节的不断完善，C2C 市场还将具有更大的潜力。预计未来几年，中国将成为世界上最大的电子商务市场之一。我国 C2C 电子商务未来将呈现以下发展态势。

（1）C2C 发展趋缓，C2C 和 B2C 模式逐渐融合

就目前来看，C2C 电子商务市场仍处于发展初期，有 C2C 网购经历的网民不足三成，且集中在大城市，普及率比较低，相对属于小范围应用，在这背后隐藏着一个巨大的增量市场，有着非常大的上升空间。未来几年，我国 C2C 市场的发展将由量变到质变，进入快速发展阶段，但是纯粹 C2C 电子商务网站发展增长趋缓，C2C 和 B2C 模式逐渐融合。

（2）C2C 平台进入门槛高，市场格局稳定

判断一种商业模式是否可行，是否具有发展潜力，理论证明固然重要，但更重要的是要看这种模式能否为参与者带来实实在在的赢利或者赢利期望。现阶段，C2C 平台的免费策略需要大量的资金投入来维持，市场的进入者除了要有大量的资金外，还需要有超强的人气和技术实力做后盾，目前来看百度、腾讯等公司有此能力，但由于种种原因，百度“有啊”、腾讯的“拍拍”C2C 平台的参与者有限，在短期内不会引起市场竞争格局的剧变，各平台皆在苦练内功，在谨慎中求发展。

（3）竞争加剧，导致市场快速走向成熟

随着用户数量与交易额的不断增长，C2C 行业内部竞争加剧。未来几年，我国的 C2C 电子商务市场用户数量将会进一步增长，交易额也将有较大的提高。C2C 平台间的竞争是人气、信息流、物流及资金流的竞争，如何整合自身的资源优势，是 C2C 平台取得领先优势的关键。目前，中国市场上以淘宝网为行业龙头，但拍拍网、有啊网的加入加剧了对

这一市场的争夺，腾讯、百度分别凭借在中国通信软件使用者数量第一的腾讯QQ和中文搜索引擎的领先地位所挟带的大量网民，势必对淘宝的C2C交易所占市场份额进行抢夺，使得行业内部的竞争态势更加激烈。

（4）C2C平台趋向于为用户提供更完整的解决方案

顾客网购，只对商品感兴趣，对平台没有直接需求。因此，C2C电子商务平台发展的关键是商家而不是顾客。虽然商家资源是 C2C 的关键，但平台应该不断提升顾客的购物体验，完善各个购物细节。商家与顾客服务的齐头并进是平台长期和谐发展的重要保障。从平台自身来看，C2C平台为用户提供更加完整的购物解决方案，可以最大限度地降低交易成本，包括降低弥补有限理性的成本和避免机会主义得逞的成本。即时通信、社区资源、搜索及物流等都是降低交易成本的关键环节，以上诸多领域会逐步融合，用户网购会有一个全新的体验，与此同时也会带来更大的利润。

（5）收费将成为必然

目前，我国的C2C电子商务市场以免费为主流，C2C平台的赢利问题一直摆在参与者面前，包括淘宝网推出的“招财进宝”，但是寻找到适合国内市场的赢利模式是一个艰难的旅程。C2C 平台收费将是必然，但是“付费”必须基于“价值”，如何推出卖家和买家需要的、可以接受的、极具价值的服务是赢利的前提和关键。而为 C2C 用户推广业务的广告模式将有望成为赢利重点。

2. 常见C2C电子商务运作模式（拍卖平台运作模式、店铺平台运作模式）

（1）拍卖平台运作模式

① 网络拍卖的定义。

网络拍卖是传统拍卖形式在线实现。卖方可以借助网上拍卖平台运用多媒体技术来展示自己的商品，这样就可以免除传统拍卖中实物的移动；竞拍方也可以借助网络，足不出户进行网上竞拍。该方式的驱动者是传统的拍卖中间商和平台服务提供商（Platform Service Provider，PSP）。

② 网络拍卖的类型。

网络拍卖按照专业程序可分为专门的拍卖网站和店铺平台的竞价方式或门户网站的拍卖频道。专门的拍卖网站是专门进行各种物品的网上拍卖的网站，以竞价方式为主要的交易方式，网站的收入主要来源于网上拍卖业务。店铺平台的竞价方式或门户网站的拍卖频道这类网站提供的主要服务不是专门的网络拍卖，加入拍卖方式只是为了聚集人气增加网上销售额。

③ 网络拍卖与传统拍卖的比较。

传统拍卖需要拍卖人或委托人、竞买人在一起竞价，而网络拍卖不需要传统拍卖的场地，节约了大量的运作成本。

传统拍卖需要竞买人在同一时间、同一地点竞价，一般起拍后在很短的时间就可以结束拍卖。而网络拍卖没有时空限制，通过互联网拍卖，可以让全球人共同参与拍卖，并不受时间的限制，一天 24 小时都可以进行，并且，网络拍卖可以持续数天，因此扩大了拍卖的影响。

一般而言，拍卖网站本身都有众多的注册会员，网站拍卖的形式可以很快地吸引店铺的人气，使得有更多的人关注拍卖者的店铺，而且竞买者可能会比传统拍卖的人多。

网络拍卖的过程中可以用留言板等形式让竞拍者和拍卖者更好地进行联系，对拍卖品本身进行点评与回复，有利于双方信息的沟通，从而为竞拍决策提供帮助。这一优势是传统拍卖无法比拟的。

传统拍卖一般需要印刷大量的宣传品，而网络拍卖可以采用展示网页等形式来替代印刷宣传品等宣传内容，从而节省了投入的成本。

④ 网络拍卖的赢利模式。

会员费用。卖家（拍卖方）使用拍卖网站，只要取得网站拍卖资格即成为网站会员，需交纳一定的会员费用。

拍卖预展费用。一般很多拍卖网站都会以拍卖预展的形式来对拍品提前进行造势活动，这种拍卖预展活动要对预展方收取一定的费用。

商品录入费用。拍卖网站代为录入拍品信息的费用。

保留价费用。传统拍卖中，拍卖交易不成功时，拍卖企业会向委托人收取一定的服务费用，网络拍卖中称为保留价费用。就是拍卖网站根据卖方事先设置的拍品保留价高低，收取费用。

佣金。拍卖成交后的交易佣金。

（2）店铺平台运作模式

这种方式是电子商务企业提供平台方便个人在上面开店铺，以会员制的方式收费，也可通过广告或其他服务收取费用。这种平台也可称作网上商城。

入驻网上商城开设网上商店不仅依托网上商城的基本功能和服务，而且顾客主要也来自该商城的访问者，因此，平台的选择非常重要。但用户在选择网上商城时往往存在一定的风险，尤其初次在网上开店，由于经验不足以及对网上商城了解比较少的原因而带有很大的盲目性。有些网上商城没有基本的招商说明，收费标准也不明朗，只能通过电话咨询，这也为选择网上商城带来一定的困惑。

不同网上商城的功能、服务、操作方式和管理水平相差较大，理想的网上商城应具有以下的基本的特征。

良好的品牌形象、简单方便的申请手续、稳定的后台技术、快速周到的顾客服务、完善的支付体系、必要的配送服务，以及售后服务保证等。

有尽可能高的访问量、具备完善的网店维护和管理、订单管理等基本功能，并且可以提供一些高级服务，如对网店的推广，网店访问流量分析等。

收费模式和费用水平也是重要的影响因素之一。

3. C2C电子商务的业务流程

目前 C2C 交易采用的主要运作模式是消费者个人买（竞拍方）、卖（拍卖方）双方在第三方平台上进行竞价买卖。在 C2C 交易平台上买方浏览搜索商品，参与商品竞拍，卖方则上传拍卖品，给出商品的竞拍价。如果卖方与买方价格吻合，则双方成交，通过联系确定发货和收款，交易完成。其业务流程如图 3-1 所示。在我国的 C2C 网站上很少采用竞价买卖方式成交，绝大部分交易都以卖方开出的固定价格成交。

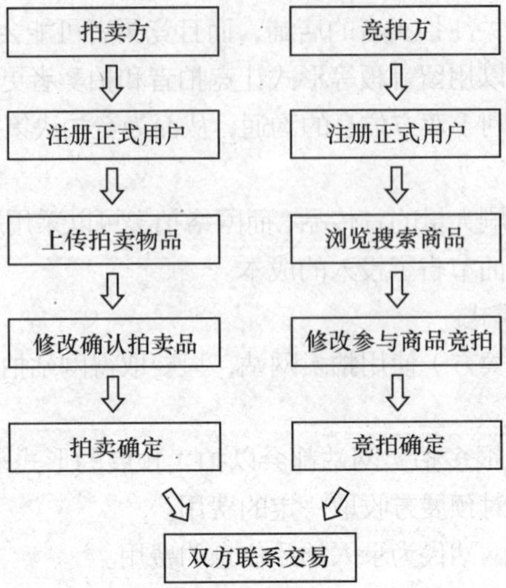

图 3-1 C2C 拍卖业务流程图

任务实施

任务一 淘宝购物体验任务单

任务编号：EB3-1		学时：____课时	
实训地点：		日期：____年____月____日	
姓名：	班级：	学号：	成绩：

一、任务描述

本任务通过在淘宝网注册、购物体验，引导学生分析 C2C 网站的内容、业务流程、商业模式，进行业务操作，并对同类网站进行比较分析，使学生掌握相关的知识、具备相应的技能

二、相关资源

1. 章剑林，商玮. 电子商务概论[M]. 杭州：浙江科技出版社，2006.（浙江重点教材）
2. 姜红波. 电子商务概论[M]. 北京：清华大学出版社，2009.（面向“十一五”高等院校精品课程规划教材）
3. 淘宝大学课程《商城网店运营定位》
4. 淘宝网新手学堂：www.taobao.com
5. 淘宝大学：http://www.taobao.com/go/chn/tbcampus/index.php
6. 艾瑞咨询 网上购物频道： http://ec.iresearch.cn/17/

三、任务分配

本任务以个人形式单独完成，每位同学按照任务单的要求，完成任务

四、任务实施

1. 登录淘宝网，注册淘宝账号。
2. 激活支付宝账户（具体操作参考项目四中任务二的内容）。
3. 搜索需要的商品。
4. 购买商品。
5. 收货及评价。
6. 将以上在淘宝购物体验的每个流程以截图的方式保存于 Word 文档。文档名称为“本次任务名称+学号+姓名”，上传给任课教师。

续表

<table>
<tr><td colspan="4">备注：建议该任务实施时以本校教师或学生自已开设的淘宝店铺销售产品为体验对象</td></tr>
<tr><td colspan="4">五、相关知识
1. 电子商务的概念，C2C 的概念。
2. 电子商务的定义及发展历程</td></tr>
<tr><td colspan="4">六、任务执行评价</td></tr>
<tr><td>评定形式</td><td>自我评定（20%）</td><td>教师评定（80%）</td><td>任务总计（100%）</td></tr>
<tr><td>得　分（100）</td><td></td><td></td><td></td></tr>
<tr><td colspan="2">个人签名：</td><td colspan="2">指导教师签名：</td></tr>
<tr><td colspan="4">日期：　　年　　月　　日</td></tr>
<tr><td colspan="4">七、任务拓展
分析几个典型 C2C 网站（拍拍、有啊、易趣）的情况，并进行相关业务操作，根据自己的体验你认为哪个平台的流程设计得更好？为什么？</td></tr>
</table>

任务二　B2C网上商城特点分析

任务导入

电子商务领域风起云涌，各大 B2C 电子商务企业纷纷使出绝杀招数，抢占市场！

相关事件一：淘宝商城发布独立域名

2010 年 11 月 1 日，淘宝网在北京举行发布会，宣布淘宝商城启动独立域名（tmall.com），同时宣布在 2010 年 11 月至 2011 年 1 月期间，将投入 2 亿元人民币推广淘宝商城品牌。之后，淘宝商城在原“电器城”和“名鞋馆”基础上，增设“运动馆”、“家装馆”、“美容馆”等行业垂直频道。

相关事件二：乐酷天平台上线

2010 年 10 月 19 日，日本电子商务公司乐天（Rakuten）与百度合资开设了网购商城“乐酷天”。据了解，乐天与百度将在未来三年内向“乐酷天”投资 5 000 万美元。另外，乐天与百度在 2010 年 1 月宣布将在中国成立合资电子商务网站，乐天占据合资公司 51% 的股份，百度持有剩余股份。

相关事件三：V+、中邮购平台上线

2010 年 5 月 19 日，凡客诚品宣布该公司旗下新购物网站“V+”（vjia.com）正式上线，首批已上线 Nike、Adidas、Lee、G-star、马克华菲、IZZUE、KAPPA、NewBalance、爱慕等 60 余家合作品牌。

2010 年 8 月 10 日，中国邮政与 TOM 集团联合推出的 B2C 网站——邮乐网（ule.tom.com）正式启动上线。据了解，邮乐网将整合中国邮政、TOM 集团双方资源，由中国邮政提供销售、物流、收款及仓储服务，由 TOM 集团未来数年投入 2 亿元进行推广，并为平台提供技术及运营。

相关事件四：京东商城开放平台

京东商城 CEO 刘强东在 2010 年派代年会上表示，京东商城开放平台已于 9 月 15 日上线测试，部分品牌商和供应商已经可以通过该平台在京东商城出售商品。开放平台后，京东商城所售商品将快速拓展至家居类、鞋帽服饰、钟表首饰、个护化妆等品类。

结合国外发展经验及中国电子商务发展现状，B2C 电子商务模式将逐渐取代 C2C 电子商务模式成为网络购物市场主要模式。主要原因在于相比 C2C 购物网站，B2C 购物网站的信誉及服务质量有保障。目前中国 B2C 购物网站主要分为平台式、自主销售式两类。

除了之前出现的淘宝商城、QQ 商城外，2010 年中国网络购物市场新增 V+、邮乐网、乐酷天等多家平台式购物网站；同时领先的自主销售式 B2C 也开始着手开放平台，扩充品类。依据国外发展经验，艾瑞咨询推测，未来整个市场能够容纳的电子商务平台数量有限。

如何把握网络购物市场当前的增长大势，以便更好与现有的平台式购物网站竞争是当前自主销售式购物网站需重点考虑的问题，让我们一起走入网上商城。

背景知识

1. B2C电子商务网站系统构成

B2C 电子商务网站的主要业务就是通过网络进行在线销售，因此系统最核心最重要的功能便是实现网上在线销售功能。通过该电子商务网站，能够扩展商品销售渠道，扩大商品消费群体，且不受时空限制，从而提高企业效益。

网站系统采用目前互联网通用的 B/S（Browser/Server，浏览器/服务器）模式，分为三层体系结构。

① 前端应用层：与互联网连通，面向用户提供一种互动式的服务。例如，用户注册、资料查询；商品浏览、查询，商品订购，信息发布，网络导航，意见收集、反馈等。

② 中间信息处理层：非公开的应用系统，如对整个系统的管理及维护；对商务活动的监督及数据统计、反馈；销售企业对内管理和对外交流；业务流程的处理。

③ 底层数据访问层：对核心数据库的访问、查询、数据分析、提取、数据资料校验。

通常 B2C 电子商务网站具有以下功能目标：界面友好，操作方便；全面、分类展示商品；能够显示商品的详细信息，方便顾客更深入了解商品信息；能够查看网站上的交易信息；对浏览者输入的数据，网站进行严格的验证，具有一定容错性；网站前台提供新商品上市公告，方便顾客及时了解最新信息；提供网站留言交互功能；提供网络在线支付功能；具有易维护和易操作性等特点；网站运行稳定，安全可靠。

2. B2C电子商务的业务流程

B2C 电子商务业务流程通常包括相互联系、相互支持的前台系统和后台系统，它们共同构成了电子商务系统的有机整体。其业务流程一般也分为前台网上购物及后台订单处理过程。

（1）前台购物流程

B2C 前台是直接面向用户的网站，用于发布商品信息，接受用户请求。基于网站的交互功能和多媒体功能使得用户像在真实的超市一样推着购物车挑选商品。B2C 网站前台的主要功能包括会员注册、商品信息查询、使用购物车、选择支付方式、个人信息保密措施、相关帮助等。其中商品目录、购物车和支付方式构成了 B2C 网站的三大支柱。好的商品目录可以帮助用户尽可能简单方便地找到所需的商品；购物车可以跟踪所选的商品，一直到付款为止；收银台是网上交易的最后环节，也是最重要的环节，一般 B2C 网站均支持在线支付、线下支付等多种支付方式。B2C 前台购物流程图如图 3-2 所示。

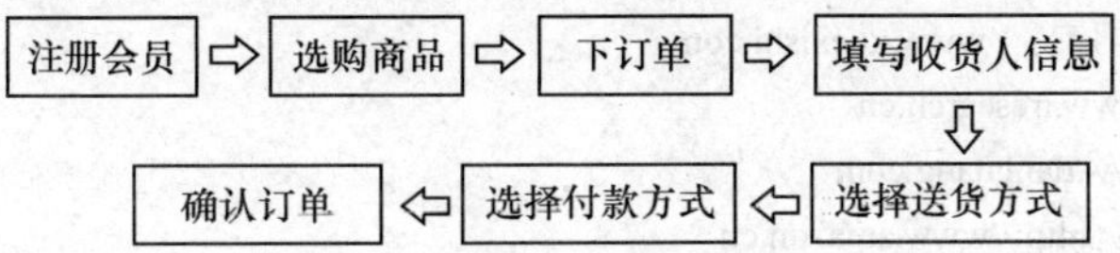

图 3-2　B2C 前台交易流程

（2）后台订单处理流程

B2C 后台系统的主要作用是处理前台用户产生的订单。后台系统与企业内部的管理信息系统连接，以便快速进行订单处理、进销存管理和更新财务数据，并和外部贸易伙伴进行电子数据交换，以便实现快速电子订货。与前台相比，后台的构成和处理要复杂得多，如图 3-3 所示。订单处理为核心的后台处理流程。

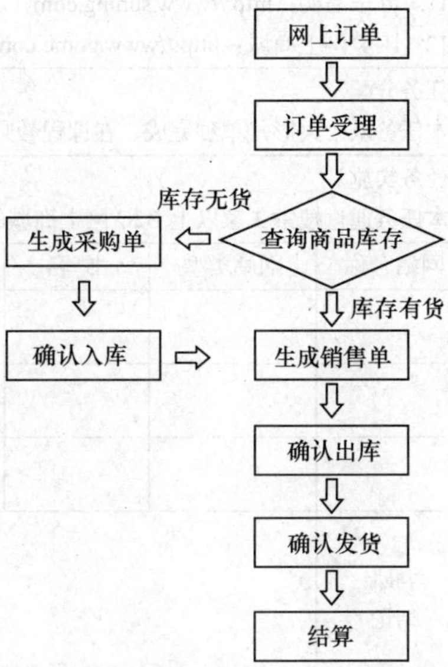

图 3-3　B2C 后台订单处理流程图

3. 传统企业开展B2C电子商务的策略

① 确定电子商务经营的商业模式。

② 定位好企业自身的目标市场。

③ 确定企业电子商务平台的构架，建设企业 B2C 电子商务网站。

④ 组建完善营销团队构架。

⑤ 制定适当的网站推广方式。

⑥ 建立完善的客服体系、物流体系和售后体系。

任务实施

任务二　B2C 网上商城特点分析任务单

任务编号：EB3-2		学时：____课时	
实训地点：		日期：____年____月____日	
姓名：	班级：	学号：	成绩：
一、任务描述 王强是大学二年级的学生，今年打算参加国家英语四级考试，学习比较紧张，没有时间去书店选购，准备选择网上购买。请你帮他调查 3 家以上 B2C 网上商城的英语四级考试书籍的销售情况，将相关结果填入下表，经比较分析后，对这几家 B2C 商城给出恰当的评价。通过不同网上商城的促销方式及特色的分析，深入了解 B2C 网站的模式、交易流程、赢利模式			

续表

二、相关资源

1. 章炳林.电子商务概论[M].北京：水利水电出版社，2011.
2. 中国互联网络信息中心：www.cnnic.net.cn
3. 中国电子商务研究中心： b2b.toocle.com
4. 博星卓越学习室： www.xuexishi.com
5. 艾瑞网： www.iresearch.cn
6. 当当网：www.dangdang.com
7. 卓越亚马逊：http://www.amazon.cn
8. 京东商城：http://www.360buy.com
9. 凡客诚品：http://www.vancl.com
10. Dell：http://www.dell.com.cn
11. 苏宁易购：http://www.suning.com
12. 国美网上商城：http://www.gome.com.cn

三、任务分配

本任务以个人形式单独完成，在课程教师的指导下，每位同学按照任务单的要求完成任务

四、任务实施

本任务通过搜索 3 家以上 B2C 网上商城的英语四级考试书籍的销售情况，将相关结果填入下表

网站名称	网站类型	书 名	价格	促销方式	商城特色
调研结论					

备注：各位老师在上课时，可以结合本校拥有的电子商务实训软件让学生模拟体验 B2C 商城的运营管理

五、相关知识

1. B2C 电子商务模式和赢利模式。
2. B2C 电子商务网站后台管理工具的使用技巧

六、任务执行评价

评定形式	自我评定（20%）	教师评定（80%）	任务总计（100%）
得 分（100）			
个人签名：		指导教师签名：	

日期： 年 月 日

续表

七、任务拓展 1. 网上商城设计的布局是否具有共同性，站在消费者立场上你认为应如何改进？ 2. 了解我国电子商务市场总体规模和各垂直行业 B2C 市场规模的数据。 3. 了解政府对 B2C 电子商务的引导和支持政策，了解支付、物流等支持技术发展水平

任务三　B2B企业网站实践

任务导入

2011 年 6 月 22 日，由商务部直接指导，北京电子商务协会主办，中国网库承办的中国 B2B 电子商务服务创新论坛暨 2011 年中国电子商务新锐扶持计划发布会在京举行。会议立足 B2B 服务，关注电子商务整个生态系统，共同探讨电子商务如何为企业带来真正的价值，电子商务服务机构如何为传统企业提供最有力的扶持。在本次论坛上，由中国网库联合银联、艾瑞咨询集团、新华信集团、移众传媒、中国中小商业企业协会共同发起的“中国 B2B 电子商务服务联盟”宣告成立。

艾瑞咨询统计数据显示，2011 年第二季度中国 B2B 电子商务市场营收规模达到 34.2 亿元，同比增长 41.3%，环比增长 16.7%。艾瑞咨询分析认为，在宏观经济持续回暖、外贸经济日益复苏的大背景下，2011 年第二季度中国 B2B 电子商务市场营收规模增长的主要原因在于：第一，阿里巴巴、慧聪网等大型 B2B 企业逐渐开始提高服务价格，增加了增值服务的比重；第二，随着核心运营商的业务逐渐拓展，企业对电子商务的渗透率在逐渐提升，核心运营商的付费会员、在线交易、增值服务等业务稳定增长。

随着电子商务的不断深入，愈来愈多的传统企业将涉足电子商务，那么，传统企业应该了解哪些电子商务知识，如何开展自己的电子商务呢？

背景知识

1. 开展B2B电子商务所需的基本知识

（1）B2B 电子商务的概念及模式

B2B 是商业对商业，或者说是企业之间的电子商务，即企业与企业之间通过互联网进行商品、信息及服务的交换。

B2B 电子商务有两种基本模式：一种是在企业间直接进行，例如制造商的在线采购和在线供货；另一种是通过第三方网站平台进行。例如国内著名的阿里巴巴网（china.alibaba.com）就是一个 B2B 电子商务网站，各类企业可以通过阿里巴巴网进行企业间的电子商务，如发布和查询供求信息，与潜在客户或供应商进行在线交流和商务洽谈等。

（2）买家采购到满意商品的关键

① 商品的质量。对采购人员而言，应设法了解供应商对本身商品质量了解的程度，管理制度较完善的供应商应拥有有关质量的文件（如质量合格证和商检合格证）。

采购人员应向供应商取得以上的资料，以方便未来的交易。在我国，商品的执行标准有国家标准、专业（部）标准及企业标准，其中又分为强制性标准和推荐性标准。但通常在买卖的合同或订单上，质量是以下列方法的其中一种来表示的。

- 市场上商品的等级
- 品牌
- 商业上常用的标准
- 物理或化学的规格
- 性能的规格
- 工程图
- 样品（卖方或买方）
- 以上的组合

采购人员在采购时应首先与供应商对商品的质量达成共识。在可能的情况下，对一些商品，如大米、衣服、家纺用品、鞋类等商品，应要求供应商提供样品封存，以避免以后的纠纷或法律诉讼。对于瑕疵品或在仓储运输过程损坏的商品，采购人员在采购时应要求退货或退款。

② 包装。包装可分为两种：内包装及外包装。内包装是作为保护、陈列或说明商品之用的，而外包装则仅用于仓储及运输过程中的保护。设计良好的内包装往往能提高客户的购买意愿，加速商品的回转，供应商在这方面应向好的企业学习，加以改进，以利彼此的销售。

③ 价格。除了质量与包装以外，价格是所有采购事项中最重要的项目。在采购前，采购人员应事先调查市场价格，不可凭供应商片面之言，如果没有相同商品的市价可查，应参考类似商品的市价。在确定采购价格时，采购人员最好先分析成本或价格；数家供应商进行竞标时，采购人员应选择两三家较低标的供应商，再分别与他们采购，求得公平而合理的价格。但在使用竞标方式时，采购人员切勿认为，能提供最低价格的供应商即为最好的供应商。我们必须综合选择一个在送货、售后服务、营销支持、其他赞助等方方面面能提供支持的供应商。所以有时候会放弃与提供极低价格的大批发商合作，而选择与不愿意提供极低价格的制造商或生产厂商合作，因为后者通常在产品质量、货源保证、售后服务、促销活动及其他赞助上会有更多的支持。

2. B2B电子商务交易过程及流程图

B2B 电子商务的交易过程大致分为以下 10 个步骤。

① 采购商向供应商订货，首先要提交“用户订单”，该订单应该包括产品名称、数量、质量及价格等相关信息。

② 供应商收到“用户订单”后，根据“用户订单”的要求查询产品的情况，由供应商再给出“报价单”。

③ 采购商看到“报价单”后，针对给出的报价决定是否购买。

④ 如果愿意合作，双方进入洽谈程序，可通过电话、E-mail、阿里旺旺等方式交流。

⑤ 洽谈成功，双方签订买卖合同。

⑥ 供应商向运输商（或物流商）发出有关货物运输情况的“运输查询”。

⑦ 运输商在收到“运输查询”后，给供应商返回运输查询的回答，如有无能力完成

运输，以及有关运输的日期、线路及方式等要求。

⑧ 在确认没有问题后，供应商即刻给采购商答复，并通知运输商运输。

⑨ 运输商接到“运输通知”后开始发货，接着供应商向支付网关发出“付款通知”。

⑩ 支付网关向供应商发出交易成功的“转账通知”。

整个交易过程如图 3-4 所示。

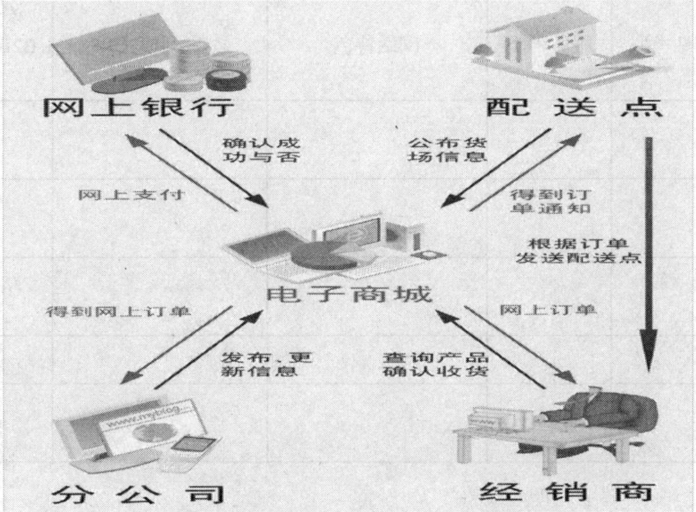

图 3-4　B2B 电子商务交易流程图

任务实施

任务三　B2B 企业网站实践任务单

<table>
<tr><td colspan="2">任务编号：EB3-3</td><td colspan="2">学时：____课时</td></tr>
<tr><td colspan="2">实训地点：</td><td colspan="2">日期：____年____月____日</td></tr>
<tr><td>姓名：</td><td>班级：</td><td>学号：</td><td>成绩：</td></tr>
<tr><td colspan="4">一、任务描述
王鹏是某地区一家著名服装公司的业务员，想着手利用 B2B 电子商务平台推广企业产品或服务，请你帮他对中国一些知名 B2B 网站进行调研，最后给企业提出相应的建议。通过任务的完成，在初步了解 B2B 网站的基础上对 B2B 电子商务网站的交易流程、经营、赢利模式等方面进行深入认知</td></tr>
<tr><td colspan="4">二、相关资源
1. 章炳林.电子商务概论[M].北京：水利水电出版社，2011.
2. 中国互联网络信息中心：www.cnnic.net.cn
3. 中国电子商务研究中心： b2b.toocle.com
4. 博星卓越学习室： www.xuexishi.com
5. 艾瑞网：www.iresearch.cn
6. 阿里巴巴：http://china.alibaba.com/
7. 慧聪网：http://www.hc360.com/
8. 生意宝：http://china.toocle.com/
9. 一大把：http://www.yidaba.com/</td></tr>
</table>

续表

三、任务分配

本任务以个人形式单独完成，在课程教师的指导下，每位同学按照任务单的要求，完成任务

四、任务实施

请对阿里巴巴、环球资源、中国制造、慧聪、中国化工等著名的 B2B 网站进行调研，最后给企业提出相应的建议，并将调查结果填入下表

网站名称	网站类型	服务种类	网站特色	赢利模式	该公司使用 B2B 平台优先顺序
阿里巴巴					
环球资源					
中国制造					
慧聪					
中国化工					
调研结论					

五、相关知识

1. B2B 电子商务交易模式；
2. B2B 电子商务模式发展现状

六、任务执行评价

评定形式	自我评定（20%）	教师评定（80%）	任务总计（100%）
得　分（100）			
个人签名：		指导教师签名： 日期：　年　月　日	

七、任务拓展

在阿里巴巴上注册会员，看看阿里巴巴所给提供的服务有哪些

看图识字

1. 看图

图 3-5、图 3-6、图 3-7 分别为 2011 年（上）中国 B2B、C2C 和 B2C 市场份额占比图。

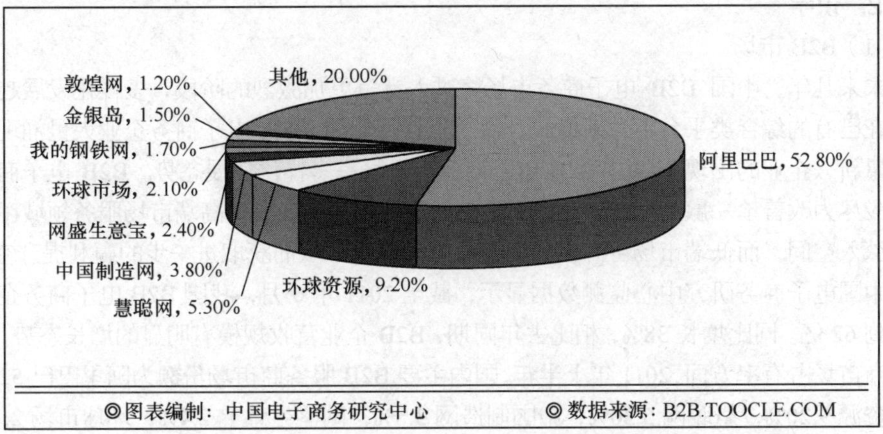

图 3-5　2011 年（上）中国 B2B 市场份额占比图

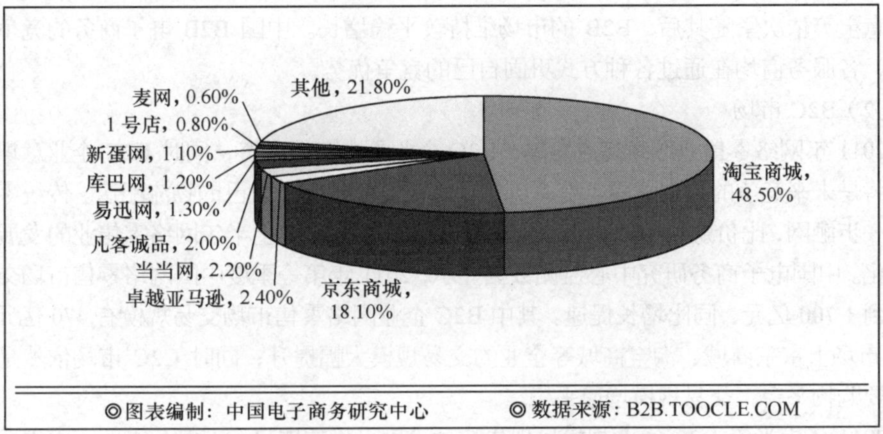

图 3-6　2011 年（上）中国 B2C 市场份额占比图

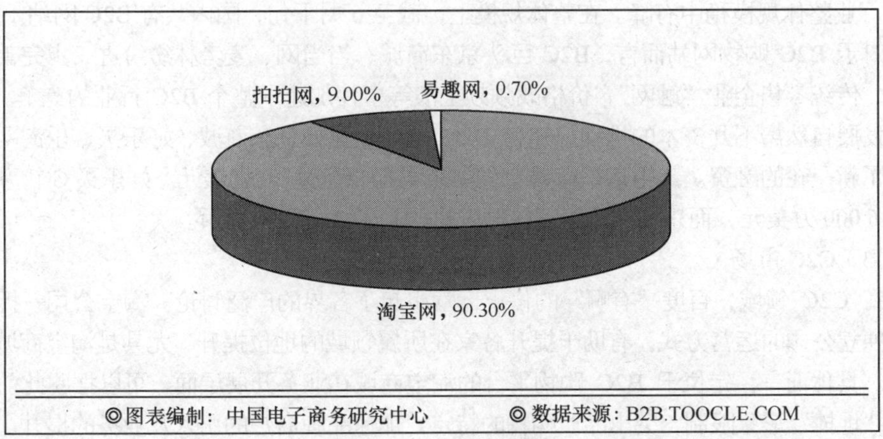

图 3-7　2011 年（上）中国 C2C 市场份额占比图

2. 识字

(1) B2B 市场

未来几年，中国 B2B 电子商务市场将进入竞争更加激烈的阶段，多样化发展趋势明显，在已有的综合类平台下，新模式、专注于新行业的 B2B 电子商务企业大量涌现，随着大量新兴企业的出现，中国 B2B 电子商务市场将呈多样化发展态势。B2B 电子商务服务商应尽力改善单一赢利模式，介入到更为复杂的领域中，在中高端市场服务领域还有很大的深入空间，而低端市场可向更细更专业方向发展，从而获取进一步的赢利提升空间。

中国电子商务研究中心监测数据显示，截至 2011 年 6 月，我国 B2B 电子商务企业营收达到 62 亿。同比增长 38%，相比去年同期，B2B 企业营收规模有明显的增长态势。B2B 服务商市场占有率方面，2011 年上半年，国内主要 B2B 服务商市场份额为阿里巴巴 52.8%，环球资源 9.20%，慧聪网 5.30%，中国制造网 3.8%，网盛生意宝 2.4%，环球市场 2.1%，我的钢铁网 1.7%，金银岛 1.5%，敦煌网 1.2%，其他 20%。2011 年上半年，中国 B2B 电子商务运营商营收份额中，阿里巴巴仍然处于行业垄断地位；环球资源、中国制造网、网盛生意宝等依次紧随其后，B2B 的市场维持较平稳增长。中国 B2B 电子商务的竞争日益激烈，各服务商均在通过各种方式巩固自己的竞争优势。

(2) B2C 市场

2011 年网络零售业继续高速发展，B2C 企业不少获得融资，同时 B2C 企业意识到了物流将是未来竞争的重中之重，纷纷自建仓储来进一步完善自己的物流配送。传统零售企业进一步触网，比价购物也成为上半年的热门话题。2011 年上半年网络零售业的发展呈现多样化。中国电子商务研究中心监测数据显示，2011 年第一季度中国网络零售市场交易规模达到 1 700 亿元，同比增长提速。其中 B2C 企业网络零售市场交易规模有 470 亿元。在 B2C 市场上京东商城、淘宝商城等企业的交易规模大幅提升；同时 C2C 市场依然是网民的主要购物平台，交易规模增速平稳。

2011 年上半年 B2C 行业规模呈现先波动、后平稳的态势。在第一季度，由于春节假期的影响，2 月份行业整体规模出现明显下降；而第二季度是传统的销售平淡季，这期间 B2C 行业整体规模稳中有降。在整体规模上，截至 6 月下旬，国内共有 B2C 网站 1.24 万家。对于 B2C 购物网站而言，B2C 巨头京东商城、当当网、麦考林纷纷进一步完善物流配送，传统零售企业"触网"，价格战频频上演等事件加速了整个 B2C 行业的竞争。B2C 企业发展自然离不开资本的推动。知名 B2C 电商企业如京东商城、好乐买、乐淘网等都进行了新一轮的融资。其中京东商城 C 轮融资总额将超过 10 亿美元。好乐买 C 轮融资金额达 6 000 万美元，而乐淘网的第三轮融资也达到了 2 亿元人民币。

(3) C2C 市场

在 C2C 领域，百度"有啊"的停止运营引起了各界的广泛讨论。淘宝公司一拆为三后，独立公司的运营方式，有助于提升各家在所属领域的地位提升，尤其是淘宝商城、一淘网。具体而言，定位于 B2C 购物平台的淘宝商城在业务开展层面，可以摆脱此前淘宝网的"地摊"形象限制，突出品质购物的特点，加速品牌商户的引入及业务的提升。中国电子商务研究中心监测数据显示，C2C 企业市场占有率与 2010 年相比没有太大变化，2011 年上半年淘宝集市仍占绝对的优势。截至 2011 年 6 月淘宝占全部的 90.3%，拍拍网占 9%，易趣网占 0.7%。中国 C2C 网络购物市场格局变化不大，各网站占比趋于稳定，交易规模持续平稳增长。

知识框架

图 3-8 所示为项目三知识框架。

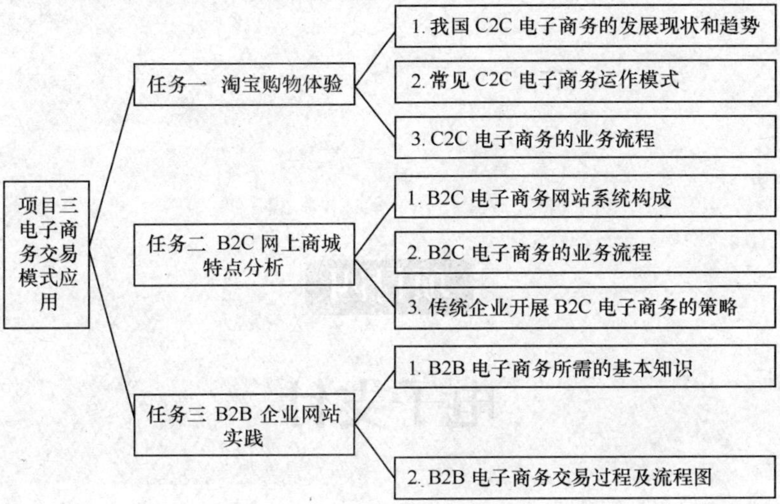

图 3-8　项目三知识框架

技能拓展

为本地优势产业中的某一代表性企业，确定电子商务应用模式。

复习思考题

1. 什么是 C2C 电子商务模式？
2. 目前国内主要的 C2C 电子商务交易平台有哪些？
3. C2C 电子商务交易中存在的主要问题有哪些？
4. 请尝试使用淘宝等 C2C 电子商务平台，搜索并购买自己感兴趣的商品。
5. “淘宝网是创业者的乐园”，经过对淘宝网的体验，你是如何理解这种说法的？
6. 什么是 B2C 电子商务模式？
7. 请简述 B2C 卖家的后台处理流程的主要内容。
8. 什么是 B2B 电子商务模式？
9. B2B 卖家招揽生意的技巧有哪些？
10. 阿里巴巴中国网站有哪些主要功能？诚信通用户相比普通用户可以得到更多的服务，请简述之。
11. 使用阿里旺旺做网上生意有哪些好处？

项目四

电子支付

学习目标

【知识目标】

- 理解有关电子支付的概念。
- 了解有关电子货币的概念及分类。
- 理解网上支付特别是第三方支付的概念。
- 理解网上银行的概念与运作模式。

【能力目标】

- 熟练掌握网上支付流程，能够使用网上支付工具进行支付。

典型案例

信用卡网上支付成功率首度升至95%

2011 年 4 月 18 日，支付宝公司宣布，最新推出的快捷支付服务已经和中国银行、工商银行、建设银行、农业银行、平安银行、北京银行、上海农商行、大连银行、宁波银行、宁夏银行等 10 家银行的信用卡展开合作，快捷支付新增用户数达到近 300 万。数据显示，通过这一服务，信用卡网上支付的成功率从原先的 60%左右大幅提升到 95%，这是国内银行卡网上支付成功率首度达到这样的高水平。

网上支付服务是近年来增长最快的互联网服务，截至2010年12月，支付宝注册用户突破5.5亿，日交易额超过25亿元，日交易笔数达到850万笔。不过，网上支付体验不佳的问题一直存在。2010年12月底，支付宝和中国银行率先合作推出信用卡快捷支付服务，开始为用户提供前所未有的信用卡网上便捷支付体验。

据统计，各大银行信用卡通过网银进行付款，普遍需要事先安装密码控件或数字证书，支付过程中至少需要5到7步的跳转。这一烦琐的过程不仅给木马、钓鱼留下了空间，用户体验也很糟糕。有数据显示，目前国内网银的支付成功率普遍只有60%左右。

支付宝表示，通过信用卡快捷支付，用户不需要事先开通网银，只要根据提示输入卡号等必要信息就可以非常简单、安全地完成网上支付，并且额度以信用卡本身的额度为准，不受网银额度下调等限制。

在方便用户的同时，手机号码与信用卡卡号匹配、信用卡校验码验证、手机动态口令确认等安全措施会保障用户的安全。“快捷支付可以真正做到用户拿起信用卡就能网上付款，95%的支付成功率意味着信用卡网上支付的便利程度首次达到线下刷卡的标准。”

易观国际分析师张萌表示，除了网上支付更便捷，支付宝快捷支付还将解决非IE浏览器用户和手机支付用户的支付问题。“快捷支付不受网银的限制，支付流程简单快捷，这将为Firefox、Chrome等更多浏览器用户网上支付，以及手机支付的爆发提供基础。”

思考

1. 你在以前的生活、学习过程中是否已经进行过网络支付？
2. 在你的印象中，网上银行有哪些功能？

任务一 电子支付调查

任务导入

人类社会在经历了实物货币、金属货币、纸币和电子货币时代后，银行卡、储值卡、网上支付、移动支付、电话支付等多种支付形式的出现加快了整个支付产业发展的步伐。习惯于“一手交钱，一手交货”的我们也日渐接受新的安全、方便、快捷的支付方式。作为一名电子商务专业的青年学生，让我们一起更加深入地了解电子支付到底怎样改变了我们的生活。

背景知识

1. 传统支付及支付系统

支付是指经济行为人之间由于商品交换和劳务关系所引起的债权、债务关系的清偿。

支付系统是金融机构为了解决这种清偿而提供的一系列服务，包括清算和结算。支付系统的主体包括，经济行为人、商业银行和中央银行。其中商业银行主要为经济行为人提供存款、取款、转账、结算、票据结付等支付服务；中央银行则为商业银行和非银行金融机构提供支付资金的最终清算和结算。

传统的支付方式主要有，现金、支票、银行卡和电子资金转移等。与之对应的有现金支付系统、支票结算系统、信用卡（包括借记卡）授权结算系统和电子资金转账结算系统等。

（1）现金支付方式

现金有两种形式，即纸币和硬币，是由一国中央银行发行的，其有效性和价值是由中央银行保证的。纸币本身没有价值，它只是一种由国家发行并强制流通的货币符号，但可以代替货币加以流通，其价值是由国家加以保证的；硬币本身含有一定的金属成分，故而具有一定的价值。

在现金交易中，买卖双方处于同一位置，而且交易是匿名的。卖方不需要了解买方的身份，现金具有使用方便和灵活的特点，多数小额交易是由现金完成的。其交易流程一般是“一手交钱，一手交货”。卖方用货物换取现金，买方用现金买到货物。显然，现金是一种开放的支付方式。任何人只要持有现金，就可以进行款项支付，而无须经中央银行收回重新分配。图 4-1 为流通现金。

图 4-1　流通现金

但是，在使用现金支付过程中也存在一定限制。

① 受时间和空间限制。对于不在同一时间、同一地点进行的交易，无法采用这种方式交易。

② 受不同发行主体的限制。不同国家的现金单位和代表的购买力不同，这给跨国交易带来不便。

③ 不利于大宗交易。大宗交易因涉及金额巨大，倘若使用现金作为支付手段，不仅不方便，而且不安全。

（2）票据支付方式

票据分为广义票据和狭义票据。广义上的票据包括各种具有法律效力、代表一定权利的书面凭证，如股票、债券、货单、车船票、汇票等，人们将它们统称为票据；狭义上的票据指的是票据法所规定的汇票、本票和支票，是一种载有一定的付款日期、付款地点、付款人的无条件支付的流通凭证，也是一种可以由持票人自由转让给他人的债权凭证。这里所指的都是狭义票据。我国票据法将票据分成汇票、本票和支票三种。

① 汇票是出票人委托他人于到期日无条件支付一定金额给受款人的票据；

② 本票是出票人自己于到期日无条件支付一定金额给受款人的票据；

③ 支票则是出票人委托银行或其他法定金融机构于见票时无条件支付一定金额给受

款人的票据。

票据是为了弥补现金交易的不足而出现的。作为支付手段，各种票据都可以使用。但无论是使用汇票、本票还是支票，都需要有出票人的签名方能生效。在使用支票进行支付的过程中，支票由买方签名后即可生效。卖方需通过银行来处理支票，需要为此支付一定的费用，而且需要等待提款。

通过使用票据，异地交易不必涉及大量现金，减少了携带大量现金的不便和风险。同时，票据使得交易中的物流和货币流的分开更有保障。票据本身的特性使得交易可以异时异地进行，突破了现金交易同时同地的限制，大大提高了交易实现的可能性，由此而促进了交易的繁荣。但票据也存在一些问题，比如易于伪造，容易丢失，商业承兑汇票甚至存在拒绝付款和到期无力支付的风险，因此，使用票据仍然具有一定的风险。图 4-2 为中国银行转账支票。

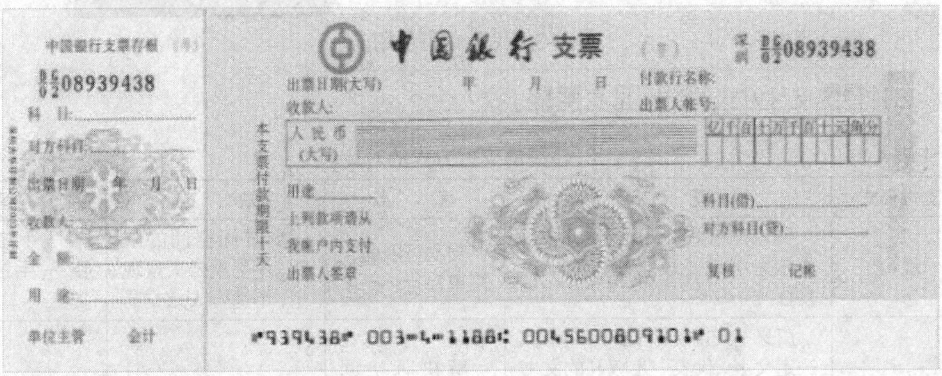

图 4-2 转账支票样本

（3）信用卡支付方式

信用卡是银行或金融公司发行的，授权持卡人在指定的商店或场所进行记账消费的信用凭证。信用卡最早诞生于美国。发展至今，在美国、加拿大、西欧、日本等金融业非常发达的国家及地区，信用卡已成为一种普遍采用的支付工具，它逐步取代了现金支付方式和票据支付方式。中国银行业协会在 2011 年 5 月发布的《中国信用卡产业发展蓝皮书》显示，截至 2010 年年底，国内信用卡发卡量达 2.3 亿张；信用卡消费额在社会消费品零售总额中占比达到 32%，交易笔数达 24 亿笔，信用卡已经成为居民日常生活中最主要的非现金支付工具。图 4-3 为民生银行信用卡。

信用卡之所以能在世界范围内被广泛使用，与其本身的特点是分不开的。信用卡的功能很多，也很强大。主要的四个功能，即转账结算、消费借贷、储蓄和汇兑使得用户非常乐意使用这种支付手段来完成交易。信用卡使用起来也非常高效、便捷。利用信用卡结算可以减少现金流通量，简化收款手续，提高结算效率；同时客户可以使用信用卡在异地进行存取现金，免去了随身携带大量现金的不便，而且又有安全保障。当然，使用信用卡作为支付手段来进行交易也有一定的弊端，如交易费用较高，信用卡超过一定的有效期就失效，信用卡遗失或者被窃等。很多情况下，银行本身就是发卡人，这样使用信用卡进行结算就变得更方便了。

图 4-3　民生银行信用卡

三种传统支付方式的对比见表 4-1。

表 4-1　　传统的支付方式的对比

支付形式	概　　念	优　　点	缺　　点	流　　程
现金	现金有纸币和硬币两种形式，由国家组织或政府授权的银行发行	交易可匿名，简单易行	受时间空间的限制，不易携带大量现金，不适合大宗交易	一手交钱一手交货
票据	广义上的票据包括各种记载一定文字、代表一定权利的文书凭证，如股票、债券、货单、汇票等。狭义上的票据则是一个专用名词，专指票据法所规定的汇票、本票和支票等票据	解决时空间题，解决大宗交易，结算较为安全，可记名	费用较高，时效性差，需辨别真伪	通过银行处理
信用卡	信用卡是银行或金融公司发行的，授权持卡人在指定的商店或场所进行记账消费的信用凭证	功能强大，使用越来越简便、高效、流行，减少现金流通	交易费用较高，有一定时效，遗失或被窃处理较麻烦	通过银行处理

2. 什么是电子支付

电子支付（Electronic Payment），是指从事电子商务交易的当事人，包括消费者、厂商和金融机构，通过信息网络，使用安全的信息传输手段，采用数字化方式进行的货币支付或资金流转。与传统的支付方式相比，电子支付具有以下特征。

电子支付是采用先进的技术通过数字流转来完成信息传输的，其各种支付方式都是采用数字化的方式进行款项支付的；而传统的支付方式则是通过现金的流转、票据的转让及银行的汇兑等物理实体的流转来完成款项支付的。

电子支付的工作环境是基于一个开放的系统平台（即互联网）之中；而传统支付则是在较为封闭的系统中运作。 电子支付使用的是最先进的通信手段，如互联网、Extranet；而传统支付使用的则是传统的通信媒介。电子支付对软、硬件设施的要求很高，一般要求有联网的微机、相关的软件及其他一些配套设施；而传统支付则没有这么高的要求。

电子支付具有方便、快捷、高效、经济的优势。用户只要拥有一台可上网的 PC，便可足不出户，在很短的时间内完成整个支付过程。支付费用仅相当于传统支付的几十分之一，甚至几百分之一。

3. 电子支付系统的基本构成

电子支付与结算过程涉及客户、商家、银行或其他金融机构、商务认证管理部门，因此支撑电子支付的体系可以说是融购物流程、支付与结算工具、安全技术、认证体系、信用体系，以及金融体系为一体的综合系统。其中客户与商家分别代表在网上开展商务交易的双方，即买方与卖方；客户的开户银行，称为支出行或付款行；商家的开户行称为接收行或执行行；CA 认证中心是商务活动的第三方认证机构，且向商务活动各方发放、验证各种认证安全工具。

基于互联网公共网络平台的电子商务电子支付体系的基本构成主要涉及七大要素。

（1）客户

客户一般是指在互联网上与某企业或商家有商务交易关系并且存在未清偿的债权、债务关系的单位和个人。客户用自己拥有的电子支付工具（如信用卡、电子钱包、电子支票等）发起支付，它是电子支付体系运作的原因和起点。

（2）商家

商家可以根据客户发起的支付指令向中介的金融机构请求获取货币的给付，即请求结算。商家一般设置一台专门的服务器来处理这一过程，包括身份认证及不同电子支付工具的处理。

（3）客户开户行

客户开户行是指客户在其中拥有资金账户的银行，客户所拥有的电子支付工具主要是由开户行提供的。客户开户行在提供电子支付工具的时候，同时提供一种银行信用，即保证支付工具是真实的，并可以兑付的。在利用银行卡进行电子支付的体系中，客户开户行又被称为发卡行。

（4）商家开户行

商家开户行是商家在其中开设资金账户的银行，其账户是整个支付与结算过程中资金流向的地方。商家将收到的客户支付指令提交其开户行后，就由开户行进行支付授权的请求，以及进行商家开户行与客户开户行之间的清算工作。商家开户行是依据商家提供的合法账单（客户的支付指令）来工作的，因此又被称为收单行或接收行。

（5）支付网关

支付网关（Payment Gateway）是互联网公用网络平台和银行内部的金融专用网络平台之间的安全接口，电子支付的电子信息必须通过支付网关进行处理后才能进入银行内部的支付结算系统，从而完成安全支付的授权。支付网关的建设关系着整个电子支付结算的安全和银行自身的安全，关系着电子商务支付结算的安全及金融系统的风险。这就要求支付网关必须由商家和第三方银行或委托的信用卡发行机构来建设相应的支付结算服务。

（6）金融专用网

金融专用网是银行内部及各个银行之间进行通信的专用网络，不对外开放，因此具有很高的安全性。在我国国家金融通信网上，运行着中国国家现代化支付系统、中国人民银行电子联行系统、工商银行电子汇兑系统、银行卡授权系统等。我国传统商务中的电子支付与结算应用如信用卡销售终端（Point of Sale，POS）支付结算、ATM（Automated Teller Machine，自动柜员机）资金存取、电话银行系统，均运行在金融专用网上。

（7）CA 认证中心

CA 认证中心是网上商务的准入者和市场的规范者，它与传统商务中工商局的角色相类似，是一个第三方的权威机构。它主要负责为互联网上参与网上电子商务活动的各方发放与维护数字证书，以确认各方的真实身份，也发放公共密钥和提供数字签名服务支持等，保证电子商务支付与结算的安全有序进行。

4. 电子支付系统的基本流程

电子支付方式借鉴了很多传统支付方式的应用机制和过程，基于互联网平台的电子支付结算流程与传统的支付结算过程是类似的。熟悉传统的支付结算方式，如纸质现金、支票、银行 POS 等方式的支付结算过程，将有助于对电子支付结算流程的理解。

例如，用户通过互联网进行电子支付的过程与目前商店中的 POS 系统的结算过程非常相似，其主要不同在于电子支付的客户通过 PC，以互联网、服务器作为操作和通信的工具，而 POS 支付结算使用专用刷卡机、专用终端、专线通信。

基于互联网平台的电子支付的一般流程，如图 4-4 所示。

① 客户连接互联网，进行商品的浏览、选择与订购，填写网络订单，选择应用的电子支付工具，并且得到银行的授权使用，如信用卡、电子钱包、电子现金、电子支票或网络银行账号等。

② 客户机对相关订单信息进行加密处理，在网上提交订单。

③ 商家服务器对客户的订购信息进行检查、确认，并把相关的、经过加密的客户支付信息等转发给支付网关，直至银行专用网络的银行后台业务服务器进行确认，以期从银行等电子货币发行机构验证得到支付资金的授权。

④ 银行验证确认后通过建立起来的经由支付网关的加密信道，给商家服务器回送确认及支付信息，为进一步保证安全，给客户回送支付授权请求。

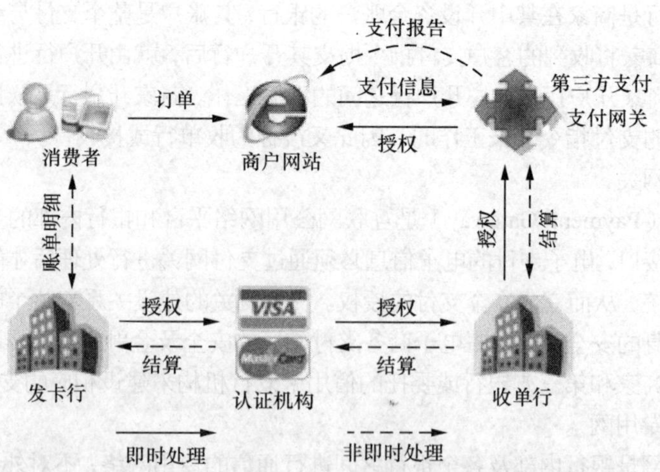

图 4-4 基于互联网公共网络平台的电子商务电子支付体系

⑤ 银行得到客户传来的进一步授权结算信息后，把资金从客户账户拨至开展电子商务的商家银行账户上，借助金融专用网络进行结算，并分别给商家和客户发送支付结算成功的信息。

⑥ 商家服务器收到银行发来的结算成功信息后，给客户发送网络付款成功信息和发货通知。至此，一次典型的电子支付结算流程结束。商家和客户可以分别借助网络查询自己的资金余额信息，以进一步核对。

电子支付流程还有一个特点，即实现的是资金的立即支付，它适用于数目众多的较小金额的电子商务业务。而对较大金额的资金支付结算，如大企业与大企业之间的电子商务，实现互联网上的立即支付并不现实。在这种情况下，一般采用独立于商务交易环节的金融EDI或银行专业电子资金转账（Electronic Funds Transfer，EFT）系统作为支付结算方式。

5. 电子支付系统的要求

由于电子支付所特有的性质，一个完善的网上电子支付系统必须满足安全、可靠、便捷等客户要求，主要表现在以下几个方面。

（1）合法性

确保网上的电子支付系统的使用者拥有合法的身份，以及用户所使用的支付工具的真实性。

（2）安全性

确保网上交易的双方在网上传递的有关信息的安全，即在进行网上电子支付时，其信息不被别人所截获。

（3）完整性

在网上购物并进行网上电子支付的记录要保持其完整性，即交易和支付所产生的凭证和票据不能被随意更改。

（4）隐私性

要保护网上电子支付系统的使用者的个人隐私，确保用户的信用卡号码、身份信息、用户所购买商品的名称及数量等信息不被他人所获取。

6. 电子支付的发展

电子支付系统的发展与电子银行业务（Electronic Banking）的发展是密切相关的。从历史的角度看，电子支付系统经历了5个发展阶段。

第一阶段：银行内部电子管理系统与其他金融机构的电子系统连接起来，如利用计算机处理银行间的货币汇划、结算等业务；

第二阶段：银行计算机与其他机构的计算机之间资金的汇划，如代发工资等；

第三阶段：通过网络终端向客户提供各项自助银行服务，如ATM系统；

第四阶段：利用网络技术为大众在商户消费时提供自动的扣款服务，如POS系统；

第五阶段：网上支付方式的发展，电子货币可随时随地通过国际互联网直接转账、结算，形成电子商务环境。

7. 电子支付的分类

目前的电子支付系统可以分为4类：大额支付系统、联机小额支付系统、脱机小额支付系统和电子货币。

（1）大额支付系统

大额支付系统是一个国家支付体系的核心应用系统，它通常由中央银行运行，采用实时金额支付系统（Real Time Gross Settlement，RTGS）模式。该系统主要处理银行间大额资金转账，通常支付的发起方和接收方都是商业银行或在中央银行开设账户的金融机构。当然也有由私营部门运行的大额支付系统，这类系统对支付交易虽然可做实时处理，但要在日终进行净额资金清算。大额系统处理的支付业务量很少，但资金额却很大。

（2）联机小额支付系统

联机小额支付系统指POS机系统和ATM系统，其支付工具为银行卡（信用卡、借记卡或ATM卡等）。它的主要特点是金额小，业务量大，交易资金采用净额结算。

（3）脱机小额支付系统

脱机小额支付系统也被称为批量电子支付系统，它主要指自动清算所（Automated Clearing House，ACH）主要处理预先授权的定期借记（如公共设施缴费）或定期贷记（如发放工资）等业务。支付数据以磁介质或数据通信方式提交清算所。

（4）电子货币

伴随着银行应用计算机网络技术的不断深入，银行已经能够利用计算机网络将“现金流动”、“票据流动”进一步转变成计算机中的“数据流动”。资金在银行计算机网络系统中以人类肉眼看不见的方式进行转账和划拨，是银行业推出的一种现代化支付方式。

8. 电子货币

电子货币是指用一定金额的现金或存款从发行者处兑换并获得代表相同金额的数据，通过使用某些电子化方法将该数据直接转移给支付对象，从而能够清偿债务。按支付方式可将电子货币分为储值卡型电子货币、银行卡型电子货币、电子支票和电子现金。如今网上支付常用的电子货币有后三种。

（1）电子货币的发行和运行

电子货币的发行如图4-5所示。

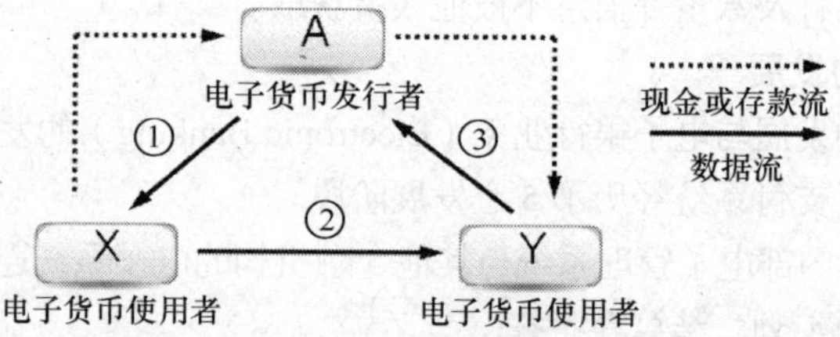

图4-5　电子货币的发行

在发行者与使用者之间有中介机构介入的体系是常见的体系。例如，在图4-5中的A、X、Y 3个当事者之外，A、X之间介入了银行a，A、Y之间介入了银行b，如图4-6所示。

（2）储值卡型电子货币

储值卡型电子货币就是功能得到进一步提高的储值卡。储值卡是指某一行业或公司发行的可代替现金用的IC卡或磁卡。例如移动通信公司发行的电话充值卡神州行、联通等，固定电话使用的IC卡、磁卡、IP卡，超市、百货商店发行的购物卡，石油公司发行的加油卡，交通部门发行的交通卡等。

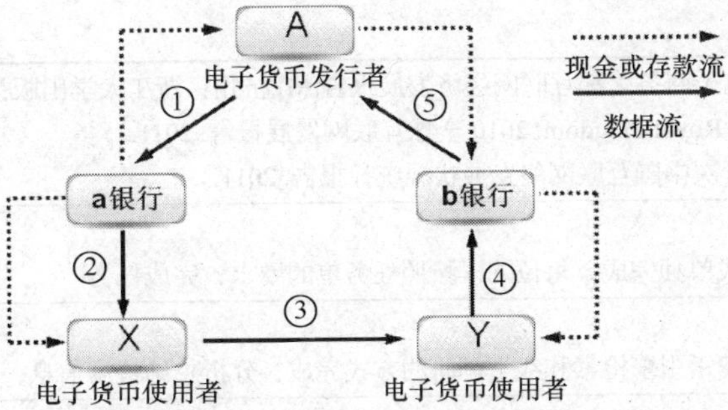

图 4-6 有中介机构介入的电子货币体系

（3）银行卡型电子货币

银行卡型电子货币是实现了电子化应用的信用卡。信用卡的最大特点是同时具备信贷与支付两种功能。持卡人可以不用现金，凭信用卡购买商品和享受服务，由于其支付款项是发卡银行垫付的，银行便对持卡人发生了贷款关系。而信用卡又不同于一般的消费信贷。一般的消费信贷，只涉及银行与客户二者之间的关系，信用卡除银行与客户之外，还与受理信用卡的商户发生关系，这是一个三角关系。按卡的信用性质与功能不同，可分为借记卡（属于广义信用卡）和贷记卡（属于狭义信用卡）。

借记卡的特征是"先存款，后支用"，持卡人必须先在发卡机构存款，用款时以存款余额为限不允许透支。贷记卡的特征是"先消费，后还款"，持卡人无需先在发卡机构存款，就可享用一定信贷额度的使用权。目前我国发行的信用卡主要是两种功能结合又偏重于"借记"的信用卡。此外，各商业银行也在逐步发行、推广贷记卡。

任务实施

任务一 电子支付调查任务单

<table>
<tr><td colspan="2">任务编号：EB4-1</td><td colspan="2">学时：______课时</td></tr>
<tr><td colspan="2">实训地点：</td><td colspan="2">日期：______年______月______日</td></tr>
<tr><td>姓名：</td><td>班级：</td><td>学号：</td><td>成绩：</td></tr>
<tr><td colspan="4">一、任务描述
现金支付是每个生活在现代社会的人都非常熟悉的支付方式。但随着科技的进步，人们要求有更能适应现代生活节奏与方式的交易方法。简单、易用、安全可靠的电子支付挑战了"一手交钱，一手交货"的交易方式，已逐渐成为现代人的首选。银行卡、储值卡、网上支付、移动支付、电话支付等多种支付形式的出现加快了整个支付产业发展的步伐。 通过选用合适的搜索引擎（如 google、baidu、yahoo 或 bing 等）或者其他信息渠道，检索我国电子支付的发展历程，从而对电子支付形成初步的自我认识和理解，为后续项目和任务的开展和实施做好准备。任务实施中通过对信息的整理与分析，形成对以下问题的初步自我认知。
1. 什么是支付？什么是电子支付？
2. 我国和世界相比较，电子支付的发展经历了哪些标志性阶段？
3. 在我国电子支付有哪些方式？</td></tr>
<tr><td colspan="4">二、相关资源
1. 中国人民银行. 中国支付体系发展报告（2010）. 2011.
2. 艾瑞学院：http://meeting.iresearch.cn/events/51/.</td></tr>
</table>

续表

3. 王光明.中国电子商务之都互联网经济发展报告[M].杭州：浙江大学出版社，2009.
4. 美国调研机构 Royal Pingdom. 2010 全球互联网发展报告. 2011.
5. CNNIC. 第 28 次中国互联网络发展状况统计报告. 2011.

三、任务分配

本任务以个人形式单独完成，每位同学按照任务单的要求，完成任务

四、任务实施

本任务主要通过搜索引擎检索和线下调研的方式完成，分析总结检索信息，完成自我认知学习表

序号	问题	内容		
1	电子支付的功能、特点	功能		特点
2	电子支付的关键年份、典型事件	年份		事件
3	调查本班级学生及任课教师的电子支付使用情况	电子支付类型	使用频率	用途

五、任务执行评价

评定形式	自我评定（40%）	教师评定（60%）	任务总计（100%）
得　分（100）			
个人签名：		指导教师签名：	

日期：　　年　　月　　日

六、任务拓展

1. 通过检索等途径了解归纳出电子支付调研报告。
2. 讨论传统支付与电子支付的优缺点

任务二　网上银行支付体验

任务导入

银行在我们每个人生活中都必不可少，但是大部分人都有这样的感受，每次去银行办事都感觉很累、很麻烦，坐车、填单、排队……一次下来少说要一个小时，很多人都希望能有一个安全便捷的方法来改变这种费时费力的模式。网上银行的推出不但可以轻松汇

款、查账、买卖基金和外汇、银证转账炒股，还可以使用电子商务支付、理财产品买卖查询、信用卡管理等服务，甚至还有出国的全套服务和短信服务功能等。当原本烦琐的事情变得轻敲键盘就能快速完成时，高科技的东西正在悄然地提升和改变着我们的生活习惯与质量。让我们通过今天的学习，体验一次高科技生活带来的化繁为简的便捷享受。

背景知识

1. 网上银行的产生与发展

现代网络技术，尤其是互联网技术在传统银行业的应用，产生了网上银行，使银行业进入了一个新的历史发展阶段。进入20世纪90年代以来，面对金融市场上的激烈竞争，商业银行在做好传统银行业务的同时，开展业务创新，尤其是建立网上银行，已成为谋求发展的主要出路之一。

网上银行又称网络银行、在线银行，是指银行利用国际互联网技术，通过国际互联网向客户提供开户、销户、查询、对账、行内转账、跨行转账、信贷、网上证券、投资理财等传统服务项目，使客户可以足不出户就能够安全便捷地管理活期和定期存款、支票、信用卡及个人投资等。一般来说网上银行的业务品种主要包括基本业务、网上投资、网上购物、个人理财、企业银行及其他金融服务。网上银行又被称为“3A银行”，因为它不受时间、空间限制，能够在任何时间（Anytime）、任何地点（Anywhere）、以任何方式（Anyway）为客户提供金融服务。

自1995年世界第一家网上银行美国安全第一网上银行诞生以来，全球银行业在电子化道路上开始了爆发式的飞跃发展。1996年6月，也就是美国开始有了网上银行8个月后，中国银行在国内率先在互联网上设立网站，开始通过国际互联网向社会提供银行服务。1997年以来，招商银行、中国建设银行和中国工商银行陆续推出了网上银行业务，开通了网上支付、网上自助转账和网上缴费等业务。如招商银行于1993年3月正式推出“一网通”网上服务。“一网通”除提供“个人银行”和“企业银行”两项基本服务外，还设立了网上商城，提供商业网站的购物导航和利用“一卡通”实现网上支付；1998年在互联网上开通了面向企事业单位的企业网上银行；1999年9月推出网上证券业务，客户只要在招商银行申请网上银行服务，即可在自己的台式或笔记本电脑终端通过互联网进入招商银行的网上银行业务系统，随时随地享受银行提供的不间断金融服务。

2. 网上银行服务

目前，交易类业务已经成为网上银行服务的主要内容，提供的服务包括存贷款利率查询、外汇牌价查询、投资理财咨询、账户查询、账户资料更新、挂失、转账、汇款、银证转账、网上支付（B2B，B2C）、代客外汇买卖等，部分银行已经开始试办网上小额质押贷款、住房按揭贷款等授信业务。

据统计截至2011年3月仅中国工商银行的个人网上银行客户数就已超过1亿户，达到1.02亿户，成为国内首家拥有“亿级”个人网上银行客户群的商业银行，进一步确立了“中国第一电子银行”的市场地位。与此同时，电子银行业务在工商银行全部业务量中的占比超过了60%，电子银行已成为客户办理业务时的首选渠道。电子银行不仅将许多柜台产品和服务搬到了电子渠道，还开发了大量电子渠道专属产品，创造了企业网上银行、95588 电话银行、U 盾、口令卡等多个行业第一。目前工商银行电子银行类产品总数达到 1 085 个，占全行产品总数的 45.9%，成为国内同业产品功能最丰富的电子银行。仅就工商银行的个人网上银行而言，目前能够为客户提供账户管理、转账汇款、缴费站、个人理财、外汇交易、证券交易、基金买卖、贵金属投资、网上贷款、工银信使等 23 类 400 多项服务，满足了客户的多样化需求，使客户足不出户就可以轻松办理绝大部分的银行业务。

3. 网上银行特点与优势

与传统银行业务相比，网上银行业务有许多特点与优势。

（1）全面实现无纸化交易

以前使用的票据和单据大部分被电子支票、电子汇票和电子收据所代替；原有的纸币被电子货币，即电子现金、电子钱包、电子信用卡所代替；原有纸质文件的邮寄变为通过数据通信网络进行传送。

（2）服务方便、快捷、高效、可靠

通过网络银行，用户可以享受到方便、快捷、高效和可靠的全方位服务，可以在任何需要的时候使用网络银行的服务，不受时间、地域的限制，即实现 3A 服务。

（3）经营成本低廉

由于网络银行采用了虚拟现实信息处理技术，网络银行可以在保证原有的业务量不降低的前提下，减少营业点的数量。

（4）简单易用

网上 E-mail 通信方式也非常灵活方便，便于客户与银行之间以及银行内部的沟通。

网上银行业务的开发一是能大大降低银行经营成本，有效提高银行赢利能力。开办网上银行业务，主要利用公共网络资源，不需设置物理的分支机构或营业网点，减少了人员费用，提高了银行后台系统的效率。二是无时空限制，有利于扩大客户群体。

4. 中国网上银行发展迅速的原因

易观智库（EnfoDesk）数据报告显示，2010 年中国网上银行市场全年交易额达到 553.75 万亿元，截至 2010 年年底注册用户数超过 3 亿。图 4-7 为 2010 年全年 4 个季度网上银行交易的规模。

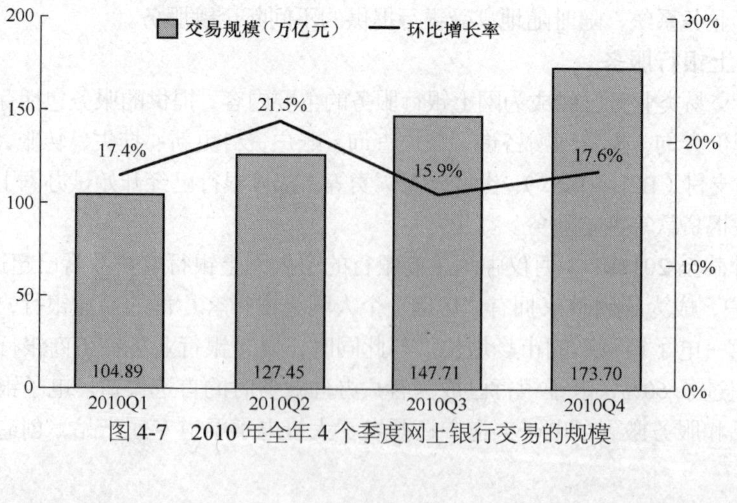

图 4-7　2010 年全年 4 个季度网上银行交易的规模

易观国际（Analysys International）研究认为，2010 年中国网上银行发展迅速主要基于以下几个原因。

① 互联网网民持续增加；

② 2010 年电子商务蓬勃发展，各大电商企业开展了多次大规模促销活动，间接促进了网银注册用户数和交易额的增长；

③ 基于节约成本、提高效率的考虑，各银行都非常重视电子银行业务的发展，除对网上银行系统进行优化外，各大银行纷纷加大了网上银行的宣传和推广力度，联合各类电商企业开展大规模的促销活动；

④ 各大银行不断创新网上银行产品。在个人网银方面理财产品的种类不断增加，在企业网银方面银行逐步开展银企直联和网上信贷等业务。业务种类的丰富对于提高网银交易额有很大的促进作用。

网络迅速普及，网民渗透率加速提升，网银的便捷性可充分满足生活及工作节奏逐步加快人群的需求。银行大力推广网银业务成为提高柜台替代率、渠道结构优化的必然选择。银行自身信息技术水平提升，带来网银产品功能的逐渐完善及安全性保障的加强。CMIC（中国市场情报中心）分析预计未来 3～5 年网银发展将迎来稳定的增长时期，预计 2011 年，我国网上银行交易额将超过 1 100 万亿元，到 2015 年网上银行交易额将达到 3 500 万亿元左右。

5. 网上银行的分类

（1）按照服务对象分类

按照服务对象划分，网络银行可分为企业网络银行和个人网络银行。

① 企业网络银行。企业网络银行主要适用于企业与政府部门等企事业组织。企事业组织可以通过企业网络银行服务，实时了解企业财务运作情况，及时在组织内部调配资金，轻松处理大批量的网络支付和工资发放业务，并可处理信用证相关业务。对电子商务的支付来讲，企业网络银行一般涉及的是金额较大的支付结算业务，对安全性的要求很高。例如，中国工商银行企业网络银行是中国工商银行为企业客户提供的网上自助金融服务，受到企业界的青睐。

② 个人网络银行。个人网络银行主要适用于个人与家庭的日常消费支付与转账。个人可以通过个人网络银行服务，完成实时查询、转账、网络支付和汇款功能。个人网络银行服务的出现，标志着银行的业务触角直接伸向了个人客户的家庭桌面，其方便、实用，真正体现出家庭银行的风采。例如，中国工商银行个人网络银行是中国工商银行为个人客户提供的网上自助金融服务，近年来在广大的个人客户群体中影响日益加大，越来越多的个人已成为中国工商银行个人网络银行的注册客户。

由于商务性质不同，企业网络银行和个人网络银行虽然在应用模式上基本类似，但在应用条件及业务功能上存在很多不同的地方。

（2）按照有无现实的营业网点分类

按照有无现实的营业网点划分，网络银行分为纯网络银行和网络分支银行。

① 纯网络银行。纯网络银行也称虚拟银行，是完全依赖于互联网的无形的电子银行。所谓纯网络银行就是指没有实际的物理柜台作为支持的网上银行，这种网上银行一般只有

一个办公地址，没有分支机构，也没有营业网点，采用国际互联网等高科技服务手段与客户建立密切的联系，提供全方位的金融服务。如前文所说的美国安全第一网上银行，是在美国成立的第一家无营业网点的虚拟网上银行，它的营业厅就是网页画面，当时银行的员工只有19人，主要的工作就是对网络的维护和管理。

② 网络分支银行。网络分支银行是一种在现有的传统银行的基础上，利用互联网开展传统的银行业务交易服务。即传统银行利用互联网作为新的服务手段为客户提供在线服务，实际上是传统银行服务在互联网上的延伸。这是目前网上银行存在的主要形式，也是绝大多数商业银行采取的网上银行发展模式。因此，事实上，我国还没有出现真正意义上的网上银行，也就是"虚拟银行"，国内现在的网上银行基本都属于网络分支银行。

6. 网上银行的运作模式

网络银行的运作模式包括网络银行的运行机制和网络银行的业务模式。

（1）网络银行的运行机制

从网络银行的运行机制上讲有两种模式。

一种是完全依赖于互联网发展起来的全新网络银行。这类银行几乎所有的银行业务交易都依靠互联网进行。1995年10月，美国在互联网上成立了全球第一家网络银行——安全第一网络银行（Security First Network Bank，SFNB），通过互联网提供全球范围的金融服务。尽管SFNB在亚特兰大有一个实际存在的办公室，但主要业务是网上经营。这家网络银行向客户提供的是全新的服务手段，客户足不出户便可进行开户、存款、取款、转账、付款等业务。相信还会有更多的没有店面的虚拟银行诞生。

另一种模式是指现在传统银行运用互联网，开展传统的银行业务交易处理服务，通过它发展家庭银行、企业银行等服务。我国的工商银行、中国银行、招商银行等也在网上开展了多种业务。

（2）网络银行的业务模式

从目前网络银行业务发展方面来看，有三种模式。第一种模式，把网络银行所针对的客户群设定为零售户，把网络银行作为银行零售业务柜台的延伸，达到二十四小时不间断服务的效果，并节省银行的成本。美国的花旗银行和美洲银行等都有成功的经验可供借鉴。第二种模式，网络银行以批发业务为主，即在网上处理银行间的交易（如拆借）、银行间的资金往来（结算和清算）。第三种模式是前两种的结合，即网络银行包括两个方面的业务。应该说，各种方式各有其道理，关键要看金融机构对其准备要推出的网络银行业务的市场定位和服务内容。例如，当零售客户群的基本素质比较低，并且网络接入率低时，可以考虑第二种模式。无论是零售业务还是批发业务，网络银行这种方式都有用武之地，关键要看银行如何来包装和推销自己。未来全功能的网络银行应采取的是第三种模式。

任务实施

任务二　网上银行支付体验任务单

<table>
<tr><td colspan="2">任务编号：EB4-2</td><td colspan="2">学时：_____课时</td></tr>
<tr><td colspan="2">实训地点：</td><td colspan="2">日期：_____年_____月_____日</td></tr>
<tr><td>姓名：</td><td>班级：</td><td>学号：</td><td>成绩：</td></tr>
</table>

一、任务描述

目前，我国网上银行业务在个人、企业业务处理领域已经日趋成熟，客户数量和交易金额呈快速上升态势。随着网上银行业务逐步进入日常生活，我们必须学会使用网上银行。

查阅相关文献，了解网上银行的发展历程、现状。

登录国内各家大型银行的网上银行了解个人业务，并完成操作。

查阅相关文献，了解网上支付的发展历程、现状及国内各家大型银行的网上银行在线支付业务流程

二、相关资源

1. 工商银行：www.icbc.com.cn；
2. 建设银行：www.ccb.com；
3. 招商银行：www.cmbchina.com；
4. 交通银行：www.bankcomm.com；
5. 农业银行：www.abchina.com；
6. 银联在线：www.chinapay.com；
7. 中国人民银行：www.pbc.gov.cn

三、任务分配

本任务以个人形式单独完成，每位同学按照任务单的要求，完成任务

四、任务实施

1. 登录5个银行网站首页查阅银行服务项目，分析服务特点

序号	银行名称	网址	服务特点
1			
2			
3			
4			
5			

2. 开通银行卡的网上银行客户业务（卡内额度较少，但业务模块开通完善，需要提前完成），尝试进行业务操作，体验网上银行服务（部分内容可模拟操作，如工商银行网上银行模拟系统（http://www.icbc.com.cn/icbc/html/dongtaiyanshi/personalbank/icbc/index.htm）、浦发银行网上银行模拟系统（http://ebank.spdb.com.cn/perdemo/）

序号	操作模块	操作内容	完成情况
1	账户查询		
2	账户资料更新		
3	挂失		
4	转账		
5	汇款		
6	缴费		
7	网上支付		

续表

序号	操作模块	操作内容	完成情况
8	外汇买卖		
9	信用卡		
10	证券		
11	黄金		
12	贷款		
13	其他服务		

3. 分析所开户银行的网上银行在网上支付过程中所采取的安全措施（表格可自行添加）

序号	安全措施	备注
1		
2		
3		
4		

4. 所开户银行的网上银行是否开通了在线销售的电子商务平台，销售哪些商品或服务大类（表格可自行添加）？

序号	商品/服务	备注
1		
2		
3		
4		

六、任务执行评价

评定形式	自我评定（40%）	教师评定（60%）	任务总计（100%）
得　　分（100）			
个人签名：		指导教师签名：	

日期：　　年　　月　　日

七、任务拓展

了解网上银行与第三方支付在网络支付方面的竞争与合作

任务三　第三方支付

任务导入

第三方支付平台的出现在商家与消费者之间建立了一个公共的、可以信任的中介，它满足了电子商务中商家和消费者对信誉和安全的要求，在一定程度上防止了电子交易中欺诈行为的发生，消除了人们对于网上交易的疑虑。第三方支付可以帮助客户完成款项支付、资金划转、查询统计等服务，如支付宝、财付通、快钱、银联支付、网银在线和美国 PayPal 等。

一个网络卖家介绍："我用的都是'担保流程'收款，就是'顾客付款—卖家发货—买家确认收货—第三方支付给卖家'，这样既减少了开网店的麻烦，又打消了顾客'付完款拿不到货'的疑虑。除此之外，还能节省不少的异地、跨行转账费用。"但是，不断发生的客户数据丢失、网络欺诈、木马病毒和网络钓鱼等仍是困扰网上支付安全的重要问题。作为电子商务领域的新兵，你是否体验过安全第三方支付？

背景知识

1. 第三方支付的概念

除了网上银行、电子信用卡等手段之外还有一种方式也可以相对降低网络支付的风险，那就是正在迅猛发展起来的利用第三方机构的支付模式及其支付流程，而这个第三方机构必须具有一定的诚信度。在实际的操作过程中这个第三方机构可以是发行信用卡的银行本身。在进行网络支付时，信用卡号以及密码等信息只在持卡人和银行之间传递，降低了通过商家传递而导致的风险。

同样，当第三方是除了银行以外的具有良好信誉和技术支持能力的某个机构时，支付也通过第三方在持卡人或者客户和银行之间进行。持卡人首先和第三方以替代银行账号的某种电子数据的形式（例如邮件）传递账户信息，避免了持卡人将银行信息直接透露给商家，另外也不必登录不同的网上银行界面，取而代之的是每次登录时，都能看到相对熟悉和简单的第三方机构的界面。

第三方机构与各个主要银行之间又签订有关协议，使得第三方机构与银行可以进行某种形式的数据交换和相关信息确认。这样第三方机构就能实现在持卡人或消费者与各个银行，以及最终的收款人或者是商家之间建立一个支付的流程。图 4-8 为银联在线支付主页。

图 4-8 银联在线支付主页

2. 国内第三方支付监管

2010 年 6 月，中国人民银行正式对外公布《非金融机构支付服务管理办法》对国内第三方支付行业实施正式的监管。根据相关规定，非金融机构提供支付服务需要按规定取得“支付业务许可证”，成为支付机构。2011 年 5 月 26 日，中国人民银行正式对外公布首批获得第三方支付业务牌照的机构名单。支付宝、银联商务、商服通、财付通、快钱、汇付天下、通联支付、开联通等支付机构获得许可。图 4-9 为获批的其中几家第三方机构。获批业务类型主要包括：互联网支付、银行卡收单、预付卡发行与受理、移动电话支付、固定电话支付、货币兑换等，其中互联网支付许可获批最多，共有 24 家。首批牌照的发放消除了对支付行业及某些支付企业未来发展在资质方面的不确定性。

图 4-9　首批获得批准的几家第三方机构

通过几年时间的跑马圈地后，第三方支付已逐渐形成主要的两大阵营，如以个人业务为主的支付宝、财付通，以及以行业应用为主的快钱、汇付天下等。随着央行的正式监管，第三方支付行业告别草莽江湖的时代，进入了快速发展时期。

3. 国内第三方支付产品

目前国内的第三方支付产品主要有 PayPal（易趣公司产品）、支付宝（阿里巴巴旗下）、财付通（腾讯公司，腾讯拍拍）、盛付通（盛大旗下）、易宝支付（Yeepay）、快钱（99bill）、百付宝（百度 C2C）、物流宝（网达网旗下）、网易宝（网易旗下）、网银在线（chinabank）、环迅支付、汇付天下、汇聚支付（Joinpay）、宝付（我的支付导航）等。其中用户数量最大的是 PayPal 和支付宝，前者主要在欧美国家流行；支付宝主要在国内应用，目前用户超过 4.7 亿。另外中国银联旗下的银联电子支付也开始发力第三方支付，其实力也越来越强大。图 4-10 所示为 2010 年第四季度中国第三方网上支付交易市场份额统计。

4. 支付宝

支付宝（中国）网络技术有限公司是国内领先的独立第三方支付平台，是阿里巴巴集团的关联公司。支付宝公司从 2004 年建立开始，始终以“信任”作为产品和服务的核心。支付宝不仅从产品上确保用户在线支付的安全，同时让用户通过支付宝在网络间建立起相互的信任，为建立纯净的互联网环境迈出了非常有意义的一步。

支付宝提出的建立信任，化繁为简，以技术的创新带动信用体系完善的理念，深得人心。在 6 年的时间内，为电子商务各个领域的用户创造了丰富的价值，成长为全球最领先的第三方支付公司之一。支付宝创新的产品技术、独特的理念及庞大的用户群吸引越来越多的互联网商家主动选择支付宝作为其在线支付体系。图 4-11 为支付宝网站。

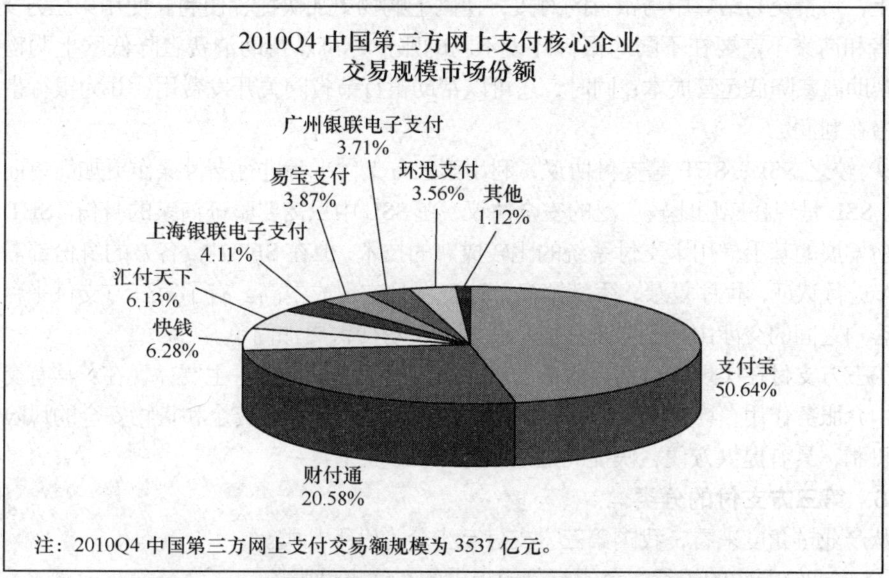

图 4-10　2010 年第四季度中国第三方网上支付交易市场份额

图 4-11　支付宝网站

5. 第三方支付的特点

① 第三方支付平台提供一系列的应用接口程序，将多种银行卡支付方式整合到一个界面上，负责交易结算中与银行的对接，使网上购物更加快捷、便利。使用第三方支付，消费者和商家不需要在不同的银行开设不同的账户，可以帮助消费者降低网上购物的成本，帮助商家降低运营成本；同时，还可以帮助银行节省网关开发费用，并为银行带来一定的潜在利润。

② 较之 SSL、SET 等支付协议，利用第三方支付平台进行支付操作更加简单而易于接受。SSL 是现在应用比较广泛的安全协议，在 SSL 中只需要验证商家的身份。SET 协议是目前发展的基于信用卡支付系统的比较成熟的技术，但在 SET 中，各方的身份都需要通过 CA 进行认证，程序复杂，手续繁多，速度慢且实现成本高。有了第三方支付平台，商家和客户之间的交涉由第三方来完成，使网上交易变得更加简单。

第三方支付在实现支付结算服务的整个交易过程中的地位，主要体现在：具有交易过程的中介服务作用，具有资金转移安排的信用担保地位，具有资金和货物安全的风险防范保证机制，具有提供方便、快捷的通道服务的性质。

6. 第三方支付的分类

从产业链角度来看，我国第三方支付至少分为以下几类。

① 产业链源头的银行：各银行网银提供的在线支付服务。

② 产业链源头银行的横向联盟：有央行背景、连接各银行的公司提供的在线支付服务，包括央行可能成立的支付平台、商业银行投资或者联盟成立的支付平台。

③ 产业链中的大型企业：包括各电信运营商、公共服务商、互联网运营商、电子商务平台，这些企业往往在过去业务发展中积累了大量的互联网企业用户与个人用户，所提供的支付服务首先为自己运营而服务，然后以自己的用户为核心，拓展到相关领域。

④ 产业链中大型企业的横向联盟：指上述大型企业之间联合成立的支付平台。

⑤ 产业链中大型企业与银行联盟：指大型企业与银行纵向联合成立的支付平台。

⑥ 独立第三方支付平台：指既无银行投资，也不是为了给自身经营提供支付服务，而是给互联网中大量企业与个人提供支付服务的平台。

互联网上业务的发展取决于两个方面，第一是用户，第二是服务。不同类型支付服务商的竞争优势是有差别的。按照上述分类，独立第三方支付处于产业链中间，随着前五类支付服务的发展，独立第三方支付的市场必然走向横向细分与纵向联合发展之路。

7. 第三方支付交易的一般流程

由于第三方支付平台结算支付模式架构在虚拟支付层，本身不涉及银行卡内资金的实际划拨，信息传递流程在自身的系统内运行，所以电子支付服务商可以有比较自由的系统研发空间。第三方支付平台结算是典型的应用支付层架构。提供第三方结算电子支付服务的商家往往都会在自己的产品中加入一些具有自身特色的内容，但是总体来看，其支付流程都是付款人提出付款授权后，平台将付款人账户中的相应金额转移到收款人账户中，并要求其发货。

有的支付平台会有“担保”业务，如支付宝。担保业务是将付款人将要支付的金额暂时存放于支付平台的账户中，等到付款人确认已经得到货物（或者服务），或在某段时间内没有提出拒绝付款的要求，支付平台才将款项转到收款人账户中。

第三方平台结算支付模式的资金划拨是在平台内部进行，此时划拨的是虚拟的资金。真正的实体资金还需要通过实际支付层来完成。图 4-12 为易宝支付流程。

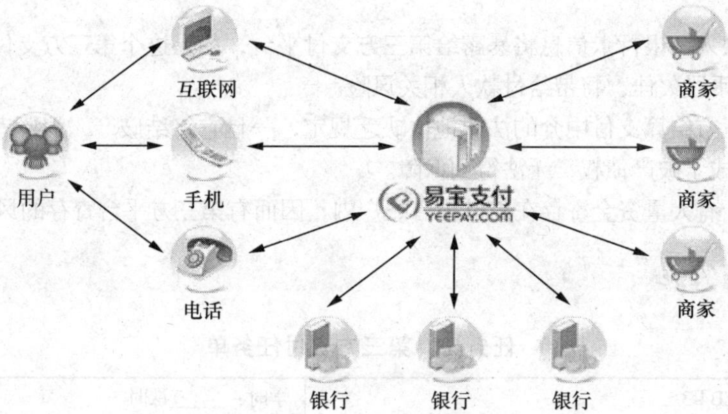

图 4-12 易宝支付流程

8. 第三方支付经营模式

第三方支付是电子支付产业链中重要的纽带，一方面连接银行，处理资金结算、客户服务、差错纠正等一系列工作，另一方面又连接着非常多的商户和消费者，使客户的支付交易能顺利接入。由于拥有款项收付的便利性、功能的可拓展性、信用中介的信誉保证等优势，第三方支付较好地解决了长期困扰电子商务的诚信、物流、现金流问题，在电子商务中发挥着重要的作用。

网上支付是一个漫长的产业链。目前，中国网络支付市场已经形成了由基础支付层、第三方支付服务层和应用层组成的产业价值链雏形。目前国内第三方支付服务主要有两种类型：一是没有内部交易功能的银行网关代理，即第三方支付网关模式，典型代表是首信易支付；二是有内部交易功能的电子商务交易平台支付模式，如支付宝、云网。

第三方支付公司之间的竞争最先反映在和银行的竞争上。第三方支付平台有基于 C2C 和基于 B2B 或 B2C 的两种模式。C2C 模式只向客户收取极低的手续费，甚至有些干脆不收任何费用。B2B 或 B2C 模式更注重与银行的合作。对于银行和第三方支付公司来讲，竞争是难免的，但合作也是必需的。当前，他们之间更多的是合作关系，但从长远看，二者必将发生竞争，未来的第三方支付与银行，可能更多的还是竞争与合作关系。

9. 第三方支付的优缺点

（1）第三方支付模式的优点

① 比较安全。信用卡信息或账户信息仅需要告知支付中介，而无须告诉每一个收款人，大大降低了信用卡信息和账户信息失密的风险。

② 支付成本较低。支付中介集中了大量的电子小额交易，形成规模效应，因而支付成本较低。

③ 使用方便。对支付者而言，他所面对的是友好的界面，不必考虑背后复杂的技术操作过程。

④ 支付担保业务可以在很大程度上保障付款人的利益。

（2）第三方支付模式的缺点

① 这是一种虚拟支付层的支付模式，需要其他的（实际支付方式）完成实际支付层的操作。

② 付款人的银行卡信息将暴露给第三方支付平台，如果这个第三方支付平台的信用度或者保密手段欠佳，将带给付款人相关风险。

③ 第三方结算支付中介的法律地位缺乏规定，一旦它终结破产，消费者所购买的电子货币可能成了破产债权，无法得到保障。

④ 由于有大量资金寄存在支付平台账户内，因而有第三方平台寄存的风险。

任务实施

任务三　第三方支付任务单

<table>
<tr><td colspan="2">任务编号：EB4-3</td><td colspan="2">学时：_____课时</td></tr>
<tr><td colspan="2">实训地点：</td><td colspan="2">日期：_____年_____月_____日</td></tr>
<tr><td>姓名：</td><td>班级：</td><td>学号：</td><td>成绩：</td></tr>
<tr><td colspan="4">一、任务描述
随着网络经济的发展，电子商务已成为商品交易的重要模式。作为中间环节的网上支付，是电子商务流程中交易双方最为关心的问题之一。由于电子商务中的商家与消费者之间的交易不是面对面进行的，而且物流与资金流在时间和空间上也是分离的，这种没有信用保证的信息不对称，导致了商家与消费者之间的博弈：商家不愿先发货，怕货发出后不能收回货款；消费者不愿先支付，担心支付后拿不到商品或商品质量得不到保证。博弈的最终结果是双方都不愿意先冒险，网上购物无法进行。第三方支付平台正是在商家与消费者之间建立了一个公共的、可以信任的中介，它满足了电子商务中商家和消费者对信誉和安全的要求，在一定程度上防止了电子交易中欺诈行为的发生，消除了人们对于网上交易的疑虑。请做一些尝试，在任务实施中记录主要操作步骤，通过对信息的整理与分析，形成对以下问题的初步自我认知。
1. 第三方支付平台在国内有哪些服务商，有哪些模式？
2. 这些服务商都是什么性质（网络公司、银行或者其他机构）？
3. 它们在网络购物中为消费者和商家提供了哪些服务？
4. 中国人民银行针对我国的非金融机构的第三方支付服务有什么规范？
5. 第三方支付出现了哪些新的模式和现象</td></tr>
<tr><td colspan="4">二、相关资源
1. 艾瑞网（艾瑞咨询）：www.iresearch.cn；
2. 中国互联网络信息中心：www.cnnic.net.cn；
3. 中国电子商务研究中心：b2b.toocle.com；
4. 易观智库：www. enfodesk.com；
5. 亿邦动力网：www.ebrun.com；
6. 贝宝支付：www.paypal.com；
7. 支付宝：www.alipay.com；
8. 银联在线：www.chinapay.com；
9. 中国人民银行：www.pbc.gov.cn；
10. 易宝支付：www.yeepay.com</td></tr>
</table>

续表

三、任务分配

本任务以 2～3 人组成小组共同完成，每个小组按照任务单的要求，完成任务。最后小组共同完成操作记录及学习报告，以小组的形式汇报结果

<table>
<tr><td rowspan="2">组　　长</td><td>学号</td><td colspan="4"></td></tr>
<tr><td>姓名</td><td colspan="4"></td></tr>
<tr><td rowspan="2">小组成员</td><td>学号</td><td></td><td></td><td></td><td></td></tr>
<tr><td>姓名</td><td></td><td></td><td></td><td></td></tr>
<tr><td colspan="2">任务分配</td><td></td><td></td><td></td><td></td></tr>
<tr><td colspan="2">完成情况</td><td></td><td></td><td></td><td></td></tr>
</table>

四、任务实施

1. 支付宝操作。

（1）使用 E-mail 在支付宝网站注册支付宝账户。

进入支付宝网站 www.alipay.com；填写账户信息，使用手机验证账户信息；进入邮箱接收邮件；激活账户；登录支付宝。对操作的关键步骤（如：支付宝账户注册成功、支付宝激活页面、支付宝个人实名认证等）进行截图保存，提交任课教师。

（2）支付宝在线操作。

登录淘宝网利用支付宝完成话费充值、查询支付宝余额、转账（相互两个同学完成支付宝互相转账），操作的关键步骤进行截图保存，提交任课教师。

2. 在第三方支付平台，查阅提供的个人、商家及其他服务，分析其业务模式，并填写下表

序号	网站名称	服务分类	服务项目及对象	业务模式
1	www.paypal.com			
2	www.alipay.com			
3	www.chinapay.com			
4	www.yeepay.com			

五、相关知识

1. 第三方支付模式、流程；

2. 电子商务支付现状及发展趋势

六、任务执行评价

<table>
<tr><td>评定形式</td><td>自我评定
（20%）</td><td>小组评定
（30%）</td><td>教师评定
（50%）</td><td>任务总计
（100%）</td></tr>
<tr><td>得　　分
（100）</td><td></td><td></td><td></td><td></td></tr>
<tr><td colspan="2">指导教师签名：</td><td colspan="3">组长签名：</td></tr>
</table>

日期：　　年　　月　　日

七、任务拓展

思考网络支付对销售带来了什么样的影响

看图识字

1. 看图

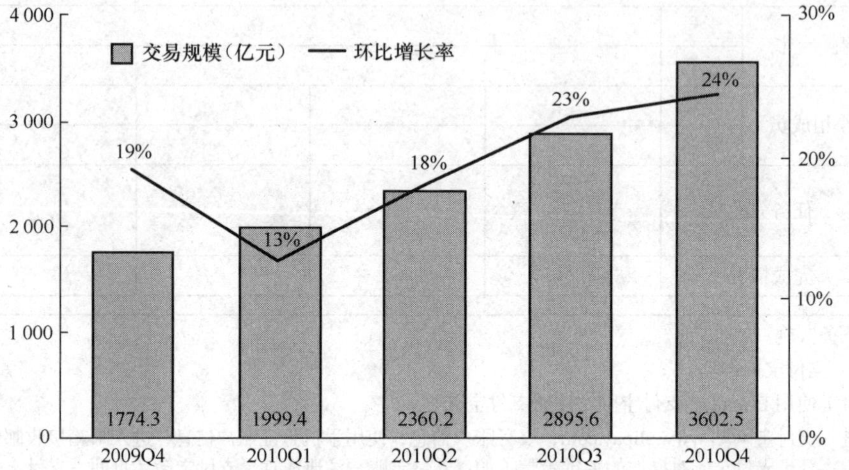

图 4-13　易观智库提供的 2009 第四季度～2010 年第四季度的在线支付市场交易规模

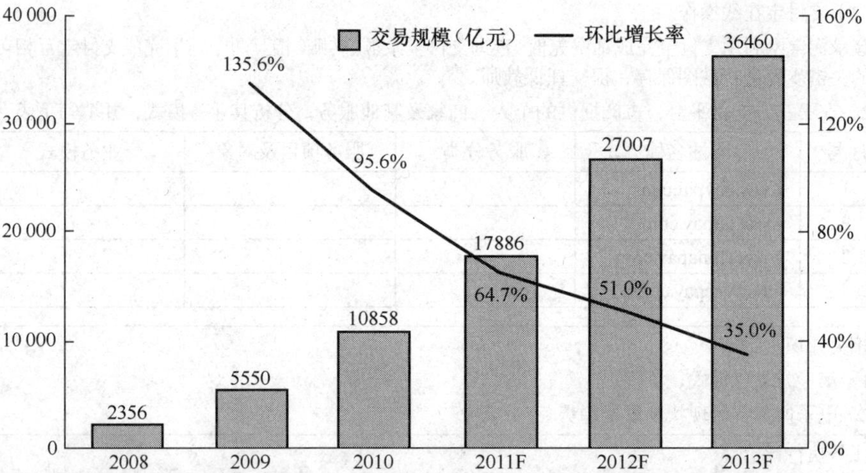

图 4-14　易观智库提供的 2008～2013 年在线支付市场交易规模统计与预测

2. 识字

Enfodesk 易观智库数据报告显示，2010 年第四季度中国互联网在线支付市场交易规模达到 3 602.5 亿元，环比增长 24%。2010 年全年的交易额为 10 858 亿元，环比增长 96%。

易观国际研究发现，2010 年中国互联网在线支付市场继续保持较快发展，主要是基于以下因素。2010 年央行发布了《非金融机构支付服务管理办法》，通过发放支付牌照的方式赋予第三方支付企业合法地位，而且表示申请到牌照的支付企业将被允许加入超级网银。受到央行一系列利好政策的刺激，第三方支付企业加大了投入力度，在航空、保险、基金等细分行业成立专门的运营团队加大细分市场的拓展力度。另一方面，2010 年中国电子商务市场蓬勃发展，各网购平台开展了多次大规模的促销活动，对第三方支付的交易规模起到了直接的促进作用。易观国际预计未来几年第三方支付行业在政府扶持政策、企业差异化发展战略以及电子商务普及等因素的影响下依然呈现快速发展的态势，预计到2013年互联网在线支付交易规模将达到36 460亿元。

知识框架

图4-15所示为项目四知识框架。

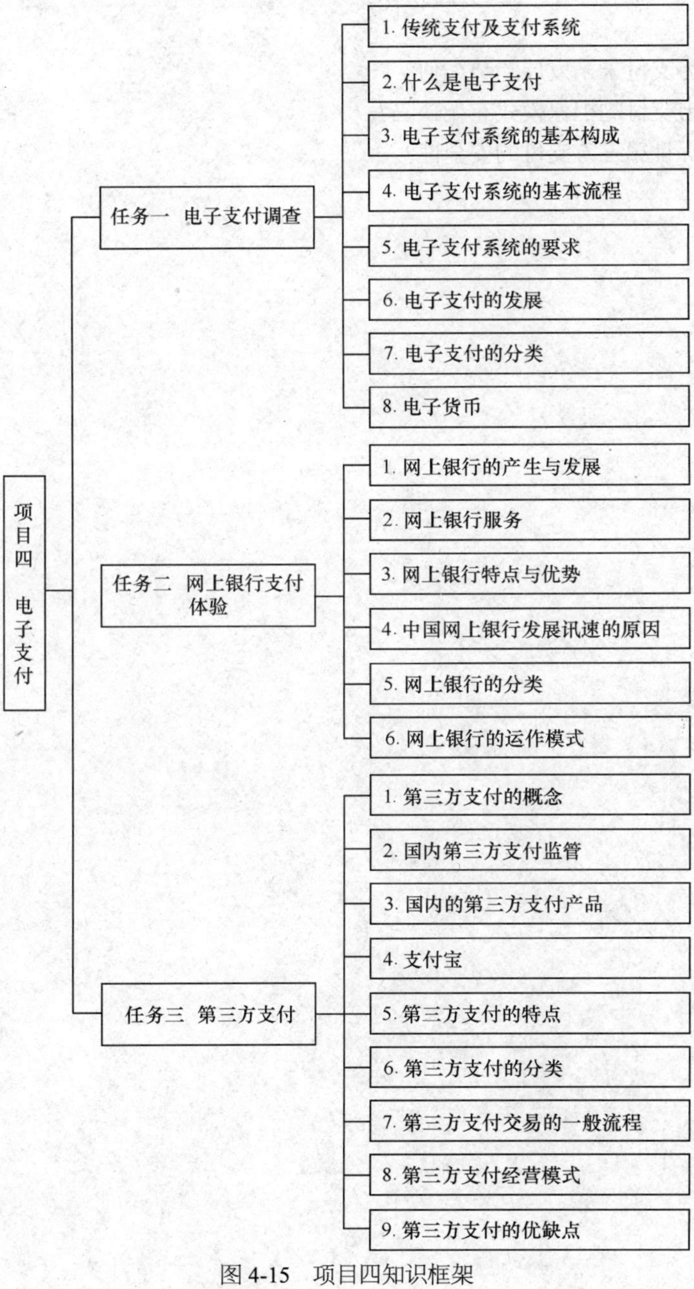

图4-15　项目四知识框架

技能拓展

1. 尝试使用银联在线缴纳手机费用一次。
2. 访问国内其他第三方支付平台，了解其区别。

复习思考题

1. 第三方支付未来发展趋势如何？
2. 第三方支付的担保模式有无缺陷？
3. 怎样保证第三方支付的安全性？

项目五

电子商务安全

学习目标

【知识目标】

- 掌握目前电子商务面临的安全威胁。
- 掌握电子商务的安全技术策略。
- 熟悉电子商务风险的含义及种类。

【能力目标】

- 能够运用相应的防火墙及杀毒软件对病毒进行隔离查杀。
- 能够识别电子商务潜在的各种交易风险并运用相应的对策解决风险。
- 能够掌握 CA 认证中数字证书的申请以及安装。

典型案例

淘宝“错价门”引发争议

互联网上从来不乏标价 1 元的商品。近日，淘宝网上大量商品标价 1 元，引发网民哄抢，但是之后许多订单被淘宝网取消。随后，淘宝网发布公告称，此次事件为第三方软件“团购宝”交易异常所致。部分网民和商户询问“团购宝”客服得到的自动回复称：“服务器可能被攻击，已联系技术紧急处理。”这起“错价门”事件发生至今已过去很长时间，导致“错价门”的真实原因依然是个谜，但这一事件暴露出来的我国电子商务安全问题不容小觑。在此次“错价门”事件中，消费者与商家完成交易，成功付款下了订单，买卖双方之间形成了合同关系。而此时作为第三方交易平台的淘宝网却关闭了交易，这种行为本身是否合法？专家认为，按照我国现行法律法规，淘宝网的行为涉嫌侵犯了消费者的自由交易权，损害了消费者的合法权益，应赔礼道歉并赔偿消费者的相应损失。

目前，我国电子商务领域安全问题日益凸显，比如，支付宝或网银被盗现象频频发生，给用户造成较大的损失，这些现象对网络交易和电子商务提出了警示。监管不力导致消费者权益难以保护，公安机关、电信管理机关以及电子商务管理机关应当高度重视电子商务暴露的安全问题，严格执法、积极介入，切实保护消费者权益，维护我国电子商务健康有序的发展。

思考

1. 在日常生活中是否也经常遇到各种各样的网络交易安全问题？请举例说明。
2. 在遭遇各种安全问题时，你采用了哪些方法来应对？

任务一　病毒的拦截与防护

任务导入

中国互联网络信息中心（CNNIC）在京发布了《中国中小企业互联网应用状况调查报告（2011 年上半年）》及《中国中小企业网络营销调查报告（2011 年上半年）》，根据两份报告显示，超过八成的受访中小企业使用互联网办公，接近一半的受访中小企业拥有独立网站或网店，接近三成的受访中小企业在互联网中进行过广告和营销推广投入。报告显示，85%的受访中小企业（不含个体工商）在办公中使用了互联网，48.1%的受访中小企业拥有独立网站或网店。从企业互联网的接入方式上看，宽带已经是最主流的接入方式。

由于 Internet 的开放性、共享性、无缝连通性，使得电子商务信息安全面临着种种问题。我们在享受电子商务带来极大方便的同时应如何应对电子商务中潜在的威胁？让我们通过本任务的学习来探讨一下问题的答案。

背景知识

1. 电子商务安全概述

随着通信网络技术的飞速发展，特别是 Internet 的不断普及，人们的消费观念和整个商务系统也发生了巨大了变化，人们更希望通过网络的便利性来进行网络采购和交易，由此电子商务（Electronic Commerce）应运而生，并在世界范围内掀起了电子商务的热潮。

电子商务的发展给人们的工作和生活带来了新的尝试和便利性，但并没有像人们想象的那样普及和深入，除其他因素外，一个很重要的原因就是电子商务的安全性，它成为阻碍电子商务发展的瓶颈。

（1）电子商务安全问题的产生

互联网的发展及全面普及，给现代商业带来了新的发展机遇，基于互联网的电子商务应运而生，并成为一种新的商务模式。以互联网为基础的这种新的商务模式，也存在着许多亟待解决的问题。调查显示，网络安全、互联网基础设施建设等九大问题是阻碍电子商务发展的主要因素。其中，安全问题被调查对象列在首位。人们在享受电子商务带来极大方便的同时，也经常会被安全问题所困扰，安全问题成为电子商务的核心问题。

① 管理问题。大多数电子商务网站缺乏统一的管理，没有一个合理的评价标准。同时，安全管理也存在很大隐患，大多数网站易受黑客的攻击，造成服务器瘫痪，使网站的信誉受到极大损害。

② 技术问题。网络安全体系尚未形成。网络安全在全球还没有形成一个完整的体系。虽然电子商务安全的产品数量不少，但真正通过认证的却相当少。安全技术的强度普遍不够，国外有关电子商务的安全技术，虽然整体来看其结构或加密技术都不错，但这种加密算法受到外国密码政策的限制，对其他国出口的安全技术往往强度不够。

③ 环境问题。社会环境对于电子商务发展带来的影响也不小。社会法制建设不够，相关法律建设跟不上电子商务发展的要求。

（2）电子商务面临的安全威胁

随着电子商务在全球范围内的迅猛发展，电子商务中的网络安全问题日渐突出。在电子商务方面，用户最关心的是交易的安全可靠性。由此可见，电子商务中的网络安全和交易安全问题是实现电子商务的关键之所在。

电子商务中的安全隐患可分为如下几类。

① 信息的截获和窃取。如果没有采用加密措施或加密强度不够，攻击者可能通过互联网、公共电话网、搭线、电磁波辐射范围内安装截收装置或在数据包通过的网关和路由器上截获数据等方式，获取传输的机密信息，或通过对信息流量和流向、通信频度和长度等参数的分析，推出有用信息，如消费者的银行账号、密码以及企业的商业机密等。

② 信息的篡改。当攻击者熟悉了网络信息格式以后，通过各种技术方法和手段对网络传输的信息进行中途修改，并发往目的地，从而破坏信息的完整性。这种破坏手段主要有三个方面：篡改——改变信息流的次序，更改信息的内容，如购买商品的出货地址；删除——删除某个消息或消息的某些部分；插入——在消息中插入一些信息，让接收方读不懂或接收错误的信息。

③ 信息假冒。当攻击者掌握了网络信息数据规律或解密了商务信息以后，可以假冒合法用户或发送假冒信息来欺骗其他用户，主要有两种方式。一是伪造电子邮件，虚开网站和商店，给用户发电子邮件，收订货单；伪造大量用户，发电子邮件，穷尽商家资源，使合法用户不能正常访问网络资源，使有严格时间要求的服务不能及时得到响应；伪造用

户，发大量的电子邮件，窃取商家的商品信息和用户信用等信息。另外一种为假冒他人身份，如冒充领导发布命令、调阅密件；冒充他人消费、栽赃；冒充主机欺骗合法主机及合法用户；冒充网络控制程序，套取或修改使用权限、通行字、密钥等信息；接管合法用户，欺骗系统，占用合法用户的资源。

④ 交易抵赖。交易抵赖包括多个方面，如发信者事后否认曾经发送过某条信息或内容；收信者事后否认曾经收到过某条消息或内容；购买者做了订货单不承认；商家卖出的商品因价格差而不承认原有的交易。

小资料 5-1

1999 年 11 月，某网站运行于 Windows NT 4.0 上，Web Server 为 IIS4.0，补丁号为 Service Pack5。该网站管理员在 11 月的某一天发现其 Web 网站上的用户资料和电子配件数据库被入侵者完全删除!严重之处更在于该数据库没有备份，网站运行半年来积累的用户和资料全部丢失。系统管理员反复检查原因，通过 web 日志发现破坏者的调用 Web 程序记录，确定了当时用户的 IP 是 202.103.xxx.xxx（出于众所周知的原因这里隐藏了后两位），而这个 IP 来自于某地一个 ISP 的一台代理服务器。这个 202.103.xxx.xxx 的服务器安装了 Wingate 的代理软件。破坏者浏览电子公司的网站是用该代理访问的。这件事情给电子公司带来的损失是很严重的，丢失了半年的工作成果。入侵者同时给 202.103.xxx.xxx 带来了麻烦，电子公司报了案，协查通报到了 202.103.xxx.xxx 这个 ISP 所在地的公安局。该代理服务器的系统管理员是本站一位技术人员 F 的朋友。F 通过对受害者的服务器进行安全检查发现了原因。首先，其端口 1433 为开放，SQL 数据库服务器允许远程管理访问；其次，其 IIS 服务器存在 ASP 的 bug，允许任何用户查看 ASP 源代码，数据库管理员账号 sa 和密码以明文的形式存在于 ASP 文件中。有了这两个条件，破坏者可以很容易地连上 SQL 数据库，以最高身份对数据库执行任意操作。

（3）电子商务安全需求

电子商务面临的威胁的出现导致了对电子商务安全的需求，也是真正实现一个安全电子商务系统所要求做到的各个方面，主要包括机密性、完整性、认证性和不可抵赖性。

① 机密性。电子商务作为贸易的一种手段，其信息直接代表着个人、企业或国家的商业机密。传统的纸面贸易都是通过邮寄封装的信件或通过可靠的通信渠道发送商业报文来达到保守机密的目的。电子商务是建立在一个较为开放的网络环境上的（尤其 Internet 是更为开放的网络），维护商业机密是电子商务全面推广应用的重要保障。因此，要预防非法的信息存取和信息在传输过程中被非法窃取。机密性一般通过密码技术来对传输的信息进行加密处理来实现。

② 完整性。电子商务简化了贸易过程，减少了人为的干预，同时也带来维护贸易各方商业信息的完整、统一的问题。由于数据输入时的意外差错或欺诈行为，可

能导致贸易各方信息的差异。此外，数据传输过程中信息的丢失、信息重复或信息传送的次序差异也会导致贸易各方信息的不同。贸易各方信息的完整性将影响到贸易各方的交易和经营策略，保持贸易各方信息的完整性是电子商务应用的基础。因此，要预防对信息的随意生成、修改和删除，同时要防止数据传送过程中信息的丢失和重复，并保证信息传送次序的统一。完整性一般可通过提取信息摘要的方式来获得。

③ 认证性。由于网络电子商务交易系统的特殊性，企业或个人的交易通常都是在虚拟的网络环境中进行的，所以对个人或企业实体进行身份性确认成了电子商务中很重要的一环。对人或实体的身份进行鉴别，为身份的真实性提供保证，即交易双方能够在相互不见面的情况下确认对方的身份。这意味着当某人或实体声称具有某个特定的身份时，鉴别服务将提供一种方法来验证其声明的正确性，一般都通过证书机构 CA 和证书来实现。

④ 不可抵赖性。电子商务可能直接关系到贸易双方的商业交易，如何确定要进行交易的贸易方正是进行交易所期望的贸易方，这一问题则是保证电子商务顺利进行的关键。在传统的纸面贸易中，贸易双方通过在交易合同、契约或贸易单据等书面文件上手写签名或印章来鉴别贸易伙伴，确定合同、契约、单据的可靠性并预防抵赖行为的发生。这也就是人们常说的“白纸黑字”。在无纸化的电子商务方式下，通过手写签名和印章进行贸易方的鉴别已是不可能的。因此，要在交易信息的传输过程中为参与交易的个人、企业或国家提供可靠的标识。不可抵赖性可通过对发送的消息进行数字签名来获取。

⑤ 有效性。电子商务以电子形式取代了纸张，那么如何保证这种电子形式的贸易信息的有效性则是开展电子商务的前提。电子商务作为贸易的一种形式，其信息的有效性将直接关系到个人、企业或国家的经济利益和声誉。因此，要对网络故障、操作错误、应用程序错误、硬件故障、系统软件错误及计算机病毒所产生的潜在威胁加以控制和预防，以保证贸易数据在确定的时刻、确定的地点是有效的。

（4）电子商务安全体系结构

电子商务的安全技术体系结构是保证电子商务中数据安全的一个完整逻辑结构，如图 5-1 所示。其中，下层是上层的基础，为上层提供技术支持。上层是下层的扩展与递增。各层相互联系、相互依赖，构成一个整体。通过不同的安全控制技术，实现各层的安全策略，有效保证了电子商务系统的安全。

2. 电子商务安全技术策略

为避免电子商务中存在的安全问题，合理有效的措施极为重要，在实施过程中最为关键的技术主要有网络安全技术、加密与认证技术、安全协议等。在应用网络安全技术方面，防火墙技术是主要技术，下面我们针对防火墙技术做一个简要的介绍。

（1）防火墙技术

防火墙就是在网络边界上建立相应的网络通信监控系统，用来保障计算机网络的安全，防火墙在网络中的逻辑位置如图 5-2 所示。它是一种控制技术，既可以是一种软件产品，又可以制作或嵌入到某种硬件产品中。防火墙是加强 Intranet（内部网）与互联网之间安全防御的一个或一组系统，它由一组硬件设备（包括路由器、服务器）及相应软件构成。

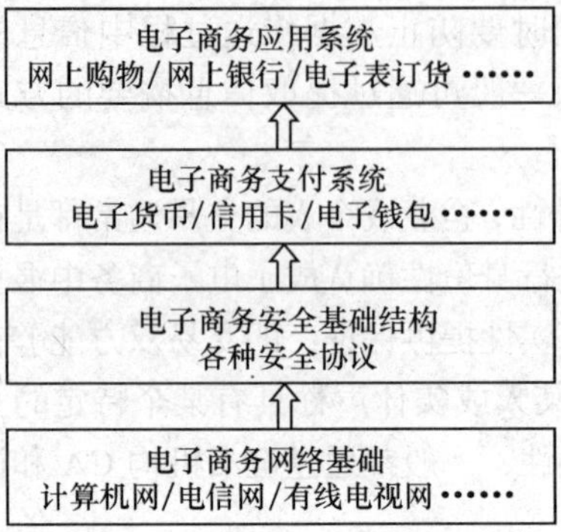

图 5-1　电子商务安全体系结构

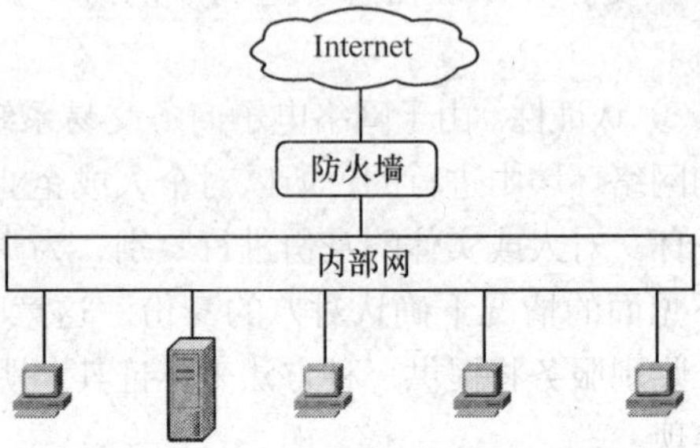

图 5-2　防火墙的逻辑位置

防火墙的主要技术有包过滤技术、代理服务器技术、应用网关技术和状态检测包过滤技术，现在最常用的是状态检测包过滤技术。状态检测防火墙对每个合法网络连接保存的信息包括源地址、目的地址、协议类型、协议相关信息、连接状态和超时时间等称为状态。通过状态检测，可实现比简单包过滤防火墙更好的安全性。

小资料 5-2

公安部 2009 年全国信息网络安全状况暨计算机病毒疫情调查报告

2010 年 2 月公安部网络安全保卫局发布了第九次全国信息网络安全状况与计算机病毒疫情调查报告。全国 3 万多家重要信息系统联网和使用单位、互联网服务单位以及计算机用户参加了此次调查活动。调查结果显示，2009 年被调查对象发生网络安全事件的比例为 43%，比 2008 年大幅下降 20%；感染计算机病毒的比例为 70.5%，比 2008 年大幅降低 15%，两项比例均为调查活动开展以来历年最低。调查表明，我国广大联网单位和计算机用户的网络安全防范意识明显增强，联网单位网络安全管理水平有所提高，通过网络安全监测技术主动发现安全事件的能力逐步增强，内部管理更加规范。

调查发现，计算机病毒木马对信息网络安全的威胁越来越突出。未修补系统安全漏洞仍然是导致安全事件发生的最主要原因。根据国家计算机病毒应急处理中心病毒样本库的统计，2009 年新增病毒样本 299 万个，是 2008 年新增病毒数的 3.2 倍，其中木马程序巨量增加。截至 2009 年年底，木马样本共 330 万多个，占病毒木马样本总数的 72.9%，而 2008 年这一比例只有 54%；2009 年发现新增木马 246 万多个，是 2008 年新增木马的 5.5 倍。跟踪监测和研究分析表明，当前，计算机病毒木马本土化趋势加剧，变种速度更快，变化更多，潜伏性和隐蔽性增强，识别更难，与防病毒软件的对抗能力更强，攻击目标明确，趋利目的明显。

因此，计算机用户账号密码被盗现象日益增多。病毒木马传播的主要渠道是网页挂马和移动存储介质，其中网页挂马出现复合化趋势。

2009 年 7 月中旬，公安机关对全国政府网站进行了为期一个月的网站安全漏洞和被攻击情况抽样检测，检测对象从全国 32 个省区市以及所属地市、县级政府网站中分地区按比例抽取。经对 23 000 多家政府网站检测发现，154 家政府网站遭网络攻击；经对 6 000 余家政府网站检测显示，37%的政府网站存在网页安全漏洞，极易遭到网页篡改和网页挂马等攻击破坏。我国政府网站安全状况亟待改进，亟需采取措施消除安全隐患，加强安全保护。

① 防火墙的作用。

防火墙是建立在内外网络边界上的过滤封装机制，内部网络被认为是安全和可信赖的，而外部网络（通常指 Internet）被认为是不安全和不可信赖的。防火墙的主要作用是防止不希望的、未经授权的通信进出被保护的内部网络，通过边界控制强化内部网络的安全策略。

② 防火墙的类型。

目前市场的防火墙产品非常之多，划分的标准也比较杂。主要分类如下。

从软、硬件形式上分为软件防火墙和硬件防火墙以及芯片级防火墙。

第一种：软件防火墙。

软件防火墙运行于特定的计算机上，它需要客户预先安装好的计算机操作系统的支持，一般来说这台计算机就是整个网络的网关。俗称“个人防火墙”。软件防火墙就像其他的软件产品一样需要先在计算机上安装并做好配置才可以使用。防火墙厂商中做网络版软件防火墙最出名的莫过于 Checkpoint。使用这类防火墙，需要网管对所工作的操作系统平台比较熟悉。

第二种：硬件防火墙。

所谓硬件防火墙是指把防火墙程序做到芯片里面，由硬件执行这些功能，能减少 CPU（中央处理器）的负担，使路由更稳定。硬件防火墙是保障内部网络安全的一道重要屏障。它的安全和稳定，直接关系到整个内部网络的安全。因此，日常例行的检查对于保证硬件防火墙的安全是非常重要的。

传统硬件防火墙一般至少应具备三个端口，分别接内网、外网和 DMZ 区（非军事化区），现在一些新的硬件防火墙往往扩展了端口，常见四端口防火墙一般将第四个端口作为配置口、管理端口。很多防火墙还可以进一步扩展端口数目。

第三种：芯片级防火墙。

芯片级防火墙基于专门的硬件平台，没有操作系统。专有的 ASIC（专用集成电路）芯片促使它们比其他种类的防火墙速度更快，处理能力更强，性能更高。做这类防火墙最出名的厂商有 NetScreen、FortiNet、Cisco 等。这类防火墙由于是专用 OS（操作系统），因此防火墙本身的漏洞比较少，不过价格相对比较高昂。

从防火墙技术上主要分为两种：网络级防火墙以及应用级防火墙。这两种类型的差异并不像你想象的那样大，最新的技术模糊了两者之间的区别，使哪个“更好”或“更坏”不再那么明显。同以往一样，你需要谨慎选择满足你需要的防火墙类型。

第一种：网络级防火墙。

一般根据源、目的地址做出决策，输入单个的IP包。一台简单的路由器是“传统的”网络级防火墙，因为它不能做出复杂的决策，不能判断出一个包的实际含义或包的实际出处。现代网络级防火墙已变得越来越复杂，可以保持流经它的接入状态、一些数据流的内容等有关信息。许多网络级防火墙之间的一个重要差别是防火墙可以使传输流直接通过，因此要使用这样的防火墙通常需要分配有效的IP地址块。网络级防火墙一般速度都很快，对用户很透明。

第二种：应用级防火墙。

一般是运行代理服务器的主机，它不允许传输流在网络之间直接传输，并对通过它的传输流进行记录和审计。由于代理应用程序是运行在防火墙上的软件部件，因此它处于实施记录和访问控制的理想位置。应用级防火墙可以被用作网络地址翻译器，因为传输流通过有效地屏蔽掉起始接入原址的应用程序后，从一“面”进来，从另一“面”出去。在某些情况下，设置了应用级防火墙后，可能会对性能造成影响，会使防火墙不太透明。早期的应用级防火墙，如那些利用TIS防火墙工具包构造的防火墙，对于最终用户不很透明，并需要对用户进行培训。应用级防火墙一般会提供更详尽的审计报告，比网络级防火墙实施更保守的安全模型。

（2）计算机病毒的防范

① 计算机病毒的定义。

计算机病毒（Computer Virus）在《中华人民共和国计算机信息系统安全保护条例》中被明确定义，病毒指“编制者在计算机程序中插入的破坏计算机功能或者破坏数据，影响计算机使用并且能够自我复制的一组计算机指令或者程序代码”。而在一般教科书及通用资料中，计算机病毒被定义为:利用计算机软件与硬件的缺陷，由被感染机内部发出的破坏计算机数据并影响计算机正常工作的一组指令集或程序代码。

② 计算机病毒的产生。

病毒不是来源于突发或偶然的原因。现在流行的病毒是由人为故意编写的，多数病毒可以找到作者和产地信息。从大量的统计分析来看，病毒作者的编写目的主要有以下几种，一些天才的程序员为了表现自已和证明自己的能力，出于对上司的不满，为了好奇，为了报复，为了祝贺和求爱，为了得到控制口令，为了软件拿不到报酬预留的陷阱等。当然也有因政治、军事、宗教、民族、专利等方面的需求而专门编写的，其中也包括一些病毒研究机构和黑客的测试病毒。

③ 计算机病毒的特点。

计算机病毒具有以下几个特点。

- 寄生性。

计算机病毒寄生在其他程序之中，当执行这个程序时，病毒就起破坏作用，而在未启动这个程序之前，它是不易被人发觉的。

- 传染性。

计算机病毒不但本身具有破坏性，更有害的是具有传染性，一旦病毒被复制或产生变种，其速度之快令人难以预防。传染性是病毒的基本特征。它会通过各种渠道从已被感染的计算机扩散到未被感染的计算机，在某些情况下造成被感染的计算机工作失常甚至瘫痪。

与生物病毒不同的是，计算机病毒是一段人为编制的计算机程序代码，这段程序代码一旦进入计算机并得以执行，它就会搜寻其他符合其传染条件的程序或存储介质，确定目标后再将自身代码插入其中，达到自我繁殖的目的。一台计算机染毒后，如不及时处理，那么病毒会在这台机子上迅速扩散，计算机病毒可通过各种可能的渠道，如软盘、计算机网络去传染其他的计算机。

- 潜伏性。

有些病毒像定时炸弹一样，让它什么时间发作是预先设计好的。比如黑色星期五病毒，不到预定时间一点都觉察不出来，等到条件具备的时候一下子就爆炸开来，对系统进行破坏。潜伏性的另一种表现是计算机病毒的内部往往有一种触发机制，不满足触发条件时，计算机病毒除了传染外不做什么破坏。触发条件一旦得到满足，有的在屏幕上显示信息、图形或特殊标识，有的则执行破坏系统的操作，如格式化磁盘、删除磁盘文件、对数据文件做加密、封锁键盘以及使系统死锁等。

- 隐蔽性。

计算机病毒具有很强的隐蔽性，有的可以通过病毒软件检查出来，有的根本就查不出来，有的时隐时现，变化无常，这类病毒处理起来通常很困难。

- 破坏性。

计算机中毒后，可能会导致正常的程序无法运行，计算机内的文件被删除或受到不同程度的损坏，通常表现为，增、删、改、移。

- 可触发性。

病毒因某个事件或数值的出现，诱使病毒实施感染或进行攻击的特性称为可触发性。为了隐蔽自己，病毒必须潜伏，少做动作。如果完全不动，一直潜伏的话，病毒既不能感染也不能进行破坏，便失去了杀伤力。病毒既要隐蔽又要维持杀伤力，它必须具有可触发性。病毒的触发机制就是用来控制感染和破坏动作的频率的。病毒具有预定的触发条件，这些条件可能是时间、日期、文件类型或某些特定数据等。病毒运行时，触发机制检查预定条件是否满足。如果满足，启动感染或破坏动作，使病毒进行感染或攻击；如果不满足，使病毒继续潜伏。

④ 计算机病毒的危害。

计算机病毒的破坏行为体现了病毒的杀伤能力。病毒破坏行为的激烈程度取决于病毒作者的主观愿望和他所具有的技术能量。数以万计不断发展扩张的病毒，其破坏行为千奇百怪，不可能穷举其破坏行为，而且难以做全面的描述，例如，迫使计算机空转，计算机速度明显下降；攻击磁盘，攻击磁盘数据、不写盘；扰乱屏幕显示，干扰键盘操作等。

⑤ 计算机病毒的防范。

随着计算机技术的发展以及网络的普及，由于利益的驱使，越来越多的计算机病毒开始在网上流传开来。为更好地防范计算机病毒，这里整理了一些病毒防范基础措施，帮助大家了解如何防范计算机病毒。

基础防范措施

- 用户应养成及时下载最新系统安全漏洞补丁的安全习惯，从根源上杜绝黑客利用系统漏洞攻击用户计算机的病毒。同时，升级杀毒软件、开启病毒实时监控应成为每日防范病毒的必修课。
- 请定期做好重要资料的备份，以免造成重大损失。
- 选择具备“网页防火墙”功能的杀毒软件，每天升级杀毒软件病毒库，定时对计算机进行病毒查杀，上网时开启杀毒软件全部监控。瑞星杀毒软件开启页面如图 5-3 所示。

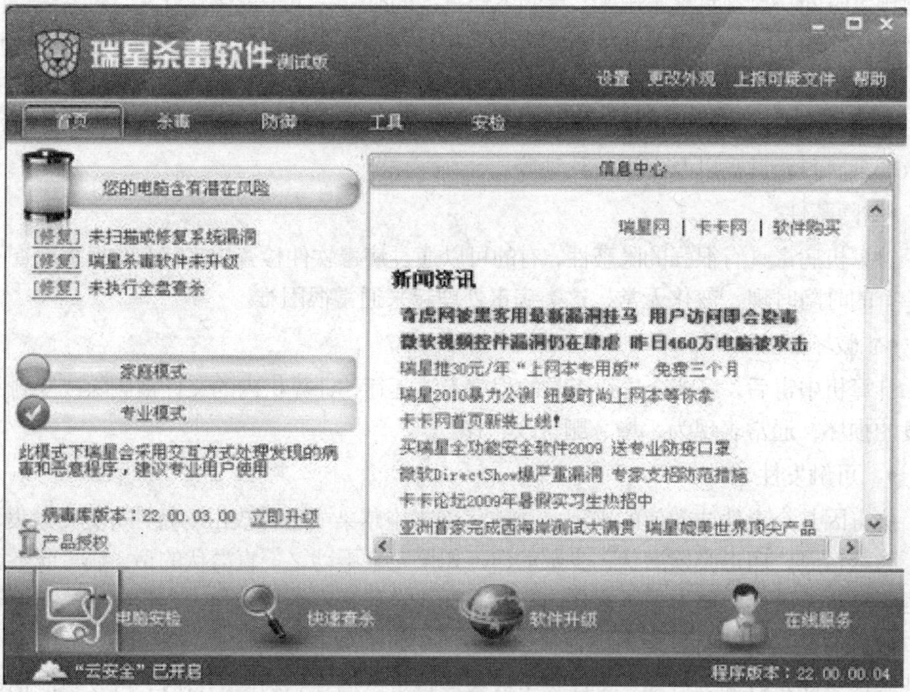

图 5-3 瑞星杀毒软件开启页面

- 请勿随便打开来源不明的 Excel 或 Word 文档，并且要及时升级病毒库，开启实时监控，以免受到病毒的侵害。
- 上网浏览时一定要开启杀毒软件的实时监控功能，不要随便点击不安全陌生网站，以免遭到病毒侵害。
- 及时更新计算机的防病毒软件，安装防火墙，为操作系统及时安装补丁程序。
- 在上网，特别是在网购过程中要注意加强自我保护，避免访问非法网站，这些网站往往潜入可疑代码，一旦用户打开其页面时，即会被植入木马与病毒，我们可以采用各种安全保镖（如金山网购保镖）保障网购过程的安全。金山网购保镖如图 5-4 所示。

图 5-4 金山网购保镖

- 将应用软件升级到最新版本，其中包括各种 IM 即时通信工具、下载工具、播放器软件、搜索工具条等；不要登录来历不明的网站，避免病毒利用其他应用软件漏洞进行木马病毒传播。

即时通信工具预防措施

① 请广大用户一定要提高警惕，切勿随意点击 MSN 等一些即时通信工具中给出的链接，确认消息来源，并克服一定的好奇心理。

② 通过即时通信工具等途径接收的文件在打开前，请先进行病毒查杀，如图 5-5 所示。

③ MSN 用户应提高网络安全意识，不要轻易接收来历不明的文件，即便是 MSN 好友发来的文件也要谨慎，尤其是扩展名为*.zip，*.rar 等格式的文件，当遇到有人发来以上格式的文件时请直接拒绝。

④ 在使用即时通信工具的时候，不要随意接收好友发来的文件，避免病毒从即时聊天工具传播进来。

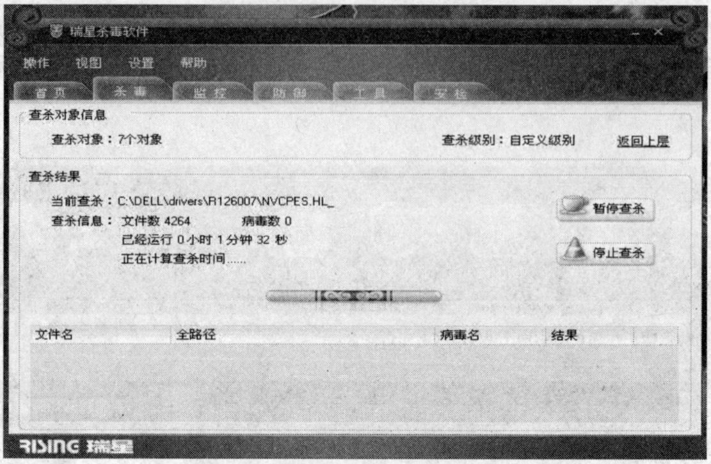

图 5-5 瑞星病毒文件查杀

利用 U 盘进行传播的病毒的预防措施

① 在使用移动介质（如 U 盘、移动硬盘等）之前，建议先进行病毒查杀。

② 禁用系统的自动播放功能，防止病毒从 U 盘、移动硬盘、MP3 等移动存储设备进入到计算机。（禁用 Windows 系统的自动播放功能的方法：在运行中输入 gpedit.msc 后回车，打开组策略编辑器，依次点击计算机配置—管理模板—系统—关闭自动播放—已启用—所有驱动器—确定。）

③ 尽量不要使用双击打开 U 盘，而是选择以右键方式打开。

网上银行、在线交易的预防措施

• 在登录电子银行实施网上查询交易时，尽量选择安全性相对较高的 USB 证书认证方式。不要在公共场所如网吧，登录网上银行等一些金融机构的网站，防止重要信息被盗。图 5-6 为交通银行个人网上银行登录界面。

图 5-6 交通银行网银登录界面

- 网上购物时也要选择注册时间相对较长、信用度较高的店铺。
- 不要随便点击不安全陌生网站；如果遇到银行系统升级要求更改用户密码或输入用户密码等要求，一定要提前确认。如果用户不幸感染了病毒，除了用相应的措施查杀病毒外，也要及时和银行联系，冻结账户，并向公安机关报案，把损失减少到最低。
- 在登录一些金融机构，如银行、证券类的网站时，应直接输入其域名，不要通过其他网站提供的链接进入，因为这些链接可能将导入虚假的银行网站。

任务实施

任务一　病毒和木马的拦截与防护任务单

<table>
<tr><td colspan="2">任务编号：EB5-1</td><td colspan="2">学时：_____课时</td></tr>
<tr><td colspan="2">实训地点：</td><td colspan="2">日期：_____年_____月_____日</td></tr>
<tr><td>姓名：</td><td>班级：</td><td>学号：</td><td>成绩：</td></tr>
<tr><td colspan="4">一、任务描述
通过选择合适的杀毒软件（如瑞星、KV、卡巴斯基、诺顿、360 等）或者相关防火墙工具（PIX，NAI Gauntlet，Sonicwall）等，检查一下自己的个人计算机或者笔记本是否感染了病毒，从而对计算机病毒形成初步的自我认识和理解，并进行计算机病毒查杀和拦截。任务实施中记录主要操作步骤，通过对信息的整理与分析，形成对以下问题的初步自我认知。
1. 什么是计算机病毒？计算机病毒的特点是什么？
2. 什么是计算机防火墙？计算机防火墙的种类有哪些？
3. 如何利用现有工具进行病毒的查杀和拦截</td></tr>
<tr><td colspan="4">二、相关资源
1. 瑞星官网：www.rising.com.cn；
2. 江民官网：www.jiangmin.com；
3. 卡巴斯基官网：www.Kaspersky.com.cn；
4. 诺顿官网：www.nt800.com；
5. 360 官网：www.360.cn；
6. 博星卓越学习室： www.xuexishi.com；
7. 艾瑞网：www.iresearch.cn；
8. 中国电子商务协会：www.ec.org.cn；
9. 中文搜索引擎指南： www.sowang.com/seek.htm</td></tr>
<tr><td colspan="4">三、任务分配
本任务以个人形式单独完成，每位同学按照任务单的要求，完成任务</td></tr>
<tr><td colspan="4">四、任务实施
1. 利用搜索引擎，搜索目前热门的各种防火墙工具（至少 3 个，表格请自行增减）
<table>
<tr><td>序号</td><td>防火墙名称</td><td>网址</td><td>该软件主要特点</td></tr>
<tr><td>1</td><td></td><td></td><td></td></tr>
<tr><td>2</td><td></td><td></td><td></td></tr>
<tr><td>3</td><td></td><td></td><td></td></tr>
<tr><td>4</td><td></td><td></td><td></td></tr>
</table></td></tr>
</table>

续表

2. 利用合适的杀毒软件对个人计算机或者笔记本电脑进行病毒的查杀，并记录病毒的名称和所在位置（表格可以自行添加）

序号	病毒的名称	病毒所在的位置
1		
2		
3		

3. 搜集互联网发展史上典型的病毒案例（表格可自行扩展）

序号	时间	病毒名称	病毒事件简介
1			
2			
3			

五、相关知识

1. 计算机病毒的产生发展史；
2. 选购防火墙的一些基本原则

六、任务执行评价

评定形式	自我评定（20%）	教师评定（80%）	任务总计（100%）
得　　分（100）			
签名：		指导教师签名：	

日期：　　年　　月　　日

七、任务拓展

自行在计算机安装一个病毒，利用现有的防火墙软件和病毒查杀软件进行隔离查杀。查杀结束后检测计算机性能的稳定性

任务二　电子商务交易风险的识别与防范

任务导入

电子商务交易过程是在开放的网络环境下，利用信息平台完成传统的交易环节和过程。电子商务的发展与应用，使企业在扩大产品宣传，增进沟通和交易机会，减少交易环节，降低交易成本方面发挥了巨大作用。但由于网络的虚拟性，交易各方非面对面的交易特征，以及电子支付手段的安全性等问题，使参与电子商务交易的各方（销售方和购买方）都面临不同形式和不同程度的安全威胁。由于用户的超大规模、潜在的巨大价值和信息的快速传播，电子商务为人们提供了各种商业机会，但其中也蕴涵着各种风险和不利因素。

电子商务的风险问题引起了人们越来越多的关注，已成为信息时代不可回避的问题，我们究竟该如何面对，请通过本任务的学习来寻找答案吧。

背景知识

1. 电子商务交易风险及其特点

电子商务交易所涉及的交易各方不是当面交换或直接面谈，而是在网络平台上以电子交易方式进行的，它可以减少消费环节和交易费用，节约时间，跨越空间，作为一种新的经济形式，它既存在高收益又存在高风险。到目前为止，对电子商务交易的风险还没有一个明确的范围划分，但研究中普遍地把信息安全作为电子商务交易风险的一个方面，用"计算机的风险"来定义与电子商务交易有关的风险，包括网上页面的破坏、操纵和非授权访问用户记录，互联网欺骗和长途通信偷窃，版权的侵害和访问拒绝等。有的把与电子商务交易有关的风险看做机密数据的损失可能性，或是破坏、产生和使用数据的损失可能性，或是程序造成身体、精神和经济上伤害他人的可能性，以及造成硬件损害的可能性。还有的研究关注于电子商务交易管理中的有关商务风险，即当一个组织发展或实施电子商务交易策略时，对组织自身产生负面影响的可能性。

事实上，产生电子商务交易风险的因素是多方面的，电子商务交易的威胁来自于互联网上的安全入侵、隐私入侵、声望的毁坏、身份的盗用、知识产权的侵犯等多个方面。电子商务交易是一种全球范围内的活动，它还涉及不同的文化、法规和货币的流通。类似于传统的交易活动，也有难以确定利润、缺少策略、不当的领导和残酷的竞争等风险的存在。此外，电子商务交易风险的存在还在于过多地依靠卖方或其他第三方，缺少技术上的可靠性和没有有效专家意见。因此，电子商务交易风险涉及策略、领导、声誉、文化、安全、隐私和技术等多个方面。它不仅是技术领域的风险问题，同时也是社会科学领域的风险问题。

2. 电子商务交易风险的种类及影响因素

在互联网络环境下从事电子商务，可能的风险归结为三类，即信用风险、管理风险和法律风险。其中管理风险表现为交易流程管理风险及业务技术管理风险。例如，交易管理和手段的不完善，网络技术如支付技术的安全性、数据存储的安全性、远程传输的安全性等。而法律风险则表现为对市场交易环境和主体的制度约束，包括各种围绕消费者和服务者权益的法律制度的建立和相关制度的健全性，会产生如隐私风险、知识产权风险等。以上两类风险均体现了对 B2C 交易模式中活动主体（企业和消费者）交易风险产生的外部约束，故在本书中称其为交易风险外在因素。而信用风险则指由于交易双方信任的缺失造成的交易障碍，主要分为卖方信用风险、买方信用风险和否认交易风险。这种信任的缺失主要发生在充满不确定性和风险的环境中，网络交易环境的虚拟性，使得信任在网络交易过程中所起的作用超过了它在传统交易活动中所起的作用，人们对于交易双方的真实性更难判断。据 iResearch 的调查统计，48.4%的被调查网民认为目前网上交易存在的首要问题是交易过程中的认证得不到保障。由于该类风险往往表现出与交易主体行为选择、心理、道德的关联特征，在本书中称其为交易主体风险产生的内在因素。

（1）信息不对称引发交易风险内在因素

网络交易市场中，交易场所网络化、交易手段电子化、交易信息无纸化以及交易主体之间存在严重的信息不对称。对大多数交易来说，交易信息很难把握或得到，交易前信息的不完全、交易中的价值损失以及道德风险均使得电子商务交易过程存在大量的风险。

经济博弈论中特别指出，商品市场交易中，只有商品信息传递的完全性和交易方的守信行为才会使双方的博弈过程得以重复，同时通过竞争使得买卖双方增加了选择余地，守信的伙伴会替代旧的失信者，从而压缩了失信者再博弈的空间。电子商务交易中存在的信息非确定性和信用风险不仅使得未违约的交易方未购得商品或变现需再次交易，造成已交钱未得到商品或因市场价格变化不利而带来消费者的价值损失，同时又会影响再次网上交易的信任和激发水平。

市场交易的良性循环使得交易双方获得更多的交易机会，交易双方的诚信和欺诈行为是影响交易主体选择和交易重复发生的重要因素。因此，市场经济的竞争性与市场交易的重复性是建立合作均衡的基本条件。信息的不对称需要引发和创造更高的市场信用机制来降低信用风险，从而创造交易双方可重复的交易行为，进而创造长期稳定的获利机会和博弈的均衡态势。

（2）交易风险外在因素对交易行为的影响

① 电子商务市场环境影响消费者价格敏感度。

一种产品或服务的需求价格弹性是指消费者对价格变化引发的需求变化。电子商务环境通过网络销售产品或服务，相对来说消费者容易获得有关产品或服务的价格或产品质量的比较信息，获取信息的低边际成本或便利性，会引起需求价格弹性提高。而另一方面，由于网上购物的便利性以及网络的规模效应容易引起消费者购物的冲动，同时销售商对商品的定价较为灵活，这些都会引起消费者的需求价格弹性下降的变化。相对于传统购买行为，消费者的价格敏感度呈现不确定的变化特征，网上消费者的消费行为则表现出更易变动或不确定的特点。

② 交易信用制度。

传统的交易活动中，所涉及的交易风险可通过社会机制、法律机制和技术机制加以限制。例如，通过法律机制的建立，可以对违反合同的人加以惩罚，对诚实的一方给予补偿。通过社会规则和法律的相互作用，建立一个较为稳定的贸易环境，使贸易可在最低风险条件下进行。

在网络环境中，由于网络的开放性、跨国界性以及技术资源限制、网络认证安全技术的有待完善等，都在一定程度上限制了对信用风险制约的外部机制的建立。交易过程中的信用遵守与违约行为成为交易双方进行交易决策的随机行为。

小资料 5-3　网上交易十大霸王条款及防欺诈防风险指引发布

2009 年“3·15”前夕，为创建诚信、规范、健康经营的网上交易环境，保护消费者的合法权益，在中国消费者协会消费指导委员会、北京电子商务协会、中国电子商务协会政策法律委员会的指导下，网上交易保障中心于 2009 年 3 月 12 日正式对外发布《消费者应注意的网上交易十大常见霸王格式合同条款》、《消费者网上交易防欺诈、防风险指引》等专项建议，提醒消费者需要警示的风险和交易过程中不利于消费者的交易规则，便于消费者在纠纷中掌握基本的法律武器，推进我国网络购物的法治化和规范化。

网上交易保障中心在其发布的《消费者应注意的网上交易十大常见霸王格式合同条款》中指出了网上交易中常见的十种霸王格式条款，包括：网站网络服务质量的瑕疵；网站对用户账号、密码及资金安全保护缺陷；网站对用户隐私信息保护的缺陷；网站对用户支付安全保障的缺陷；货物配送相关责任的缺陷；货物退换规则中的缺陷；发票制度的欠缺；网站方面扩大免责范围；网站对责任承担单方设定上限；网站通过单方免责规定排除生产者、销售者的连带责任。该专项建议并列举了这些霸王条款的形式，分析了其对市场秩序和消费者权益的侵害。

在网上交易保障中心发布的《消费者网上交易防欺诈、防风险指引》中显示，截至2009年2月，网上交易保障中心共收到消费者的举报信息2 800余件，对外公布了928件网络欺诈案例。其中举报较集中的前五大领域依次是网络游戏、数码通信、网上拍卖、网上支付、服装服饰网上交易等。

针对网上购物中存在的问题，网上交易保障中心提醒消费者在上网购物时应特别注意以下问题，以避免上当受骗。

一、验证卖方真实身份；
二、谨防网络钓鱼；
三、小心低价陷阱；
四、提防预付费风险；
五、选择第三方保障服务；
六、注意网络支付的安全防范；
七、识别变相传销；
八、了解境外购物风险；
九、多方寻求争议解决；
十、切忌贪图小利。

作为中国网上交易消费者保障模式创新的典型，中国新白领商机网还介绍了他们的经验。

3. 电子商务交易风险的管理

（1）建立电子商务的信用保障体系

① 建立完善的互联网个人诚信系统。

互联网个人诚信系统直接与个人交易的信用评级系统挂钩。在欧美等国家，电子商务交易的相关信用评级机构会给每个人分配一个永久有效的社会安全号码，该号码无法伪造或复制。同时，资信公司为每个人做出一份资信报告。当在网上开展贸易时，交易双方可以随时查询对方信用状况。一旦有人在交易中出现违背信用的情况，则将它记录到该人的资信报告中，从而对其以后的交易产生影响。

② 建立并完善网络交易实名制。

2011 年 7 月 1 日起，国家工商总局出台的《网络商品交易及有关服务行为管理暂行办法》实施，网上开店开始正式进入“实名制”时代。网络交易平台是网络商品和服务集中交易的场所和空间，因此政府及工商管理部门应重点锁定影响范围大、交易频率高的网络交易平台。政府相关职能部门应加强立档建户和电子数据库建设工作，并建立网络经营主体经济户口，实施信用分类监管。由于电子商务交易行为无地域限制，过去以地域管辖、级别管辖为主的监管方式已经不能完全适应电子商务交易的要求，因此对电子商务交易必须实行全国联网一体化监管。

（2）加强电子商务网络安全的开发及运用

由于电子数据具有无形化的特征，电子商务的运作涉及资金、信息、商业秘密等安全问题。而目前网上安全技术及其认证机制均不够完善。因此必须在本质上对互联网进行重新设计，使其满足商业交易的安全性，这包括防火墙、认证、加密、防木马等方面的技术应用。面对电子商务网络安全威胁，做得好的电子商务一定会采取各种各样的管理措施，保证商务活动的正常进行。

① 杀毒软件及防火墙技术。

杀毒软件及防火墙技术是最普遍的安全防御技术。因此，应加强杀毒软件对病毒的追踪技术和查杀技术，并且通过使用“防火墙”使计算机硬件和软件相组合，让互联网与内部网之间建立起安全关卡， 形成把互联网与内部网络隔开的屏障，从而保护内部网不受非法用户的侵入。

② 文件加密和电子数字签名认证技术。

加强文件加密和数字签名技术的更新及运用，在电子商务交易中对传输中的数据流加密及数据存储进行加密，同时，加强对数据完整性鉴别技术的更新，目的是对介入信息的传送、存取、计算机用户的身份和相关数据内容的验证，从而达到保密的要求，一般包括口令、密钥、身份、数据等项的鉴别，实现对数据的安全保护。

同时，在电子商务交易过程中，通过采取口令认证、数字签名、电子密钥等数字认证方式，保障交易安全。并且，在面对较高风险的交易中还可以运用人脸识别、指纹识别、声音识别、虹膜识别等生物认证方式，强化交易的安全性。

电子商务的广泛运用使人们工作和生活方式发生巨大改变，但由于电子商务的运用依赖于互联网络平台，而网络黑客和病毒的攻击，让电子商务的发展存在安全问题。另外，电子商务企业对内部安全管理及风险控制意识淡薄，管理者对电子商务运作机制不重视，以及对电子商务涉及的相关法律法规的不了解，使企业在进行电子商务运作时面临着诸多的风险，这些风险在当今电子商务竞争中已成为长久性的重要问题。因此，电子商务企业在发展和运用电子商务平台时，有必要对其将可能面临的风险问题进行评估，并制定相应的解决方案，做好科学、合理的长远规划，以求尽可能降低或控制电子商务风险所造成的损失。

任务实施

任务二 电子商务交易风险的识别与防范任务单

<table>
<tr><td colspan="2">任务编号：EB5-2</td><td colspan="2">学时：_____课时</td></tr>
<tr><td colspan="2">实训地点：</td><td colspan="2">日期：_____年_____月_____日</td></tr>
<tr><td>姓名：</td><td>班级：</td><td>学号：</td><td>成绩：</td></tr>
<tr><td colspan="4">一、任务描述
通过调查相关电子商务风险管理研究的文献来获得资料，从而全面、正确地了解、掌握所需研究问题的素材。通过归纳分析法，对各类电子商务公司存在的风险管理问题进行分析归纳，并予以定性，赋予其一定的普遍意义。
1. 风险的种类有哪些？
2. 什么是电子商务交易风险？电子商务交易风险的特点有哪些？
3. 电子商务交易风险的影响因素有哪些？
4. 如何对电子商务交易风险进行管理</td></tr>
<tr><td colspan="4">二、相关资源
1. 章炳林.电子商务概论[M].北京：水利水电出版社，2011.
2. 张京卫.电子商务信用保障措施研究[J].中国储运，2007.
3. 李琪，张秦，严建援.电子商务概论[M].北京:人民邮电出版社，2009.
4. 刘文武，解新华.浅谈中国电子商务税收管理体制探索[J].改革与战略，2010.
5. 中国电子商务研究中心：b2b.toocle.com
6. 李安渝.我国电子商务发展中的诚信问题[J].中国信息界，2009.
7. 冯莹，王丽英.“海外代购”法律风险研究[N].人民法院报，2010.</td></tr>
<tr><td colspan="4">三、任务分配
本任务以个人形式单独完成，每位同学按照任务单的要求，完成任务</td></tr>
<tr><td colspan="4">四、任务实施
利用搜索引擎，结合相关企业资料，分析、讨论，形成电子商务交易风险的识别与防范报告，报告格式如下</td></tr>
</table>

电子商务交易风险的识别与防范报告

1. 知名企业阿里巴巴对电子商务交易风险的管理采取了哪些措施？简单列举，至少 3 个方面

序号	风险的管理方法
1	
2	
3	
4	
5	

（注：表格可根据需要增减行数）

续表

2. 电子商务交易过程中常见的诈骗类型有哪些？我们应如何防范？简单列举，至少3个

序号	诈骗类型	诈骗表现	典型案例	如何防范
1				
2				
3				
4				
5				

（注：表格可根据需要增减行数）

五、相关知识

1. 电子商务的安全技术；
2. 电子商务的安全交易协议

六、任务执行评价

评定形式	自我评定（20%）	教师评定（80%）	任务总计（100%）
得　分（100）			
个人签名：		指导教师签名：	

日期：　　年　　月　　日

七、任务拓展

自主参观走访当地知名电子商务企业，深入企业了解目前企业所存在的安全隐患以及交易风险，并对其提出合理的防范建议

任务三　CA认证

任务导入

信息安全技术在电子商务系统中的作用非常重要，它守护着商家和客户的重要机密，维护着商务系统的信誉和财产，同时为服务方和被服务方提供极大的方便，因此，只有采取了必要和恰当的技术手段才能充分提高电子商务系统的可用性和可推广性。在电子商务系统中，究竟有哪些安全技术工具，面对各种安全技术，我们应该如何使用？让我们一起跟随本任务的学习来找到这些问题的答案吧。

背景知识

1. 数据加密技术

数据加密是实现网络安全的关键技术之一。本文首先介绍加密的基本概念，然后着重讨论两类最常见的加密技术——私用密钥加密和公开密钥加密，并详细探讨它们的特点、发展及今后的研究方向。

小资料 5-4

第 60 届 Intel ISEF 英特尔国际科学与工程大奖赛将于 2009 年 5 月 10 日到 15 日在美国内华达州雷诺市举行。自 2000 年开始，中国科学技术协会在英特尔（中国）有限公司的赞助下，组织中国学生参加一年一度在美国举行的英特尔国际科学与工程大奖赛（Intel ISEF）总决赛。在过去的 9 年里，共计 208 名中国大陆学生参与了 137 个项目的竞赛并赢得了 142 个奖项，其中包括 2004 年获得的一项 Intel ISEF 顶级奖项"英特尔基金会青少年科学精英奖"。在 2008 年的大赛上，来自北京、上海、广东、福建、四川、吉林、辽宁、云南、天津和山西的 23 名少年英才，带着 17 个项目参与角逐，最终取得了 14 个奖项，包括一个工程学科的特等奖和一等奖。英特尔于 2007、2008 年两次邀请了中国教育部代表团观摩 Intel ISEF，并参加教育家论坛，与全球教育家共同探讨科学教育和青少年创新人才培养的问题。

在信息技术飞速发展的今天，数据加密越来越受到重视。当下，加密技术已经十分成熟，然而大部分加密算法要靠复杂的数学方法保证加密的强度。受到玩具魔方的启发后，研发出一种用魔方变换提供加密强度的算法——魔方流密码算法。该算法的特殊之处在于，算法的主体是一个包含很多数据的虚拟魔方，通过魔方变换改变其中的数据，在每轮变换结束后，会得到全新的数据，即为当前加（解）密运算的密钥。

对该算法的进一步实验发现：主密钥长度不影响执行速度；密钥流的伪随机性良好；密钥生成过程有很好的混乱和扩散。而且，算法的 C 语言实现程序资源占用很少，速度较快。算法的多项指标都达到了实际应用的标准。

（1）数据加密的定义及功能

加密，是一种限制对网络上传输数据的访问权的技术。原始数据（也称为明文，Plaintext）被加密设备（硬件或软件）和密钥加密而产生的经过编码的数据称为密文（Ciphertext）。将密文还原为原始明文的过程称为解密，它是加密的反向处理，但解密者必须利用相同类型的加密设备和密钥对密文进行解密。

加密的基本功能包括以下方面。

- 防止不速之客查看机密的数据文件；
- 防止机密数据被泄露或篡改；
- 防止特权用户（如系统管理员）查看私人数据文件；

- 使入侵者不能轻易地查找一个系统的文件。

（2）加密技术及相关问题

① 加密的类型。加密类型可以简单地分为三种。

- 根本不考虑解密问题；
- 私有密钥加密技术；
- 公开密钥加密技术。

第一种加密技术主要是针对一些像口令加密这样的类型，它只需要被加密，并与以前的加密进行比较；第二种和第三种加密技术是按使用密钥方法的不同来划分的。以下主要介绍第二种和第三种加密技术。

私有密钥加密技术

私有密钥加密（也称对称密钥加密）利用一个密钥对数据进行加密，对方接收到数据后，需要用同一密钥来进行解密。这种加密技术的特点是数学运算量小，加密速度快，其主要弱点在于密钥管理困难，而且一旦密钥泄露则直接影响到信息的安全性。

*** 美国数据加密标准及其改进算法**

对称密钥加密技术中最具有代表性的算法是 IBM 公司提出的 DES（Data Encryption Standard，数据加密标准）算法，该算法于 1977 年被美国国家标准局（NBS）颁布为商用数据加密标准。DES 综合运用了置换、代替、代数多种密码技术，把消息分成 64 位大小的块，使用 56 位密钥，迭代轮数为 l6 轮。它设计精巧，实现容易，使用方便。

DES 正式公布后，世界各国的许多公司都推出自己实现 DES 的软硬件产品。美国 NBS 至少已认可了 30 多种硬件和软件实现产品。硬件产品既有单片式的，也有单板式的；软件产品既有用于大中型机的，也有用于小型机和微型机的。

三重 DES（Triple DES）则是 DES 的加强版。它是一种比较新的加密算法，能够使用多个密钥，主要是对信息逐次作三次加密。

随机化数据加密标准（RDES）算法是日本密码学家 Nakao Y.Kaneko T 等人于 1996 年初提出的一种新的 DES 改进算法。它只是在每轮迭代前的右半部增加了一个随机置换，其他均与 DES 相同，目前看来它比 DES 安全性要好。

*** 美国新数据加密标准 CLIPPER 和 CAPSTONE**

l984 年，美国总统里根签署 154 号国家安全决策会（NSDDl45）命令，国家保密局 NSA 着手制定美国政府非机要机构使用新的加密标准。NSA 推行的商业安全通信签署计划 CCEP 完全改变了其密码政策，密码的算法不再公开，对用户只提供加密芯片及其硬件设备。NSA 所推出加密芯片命名为 Clipper，其加密算法命名为 SkipJack，属于 64 位分组编码的对称密钥体制。

Clipper 主要是用于商用计算机网和通信网中对数据和语言进行加密，它被设计成允许法律监听的保密通信方式。在使用前需在一种称为 SCIF 的安全设备中进行编程，加解密时需将 Clipper 芯片装入加密设备中进行。

l993 年 4 月，美国白宫推出了第三方契约加密标准（Escrowed Encryption Standard，EES），以此解决美国国家安全与美国公民需求之间的平衡问题。欲用 EES 来进行通信的双方都必须拥有带 Clipper 芯片的电信安全设备。

美国 NSA 在推出 Clipper 的同时，还推出了军事通信网中进行数据加密的密码芯片 Capstone，并着手对 Capstone 进行改进，以作为继 Clipper 之后的下一代的数据加密标准。Capstone 是在 Clipper 的基础上加入了数字签名算法，密钥交换及相关的数学函数。

公开密钥加密技术

1976 年，Diffie 和 Hellman 首次提出公开密钥加密（也称非对称加密）体制，即每个人都有一对密钥，其中一个为公开的，一个为私有的。发送信息时用对方的公开密钥加密，收信者用自己的私用密钥进行解密。公开密钥加密算法的核心是运用一种特殊的数学函数——单向陷门函数，即从一个方向求值是容易的，但其逆向计算却很困难，从而在实际上成为不可行的。公开密钥加密技术不仅保证了安全性而且易于管理。其不足是加密和解密的时间长。

公开密钥算法有很多，一些算法如著名的背包算法和 McEliece 算法都被破译。目前公认比较安全的公开密钥算法主要就是 RSA 算法及其变种 Rabin 算法、离散对数算法等。

RSA 是 Rivet、Shamir 和 Adleman 于 1978 年在美国麻省理工学院研制出来的。它是一种比较典型的公开密钥加密算法，其安全性建立在“大数分解和素性检测”这一已知的著名数论难题的基础上，即将两个大素数相乘在计算上很容易实现，但将该乘积分解为两个大素数因子的计算量是相当巨大的，以至于在实际计算中是不能实现的。RSA 被应用于保护电子邮件安全的 Privacy Enhanced Mail（PEM）和 Pretty Good Privacy（PGP）。

我国学者陶仁骥、陈世华提出一种基于有限自动机的公开密钥加密方法:FAPKC0，FAPKC1，FAPKC2，FAPKC3。这是国际上的第一个时序公开密钥算法，其安全性是建立在非线性有限自动机求逆的困难上的。因为从数学上，线性有限自动机已有完美的可逆性理论，但迄今为止未解决非线性有限自动机可逆性理论，它可用于保密通信、数字签名，易于实现，密钥量适中，加解密速度快，已受到国际上的关注。此种密码体制的深入研究方向有以下两方面。

第一，用大规模集成电路技术实现有限自动机公开密钥密码体制；

第二，对有限自动机公开密钥密码体制的安全做类似于针对 RSA 或流密码那样的充分分析。

公开密钥加密技术在密钥管理上的优势使它越来越受到人们的重视，应用也日益广泛。

② 加密技术的发展趋势。

- 私有密钥加密技术与公开密钥加密技术相结合。鉴于两种密码体制加密的特点，在实际应用中可以采用折中方案，即结合使用 DES/IDEA 和 RSA，以 DES 为“内核”，RSA 为“外壳”，对于网络中传输的数据可用 DES 或 IDEA 加密，而加密用的密钥则用 RSA 加密传送。此种方法既保证了数据安全又提高了加密和解密的速度，这也是目前加密技术发展的新方向之一。
- 寻求新算法。跳出以常见的迭代为基础的构造思路，脱离基于某些数学问题复杂性的构造方法。如刘尊全先生提出的刘氏算法，是一种基于密钥的公开密钥体制，它采用了随机性原理构造加解密变换，并将其全部运算控制隐匿于密钥中，密钥长度可变。它是采用选取一定长度的分割来构造大的搜索空间，从而实现一次非线性变换。此种加密算法加密强度高，速度快，计算开销低。

• 加密最终将被集成到系统和网络中。例如 IPv6 协议就已有了内置加密的支持，在硬件方面，Intel 公司正研制一种加密协处理器。它可以集成到微机的主机上。

③ 密钥管理。

对于私有密钥加密和公开密钥加密系统来讲，并不强调对加密/解密算法的保密。计算机网络加密的安全性主要是依赖于算法本身的安全性和对密钥的保护。密钥主要有会话密钥（Session Key）、基本密钥（Basic Key）和主密钥（Master Key）三种。会话密钥是通信双方在会话中使用的密钥，此种密钥只在一次会话中有效，会话结束时密钥就失效；在网络中用来传送会话密钥的密钥，就是基本密钥；而对基本密钥进行加密的密钥则称为主密钥。网络中一般是采用这种三级密钥方案来进行保密通信的。

从技术上看，密钥管理包括密钥的产生、存储、分配、使用和销毁等一系列技术问题，密钥分配是其中最重要的问题。从根本上讲，主要存在两种网络密钥管理方法，即 KDC（Key Distribution Center）和 Diffie-Hellman 方法。KDC 使用可信第三方来验证通信双方的真实性，产生会话密钥，并通过数字签名等手段分配给自己密钥。Diffie-Hellman 方法则不需 KDC，通信发起方产生通信会话的私用密钥，并通过数字签名或零知识证明等方式安全传递通信密钥。IETF 现在正在开发一种基于 Diffie-Hellman 技术的密钥交换协议 Okaley，从而具有更好的安全性和独立性。目前多密钥分配是有待深入研究的领域。

随着网络的应用与发展，网络安全问题日益突出。数据加密是确保计算机网络安全的一种重要的机制，虽然由于成本、技术和管理上的复杂性，目前尚未在网络中普及，但数据加密作为实现网络环境下数据安全的重要手段之一，必将得到广泛应用。设计优秀的现代加密技术还融入了防篡改和防否认等数字签名技术，故其不但适用于企业，而且也适用于其他用户。

2. 数字签名技术

数字签名（Digital Signature，又称公钥数字签名、电子签章）是一种类似于写在纸上的普通的物理签名，但是使用了公钥加密领域的技术实现，用于鉴别数字信息的方法。一套数字签名通常定义两种互补的运算，一个用于签名，另一个用于验证。图 5-7 所示即为数字签名的实际流程。

（1）数字签名的定义

简单地说，所谓数字签名就是附加在数据单元上的一些数据，或是对数据单元所作的密码变换。这种数据或变换允许数据单元的接收者用以确认数据单元的来源和数据单元的完整性并保护数据，防止被人（例如接收者）进行伪造。它是对电子形式的消息进行签名的一种方法，一个签名消息能在一个通信网络中传输。

数字签名（Digital Signature）技术是不对称加密算法的典型应用。数字签名的应用过程是，数据源发送方使用自己的私钥对数据校验，或对其他与数据内容有关的变量进行加密处理，完成对数据的合法“签名”，数据接收方则利用对方的公钥来解读收到的“数字签名”，并将解读结果用于对数据完整性的检验，以确认签名的合法性。数字签名技术是在网络系统虚拟环境中确认身份的重要技术，完全可以代替现实过程中的“亲笔签字”，在技术和法律上有保证。在数字签名应用中，发送者的公钥可以很方便地得到，但他的私钥则需要严格保密。

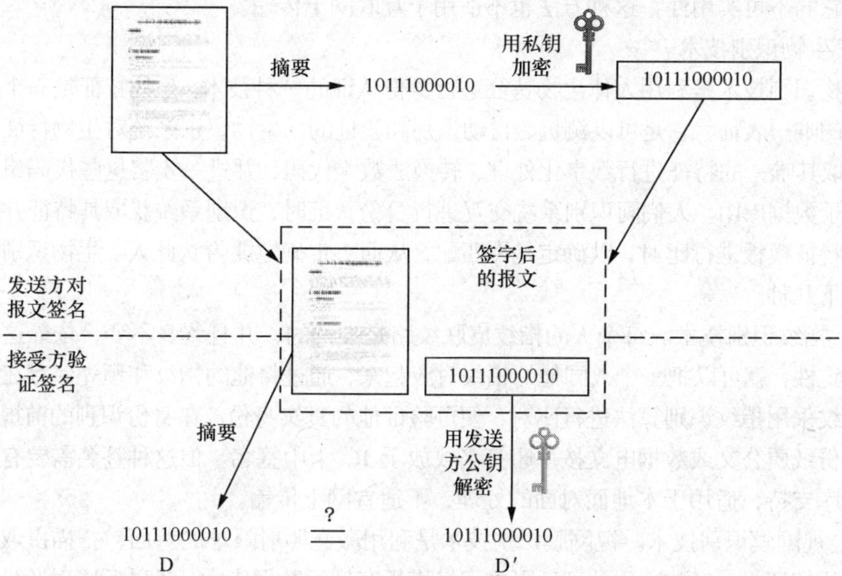

图 5-7　数字签名的流程

（2）数字签名技术的主要功能

数字签名技术的主要功能有，保证信息传输的完整性、发送者的身份认证、防止交易中的抵赖发生。

数字签名技术是将摘要信息用发送者的私钥加密，与原文一起传送给接收者。接收者只有用发送的公钥才能解密被加密的摘要信息，然后用 HASH 函数对收到的原文产生一个摘要信息，与解密的摘要信息对比。如果相同，则说明收到的信息是完整的，在传输过程中没有被修改，否则说明信息被修改过，因此数字签名能够验证信息的完整性。

数字签名是个加密的过程，数字签名验证是个解密的过程。

（3）数字签名的实现方法

目前，实现电子签名的方法有好多种技术手段，前提是在确认了签署者的确切身份即经过认证之后，电子签名承认人们可以用多种不同的方法签署一份电子记录。这些方法有：基于公钥基础设施（Public key Infrastructure，PKI）的公钥密码技术的数字签名；或用一个独一无二的以生物特征统计学为基础的识别标识，例如手书签名和图章的电子图像的模式识别；手印、声音印记或视网膜扫描的识别；一个让收件人能识别发件人身份的密码代号、密码或个人识别码（Personal Identification Number，PIN）；基于量子力学的计算机等。但比较成熟的，使用方便具有可操作性的，在世界先进国家和我国普遍使用的电子签名技术还是基于 PKI 的数字签名技术。

① 手写签名或图章的模式识别。

该技术即将手写签名或印章作为图像，用光扫描经光电转换后在数据库中加以存储，当验证此人的手写签名或盖印时，也用光扫描输入，并将原数据库中的对应图像调出，用模式识别的数学计算方法，进行二者比对，以确认该签名或印章的真伪。这种方法曾经在银行会计柜台使用过，但由于需要大容量的数据库存储和每次手写签名和盖印的差异性，证明了它的不可实用性，这种方法也不适用于互联网上传输。

② 生物识别技术。

生物识别技术是利用人体生物特征进行身份认证的一种技术。生物特征是一个人与他人不同的唯一表征，它是可以测量、自动识别和验证的。生物识别系统对生物特征进行取样，提取其唯一的特征进行数字化处理，转换成数字代码，并进一步将这些代码组成特征模板存于数据库中。人们同识别系统交互进行身份认证时，识别系统获取其特征并与数据库中的特征模板进行比对，以确定是否匹配，从而决定确定或否认此人。生物识别技术主要有以下几种。

- 指纹识别技术。每个人的指纹皮肤纹路是唯一的，并且终身不变，依靠这种唯一性和稳定性，就可以把一个人同他的指纹对应起来，通过将他的指纹和预先保存在数据库中的指纹采用指纹识别算法进行比对，便可验证他的真实身份。在身份识别的前提下，可以将一份纸质公文或数据电文按手印签名或放于 IC 卡中签名。但这种签名需要有大容量的数据库支持，适用于本地面对面的处理，不适宜网上传输。

- 视网膜识别技术。视网膜识别技术是利用激光照射眼球的背面，扫描摄取几百个视网膜的特征点，经数字化处理后形成记忆模板存储于数据库中，供以后比对验证。视网膜是一种极其稳定的生物特征，作为身份认证是精确度较高的识别技术，但使用困难，不适用于直接数字签名和网络传输。

- 声音识别技术。声音识别技术是一种行为识别技术，用声音录入设备反复不断地测量、记录声音的波形和变化，并进行频谱分析，经数字化处理之后做成声音模板加以存储。使用时将现场采集到的声音同登记过的声音模板进行精确的匹配，以识别该人的身份。这种技术精确度较差，使用困难，不适用于直接数字签名和网络传输。

3. 安全认证技术

电子商务安全认证是以电子认证证书（又称数字证书）为核心的加密技术。它以 PKI 技术为基础，对网络上传输的信息进行加密和解密、数字签名和签名验证。电子商务安全认证是在电子政务、电子商务中的核心环节，可以确保网上传递信息的保密性、完整性和不可否认性，保证网络应用的安全性。

电子认证证书，是电子商务安全认证的核心，用来标识和证明网络通信双方真实身份，它由权威的、可信赖的第三方电子认证服务机构发行和管理。通俗地讲，电子认证证书就是个人或单位在网络上的身份证。

目前电子认证证书有个人证书、单位证书、服务器证书、代码签名证书、无线应用证书等多类。

（1）安全认证机构

电子商务认证授权机构（Certificate Authority，CA），也称为电子商务认证中心，是负责发放和管理数字证书的权威机构，并作为电子商务交易中受信任的第三方，承担公钥体系中公钥的合法性检验的责任。

CA 中心为每个使用公开密钥的用户发放一个数字证书，数字证书的作用是证明证书中列出的用户合法拥有证书中列出的公开密钥。CA 机构的数字签名使得攻击者不能伪造和篡改证书。在 SET 交易中，CA 不仅对持卡人、商户发放证书，还要对获款的银行、网关发放证书。

CA 是证书的签发机构，它是 PKI 的核心。CA 是负责签发证书、认证证书、管理已颁发证书的机关。它要制定政策和具体步骤来验证、识别用户身份，并对用户证书进行签名，以确保证书持有者的身份和公钥的拥有权。

为保证用户之间在网上传递信息的安全性、真实性、可靠性、完整性和不可抵赖性，不仅需要对用户的身份真实性进行验证，也需要有一个具有权威性、公正性、唯一性的机构，负责向电子商务的各个主体颁发并管理符合国内、国际安全电子交易协议标准的电子商务安全证，并负责管理所有参与网上交易的个体所需的数字证书，因此是安全电子交易的核心环节。

（2）数字证书

数字证书就是互联网通信中标志通信各方身份信息的一系列数据，提供了一种在 Internet 上验证您身份的方式，其作用类似于司机的驾驶执照或日常生活中的身份证。它是由一个由权威机构——CA 机构，又称为证书授权中心发行的，人们可以在网上用它来识别对方的身份。数字证书是一个经证书授权中心数字签名的包含公开密钥拥有者信息以及公开密钥的文件。最简单的证书包含一个公开密钥、名称以及证书授权中心的数字签名。

① 数字证书基本介绍。

数字证书是一种权威性的电子文档，由权威公正的第三方机构，即 CA 中心签发。

以数字证书为核心的加密技术可以对网络上传输的信息进行加密和解密、数字签名和签名验证，确保网上传递信息的机密性、完整性。使用了数字证书，即使您发送的信息在网上被他人截获，甚至您丢失了个人的账户、密码等信息，仍可以保证您的账户、资金安全。

它是能提供在 Internet 上进行身份验证的一种权威性电子文档，人们可以在互联网交往中用它来证明自己的身份和识别对方的身份。当然在数字证书认证的过程中证书认证中心（CA）作为权威的、公正的、可信赖的第三方，其作用是至关重要的。数字认证中心公正第三方的地位是权威可信的，国家工业和信息化部以资质合规的方式，陆续向天威诚信数字认证中心等 30 家相关机构颁发了从业资质。

Internet 电子商务系统技术使在网上购物的顾客能够极其方便轻松地获得商家和企业的信息，但同时也增加了某些敏感或有价值的数据被滥用的风险。为了保证互联网上电子交易及支付的安全性、保密性等，防范交易及支付过程中的欺诈行为，必须在网上建立一种信任机制。这就要求参加电子商务的买方和卖方都必须拥有合法的身份，并且在网上能够有效无误地被进行验证。数字证书的工作过程如图 5-8 所示。

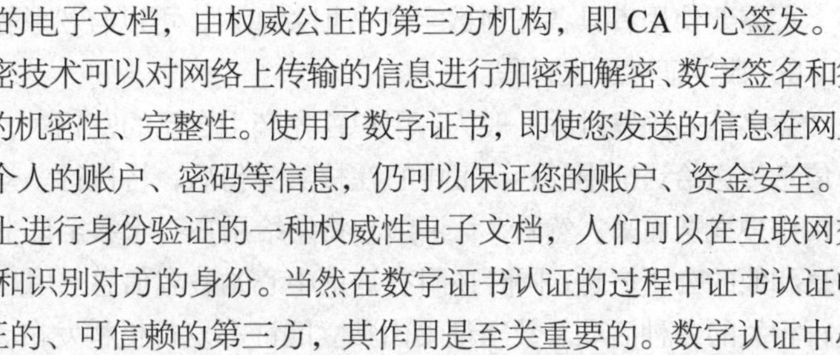

图 5-8　数字证书工作情况

② 数字证书的特点。

- 安全性。

为了避免传统数字证书方案中，由于使用不当造成的证书丢失等安全隐患，支付宝创造性地推出双证书解决方案，即支付宝会员在申请数字证书时，将同时获得两张证书，一张用于验证支付宝账户，另一张用于验证会员当前所使用的计算机。

第二张证书不能备份，会员必须为每一台计算机重新申请一张。这样即使会员的数字证书被他人非法窃取，仍可保证其账户不会受到损失。

支付盾是一个类似于 U 盘的实体安全工具，它内置的微型智能卡处理器能阻挡各种的风险，让您的账户始终处于安全的环境下。目前，为保证电子邮件安全性所使用的方式是数字证书。

- 唯一性。

支付宝数字证书根据用户身份给予相应的网络资源访问权限。

申请使用数字证书后，如果在其他电脑登录支付宝账户，没有导入数字证书备份的情况下，只能查询账户，不能进行任何操作，这样就相当于您拥有了类似“钥匙”一样的数字凭证，增强账户使用安全。

- 方便性。

数字证书即时申请，即时开通，即时使用；

量身定制多种途径维护数字证书，例如通过短信，安全问题等；

不需要使用者具备任何数字证书相关知识，可以轻松掌握。

③ 数字证书颁发过程。

数字证书颁发过程一般为：用户首先产生自己的密钥对，并将公共密钥及部分个人身份信息传送给认证中心；认证中心在核实身份后，将执行一些必要的步骤，以确信请求确实由用户发送而来；然后，认证中心将发给用户一个数字证书，该证书内包含用户的个人信息和他的公钥信息，同时还附有认证中心的签名信息。用户就可以使用自己的数字证书进行相关的各种活动。数字证书由独立的证书发行机构发布。数字证书颁发过程如图 5-9 所示。数字证书各不相同，每种证书可提供不同级别的可信度。可以从证书发行机构获得您自己的数字证书。

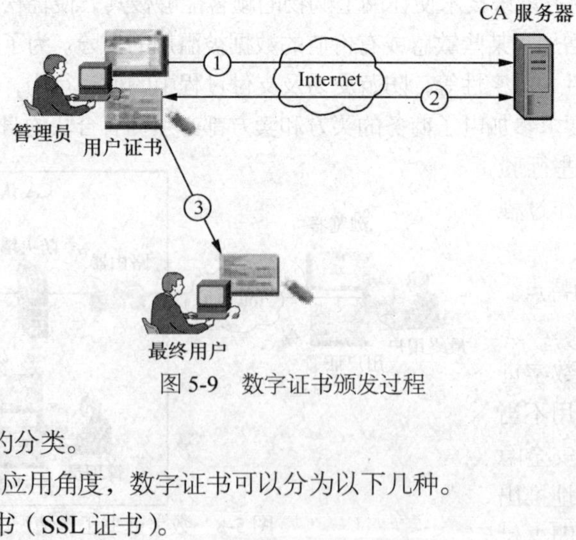

图 5-9　数字证书颁发过程

④ 数字证书的分类。

从数字证书的应用角度，数字证书可以分为以下几种。

- 服务器证书（SSL 证书）。

服务器证书被安装于服务器设备上，用来证明服务器的身份和进行通信加密。服务器证书可以用来鉴别欺诈钓鱼站点。

在服务器上安装服务器证书后，客户端浏览器可以与服务器证书建立 SSL 连接，在 SSL 连接上传输的任何数据都会被加密。同时，浏览器会自动验证服务器证书是否有效，验证所访问的站点是否是假冒站点，服务器证书保护的站点多被用来进行密码登录、订单处理、网上银行交易等。全球知名的服务器证书品牌有 VeriSign、Thawte、GeoTrust 等。

SSL 证书主要用于服务器（应用）的数据传输链路加密和身份认证，绑定网站域名，不同的产品对于不同价值的数据要求不同的身份认证。

最新的高端 SSL 证书产品是扩展验证（EV）SSL 证书。在 IE7.0、FireFox3.0、Opera 9.5 等新一代高安全浏览器下，使用扩展验证 VeriSign（EV）SSL 证书的网站的浏览器地址栏会自动呈现绿色，从而清晰地告诉用户正在访问的网站是经过严格认证的。

- 电子邮件证书。

电子邮件证书可以用来证明电子邮件发件人的真实性。它并不证明数字证书上面 CN 一项所标识的证书所有者姓名的真实性，它只证明邮件地址的真实性。

收到具有有效电子签名的电子邮件，我们除了能相信邮件确实由指定邮箱发出外，还可以确信该邮件从被发出后没有被篡改过。

另外，使用接收的邮件证书，我们还可以向接收方发送加密邮件。该加密邮件可以在非安全网络传输，只有接收方的持有者才可能打开该邮件。

- 客户端个人证书。

客户端证书主要被用来进行身份验证和电子签名。

安全的客户端证书被存储于专用的 USBkey 中。存储于 key 中的证书不能被导出或复制，且 key 使用时需要输入 key 的保护密码。使用该证书需要物理上获得其存储介质 USBkey，且需要知道 key 的保护密码，这也被称为双因子认证。这种认证手段是目前在 Internet 最安全的身份认证手段之一。key 的种类有多种，指纹识别、第三键确认、语音报读，以及带显示屏的专用 USBkey 和普通 USBkey 等。

目前的数字证书在广义上可分为，个人数字证书、单位数字证书、单位员工数字证书、服务器证书、VPN（虚拟专用网络）证书、WAP（无线应用协议）证书、代码签名证书和表单签名证书。

4. 安全交易协议

（1）SSL 协议

① SSL 协议概述。

SSL 的英文全称是“Secure Sockets Layer”，中文名为“安全套接层协议层”，它是网景（Netscape）公司提出的基于 WEB 应用的安全协议。SSL 协议指定了一种在应用程序协议（如 HTTP、Telenet、NMTP 和 FTP 等）和 TCP/IP 协议之间提供数据安全性分层的机制，它为 TCP/IP 连接提供数据加密、服务器认证、消息完整性以及可选的客户机认证。

SSL 协议位于 TCP/IP 协议与各种应用层协议之间，如图 5-10 所示，为数据通信提供安全支持。SSL 协议可分为两层。SSL 记录协议（SSL Record Protocol）：它建立在可靠的传输协议（如 TCP）之上，为高层协议提供数据封装、压缩、加密等基本功能的支持。SSL

握手协议（SSL Handshake Protocol）：它建立在 SSL 记录协议之上，用于在实际的数据传输开始前，通信双方进行身份认证、协商加密算法、交换加密密钥等。

HTTP FTPS
SSL 握手协议
SSL 记录协议
TCP
IP

图 5-10　SSL 协议在 TCP/IP 中的位置

② SSL 协议工作过程。

服务器认证阶段：客户端向服务器发送一个开始信息“Hello”以便开始一个新的会话连接→服务器根据客户的信息确定是否需要生成新的主密钥，如需要则服务器在响应客户的“Hello”信息时将包含生成主密钥所需的信息→客户根据收到的服务器响应信息，产生一个主密钥，并用服务器的公开密钥加密后传给服务器→服务器恢复该主密钥，并返回给客户一个用主密钥认证的信息，以此让客户认证服务器。

用户认证阶段：在此之前，服务器已经通过了客户认证，这一阶段主要完成对客户的认证。经认证的服务器发送一个提问给客户，客户则返回（数字）签名后的提问和其公开密钥，从而向服务器提供认证。

从 SSL 协议所提供的服务及其工作流程可以看出，SSL 协议运行的基础是商家对消费者信息保密的承诺，这就有利于商家而不利于消费者。在电子商务初级阶段，由于运作电子商务的企业大多是信誉较高的大公司，因此这问题还没有充分暴露出来。但随着电子商务的发展，各中小型公司也参与进来，这样在电子支付过程中的单一认证问题就越来越突出。虽然在 SSL3.0 中通过数字签名和数字证书可实现浏览器和 Web 服务器双方的身份验证，但是 SSL 协议仍存在一些问题。比如，只能提供交易中客户与服务器间的双方认证，在涉及多方的电子交易中，SSL 协议并不能协调各方间的安全传输和信任关系。在这种情况下，Visa 和 MasterCard 两大信用卡组织制定了 SET 协议，为网上信用卡支付提供了全球性的标准。

（2）SET 协议

① SET 协议概述。

SET（Secure Electronic Transaction）协议，被称为安全电子交易协议，是由 Master Card 和 Visa 联合 Netscape，Microsoft 等公司，于 1997 年 6 月 1 日推出的一种新的电子支付模型。SET 协议是 B2C 上基于信用卡支付模式而设计的，它保证了开放网络上使用信用卡进行在线购物的安全。SET 主要是为了解决用户、商家、银行之间通过信用卡的交易而设计的。

由于 SET 提供了消费者、商家和银行之间的认证，确保了交易数据的安全性、完整可靠性和交易的不可否认性，特别是保证不将消费者银行卡号暴露给商家等优点，因此它成为目前公认的信用卡/借记卡的网上交易的国际安全标准。

SET 安全电子交易协议是由美国 Visa 和 MasterCard 两大信用卡组织提出的应用于 Internet 上的以信用卡为基础的电子支付系统协议。它采用公钥密码体制和 X.509 数字证书标准，主要应用于 B2C 模式中保障支付信息的安全性。SET 协议本身比较复杂，设计比较严格，安全性高，它能保证信息传输的机密性、真实性、完整性和不可否认性。SET 协议是 PKI 框架下的一个典型实现，同时也在不断升级和完善，如 SET 2.0 将支持借记卡电子交易。

② SET 协议主要目标。

- 防止数据被非法用户窃取，保证信息在互联网上安全传输。

- SET 中使用了一种双签名技术，保证电子商务参与者信息的相互隔离。客户的资料加密后通过商家到达银行，但是商家不能看到客户的账户和密码信息。
- 解决多方认证问题。不仅对客户的信用卡认证，而且要对在线商家认证，实现客户、商家和银行间的相互认证。
- 保证网上交易的实时性，使所有的支付过程都是在线的。
- 提供一个开放式的标准，规范协议和消息格式，促使不同厂家开发的软件具有兼容性和互操作功能。可在不同的软硬件平台上执行并被全球广泛接受。

③ SET 协议的交易流程。

SET 交易过程中要对商家、客户、支付网关等交易各方进行身份认证，因此它的交易过程相对复杂，如图 5-11 所示。

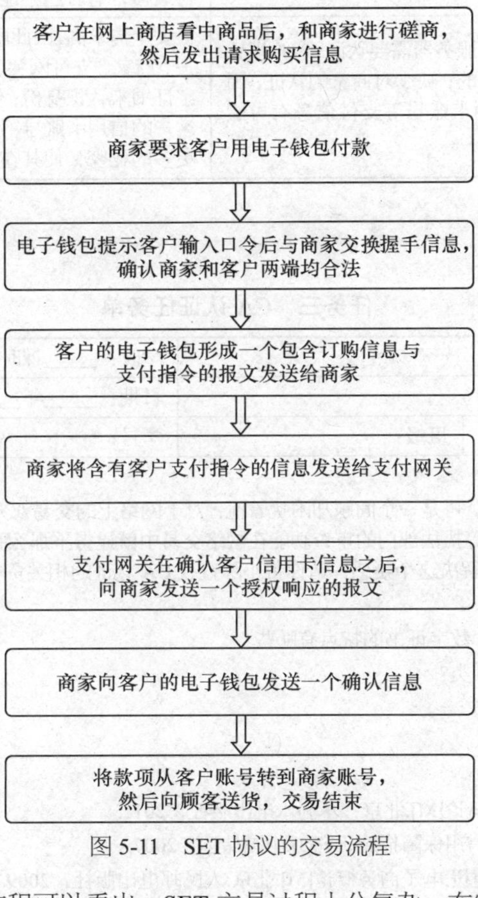

图 5-11　SET 协议的交易流程

从图 5-11 的交易流程可以看出，SET 交易过程十分复杂，在完成一次 SET 协议交易过程中，需验证电子证书 9 次，验证数字签名 6 次，传递证书 7 次，进行签名 5 次，4 次对称加密和非对称加密。通常完成一个 SET 协议交易过程大约要花费 1.5～2 分钟甚至更长时间。由于各地网络设施良莠不齐，因此，完成一个 SET 协议的交易过程可能需要耗费更长的时间。

（3）SET 协议与 SSL 协议比较。

SET 协议与 SSL 协议的比较如表 5-1 所示。

表 5-1　SET 协议与 SSL 协议特性对比

对比项	SSL 协议	SET 协议
参与方	客户、商家和网上银行	客户、商家、支付网关、认证中心和网上银行
软件费用	已被大部分 Web 浏览器和 Web 服务器所内置，因此可直接投入使用，无需额外的附加软件费用	必须在银行网络、商家服务器、客户机上安装相应的软件，而不是像 SSL 协议可直接使用，因此增加了许多附加软件的费用
便捷性	SSL 协议在使用过程中无需在客户端安装电子钱包，因此操作简单；每天交易有限额规定，因此不利于购买大宗商品；支付迅速，几秒钟便可完成支付	SET 协议在使用中必须使用电子钱包进行付款，因此在使用前，必须先下载电子钱包软件，因此操作复杂，耗费时间；每天交易无限额，利于购买大宗商品；由于存在着验证过程，因此支付缓慢，有时还不能完成交易
安全性	只有商家的服务器需要认证，客户端认证则是有选择的；缺少对商家的认证，因此客户的信用卡账号等支付信息有可能被商家泄露	安全需求高，因此所有参与交易的成员——客户、商家、支付网关、网上银行都必须先申请数字证书来认识身份；保证了商家的合法性，并且客户的信用卡账号不会被窃取，替消费者保守了更多的秘密，使其在购物和支付时更加放心

任务实施

任务三　CA 认证任务单

<table>
<tr><td colspan="2">任务编号：EB5-3</td><td colspan="2">学时：_____课时</td></tr>
<tr><td colspan="2">实训地点：</td><td colspan="2">日期：_____年_____月_____日</td></tr>
<tr><td>姓名：</td><td>班级：</td><td>学号：</td><td>成绩：</td></tr>
<tr><td colspan="4">一、任务描述
小陈想在网上做生意，可是一个问题却困扰着他：对于网络上的交易双方，身份是如何认证的呢？现实中的公安局、工商局等执法部门的审查功能在网络交易中就显得不那么强大了，因此，网上认证就成了一个困惑问题。为了解决这个疑惑，请你帮小陈查找 CA 认证的相关资料。
1. 什么是 CA 认证？
2. 什么是数字证书？数字证书的特点有哪些？
3. 数字证书有哪些分类？
4. 如何申请数字证书</td></tr>
<tr><td colspan="4">二、相关资源
1. 章炳林.电子商务概论[M].北京：水利水电出版社，2011.
2. 张京卫.电子商务信用保障措施研究[J].中国储运，2007.
3. 李琪，张秦，严建援.电子商务概论[M].北京:人民邮电出版社，2009.
4. 刘文武，解新华.浅谈中国电子商务税收管理体制探索[J].改革与战略，2010.
5. 中国电子商务研究中心：　b2b.toocle.com.
6. 李安渝.我国电子商务发展中的诚信问题[J].中国信息界，2009.</td></tr>
<tr><td colspan="4">三、任务分配
在课程教师的带领下，学生独立完成本任务并按照任务单的要求，完成任务报告的撰写</td></tr>
</table>

续表

四、任务实施

1. 查找目前有资质的数字证书颁发机构并填入下表（至少三个）

序号	证书颁发机构	网址
1		
2		
3		

（注：表格可根据需要增减行数。）

2. 个人 CA 证书的申请及下载。专业的数字证书中心，它的个人 CA 证书的申请大都是收费的，为了方便大家学习，我们这里给大家提供一种免费试用的数字证书：CA365 数字认证网（http://www.ca365.com/），通过此网站，进行数字证书的下载、安装，将操作结果以截图的方式进行保存并上传给任课教师。

3. CA 认证管理。对已经申请的个人 CA 证书进行管理，包括证书导入、导出、删除、证书查询、证书更新等操作，将操作结果以截图的方式进行保存并上传给任课教师

（注：各任课教师也可根据拥有的实训软件进行模拟练习）

五、相关知识

1. 个人数字证书的申请方式；
2. 利用个人数字证书进行邮件的签名；
3. 对个人数字证书进行管理的方法

六、任务执行评价

评定形式	自我评定（30%）	教师评定（70%）	任务总计（100%）
得　　分（100）			

日期：　　年　　月　　日

七、任务拓展

选择淘宝或者拍拍网，申请数字认证

看图识字

1. 看图

图 5-12 所示为电子商务安全体系结构模型图。

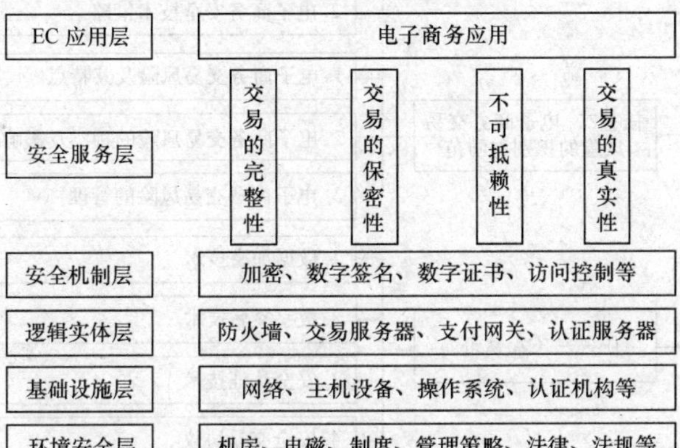

图 5-12　电子商务安全体系结构模型图

2. 识字

根据各层次所需的安全技术，电子商务系统安全体系结构模型由六个要素构成，即电子商务应用系统、电子商务安全服务、电子商务安全机制、电子商务逻辑实体、电子商务安全基础设施和电子商务安全环境。

（1）环境安全层：包括机房环境安全、电磁环境安全、社会环境安全、行政管理安全等。

（2）基础设施层：电子商务应用平台的网络基础设施安全，CA 认证中心等物理实体安全。

（3）逻辑实体层：电子商务交易系统中交易服务器、支付网关、认证服务器、防火墙等逻辑实体的安全。

（4）安全机制层：包括认证系统、访问控制、防止攻击、数据加密、安全协议、安全审计、安全管理等安全机制。

（5）安全服务层：包括认证、访问控制、可用性、保密性、审计性与责任、完整性、不可否认性等安全服务。

（6）电子商务应用层：包括 B2B，B2C，C2C 等商务模式的电子商务应用软件平台、支付系统（如电子货币、信用卡、智能卡）的安全等。

该模型揭示了电子商务安全的系统各要素之间的辩证关系。其意义为：六个层次之间相互联系，相互依赖，下一层为上一层提供支持；表明了电子商务安全实施过程中管理和技术综合集成的重要性；明确电子商务应用系统的安全需求，从而选择和配置好这几个要素之间的关系是实施电子商务应用系统安全的一个重要原则。

在电子商务的安全体系结构模型中，还包括以下几个重要的内容：支持电子商务安全交易的有关标准和协议，电子商务安全的基础设施，具体电子商务应用系统的安全机制与模式等。

知识框架

图 5-13 所示为项目五知识框架。

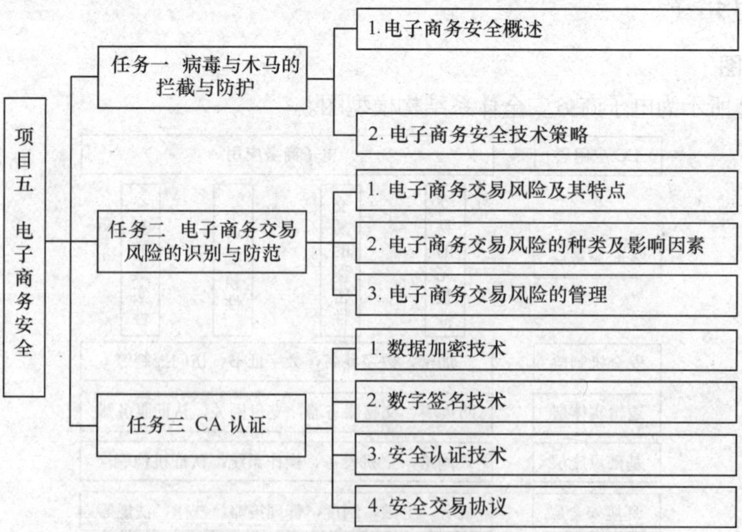

图 5-13 项目五知识框架

技能拓展

登录上海市数字认证中心或者山东省数字认证中心，了解它们提供的主要服务内容有哪些。

复习思考题

1. 电子商务存在哪些安全问题?
2. 什么是计算机病毒？计算机病毒的特点有哪些?
3. 防火墙的种类有哪些?
4. 简述电子商务交易风险的影响因素。
5. 电子商务中使用的安全技术有哪些?
6. 比较 SET 与 SSL 协议的优缺点。

项目六

网络营销实践

学习目标

【知识目标】

- 理解网络营销的内涵、功能。
- 掌握网络营销的常用手段、方法及实施效果评价思路。

【能力目标】

- 能够结合实际工作整合营销资源，实施网络整合营销。
- 熟练操作各种网络推广工具，并对实施效果进行评价。

典型案例

正大携手韩国明星实施网络整合营销

2011 年 7 月 9 日，张根硕在上海举办了个人演唱会“The cri show”，以座无虚席的 5 000 多人的现场和持续整晚的尖叫结束了亚洲巡演的收官之战。7 月 29 日和 8 月 5 日，“我爱记歌词”张根硕专场节目在浙江卫视火热播出，再度引发韩流旋风。至此，新韩流代表张根硕的 7 月中国行华丽落幕。

在品牌与时尚之间，在商业和大众之间，在传统与创新之间，正大品牌对新时尚生活的理解和运用，开辟了一条独特创新的整合网络营销之路。

网络营销初体验

2011 年，正大品牌将品牌形象进行全新调整，将目标消费者定位为大学生、职场新人等更年轻时尚的一族。这批人追求新鲜事物，个性张扬，有自己的主张。网络占据着这批人大部分的生活时间，无论是工作，还是日常生活。他们以网络为中心，接受新观点，分享个人生活和思想。

如何找到一种语言和途径与这些年轻人对话，并避免变得过分商业，在 2011 品牌年计划中，正大选择了互联网——这种更为年轻、富有生命力的媒介来进行品牌宣传，并热烈地拥抱了社交媒体，使其变成与目标消费者进行密切对话的渠道。可以看到正大品牌在腾讯设立了官方微博，尤其是在上半年度品牌主打活动“正大×张根硕有请”演唱会期间，微博平台作为传播互动核心发挥了重要的作用。同时你也可以在优酷、百度等网络的各个角落见到正大发布活动的身影。

线上与线下的交互式体验

无论是何种沟通方式，品牌传播的最终目的只有一个，就是形成销售力。而品牌网络营销所深究的一个问题就是如何将线上影响力转化为线下购买力。

正大品牌选择以活动作为线上和线下的中介。借张根硕上海演唱会的契机，微博平台不仅担任了活动宣传工作，而且巧妙地借助演唱会活动的影响力，将实体店抢购门票的活动与微博转发抢门票的活动进行结合，形成深度传播，将消费者吸引到线下实现购买。购物上传小票活动使网络既成为购买信息的入口，同时又是活动的出口。

而 LBS（定位服务）平台签到活动将店铺签到与抽奖结合，用户签到之后又能将信息再次发布到用户绑定的 SNS 社交网站，品牌信息植入到了活动的每一个环节，实现目标人群聚集互动沟通，对正大品牌进行精准传播。线上线下的完美融合，无形中又促进销售，加深了消费者与品牌的联系。

内容为王

网络为正大品牌提供了全新的传播平台，但是也提出了新的挑战。随着社会化媒体的深度使用，越来越多的粉丝听众使微博平台变成品牌的自媒体。而为听众准备足够多的内容是品牌必须考虑的问题。

在正大微博的页面上，除了推送活动照片，发布新品信息，还有张根硕品牌广告片的视频等，广告片的拍摄体现了品牌年轻、时尚和多变的特点。其中，张根硕 7 月中国行的信息为活动带来极高的人气。

简单的发布图片信息或是品牌内容，无法为微博带来深入的参与度，顶多是叹号或转发，但是有奖互动活动则能实现深度参与。无论是活动开始前的抢票活动还是活动结束后的感言评选活动，都激发了大部分粉丝积极主动地参与活动的热情。抢票活动更是带来了接近 1 500 条的回复和转发，这种高参与度绝对是任何一个初涉网络营销的品牌都想得到的效果。

正大品牌此次传播行为在行业内是一种全新的传播模式，值得其他品牌借鉴。利用好自身的品牌明星资源，当明星和网络融合，明星活动的效力则会加倍放大，网络也不再是一个博客，一条微博，或者是一个互动游戏那样简单。正大品牌掀起的这股网络“星”风暴必将扩大化，成为品牌网络整合营销的新方向。

思考

1. 结合案例思考，网络营销能否完全取代传统营销?
2. 结合自己的认识，谈谈网络营销与传统营销有哪些区别。

任务一 网络整合营销

任务导入

未来 30 年谁能营销网络，谁就能营销市场。如果企业现在还没有开始做网路营销，那可能真的会像网络上说的那样:“您将错过的不是一个机会，而是错过一个时代”。

作为公司里面负责网络营销工作的人员，必须要具备整合资源的能力，能够熟练操作各种网络营销工具，实施整合营销。那么，网络营销是什么?而网络整合营销又是什么?本任务中，我们就来学习网络营销的相关概念，以及整合网络营销的方法与手段。

背景知识

20 世纪 90 年代初，Internet 的飞速发展在全球范围内掀起了互联网应用热潮，世界各大公司纷纷利用互联网提供信息服务和拓展公司的业务范围，并且按照互联网的特点积极改组企业内部结构和探索新的管理营销方法，网络营销应运而生。

1. 网络营销基本概念

迄今为止，学术界对网络营销还没有一个统一的定义。与许多新型学科一样，由于研究人员对网络营销的研究角度不同，对网络营销的理解和认识也有较大差异，因此当看到不同书籍中对网络营销的概念有不同的描述时也不足为怪。根据作者个人的理解，凡是以互联网为手段开展的营销活动，都可称之为网络营销（有时也称为网上营销、互联网营销等，我国港台地区则多称为网路行销）。在国外使用的词有 Cyber Marketing、Internet Marketing、e-Marketing、Network Marketing、Online Marketing，等等。这些不同的概念没有本质的区别，只是从不同的角度反映网络营销的特点，而网络营销的概念和内涵还在不断发展之中。其中，Cyber Marketing 主要是指在计算机上构成的虚拟空间进行营销；Internet Marketing 是指在国际互联网上开展营销活动；Network Marketing 是指包括国际互联网在内的可在计算机网络上开展的营销活动，这些网络可以是专用网或增值网；而 e-Marketing 是目前比较习惯和采用的表述方法，e-表示电子化、信息化、网络化含义，既简洁又直观明了，而且与电子商务(e-Business)、电子虚拟市场(e-Market)等进行对应。所以 e-Marketing 是指在电子化、信息化、网络化环境下开展的营销活动。

网络营销根据其实现的方式有广义和狭义之分。广义的网络营销指企业利用一切计算机网络（包括企业内部网、行业系统专线网、EDI 及国际互联网）进行的营销活动，而狭义的网络营销专指国际互联网络营销。

综合起来，可以将网络营销更全面地定义为，企业以现代营销理论为基础，利用互联网、通信技术和功能，最大程度地满足客户需求以达到开拓市场、增加赢利目标的经营过程。网络营销是企业整体营销战略的一个组成部分。作为企业经营管理手段，网络营销是企业电子商务活动中最基本和最重要的网上商业活动。网络营销原理如图 6-1 所示。

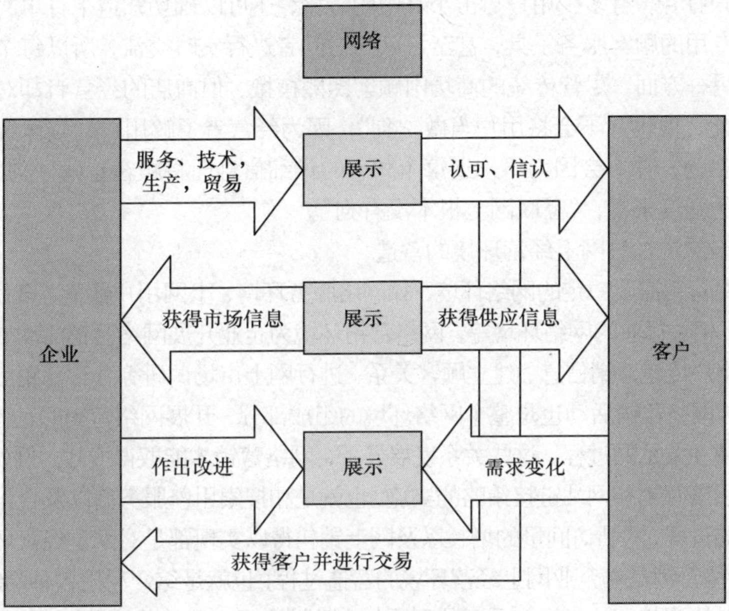

图 6-1　网络营销原理图

下面对网络营销定义中涉及的一些问题给予必要的说明。

（1）网络营销不是孤立存在的

网络营销并不能完全替代传统营销，是对传统营销的扩展和延伸。

网络营销是企业整体营销战略的一个组成部分，网络营销活动不可能脱离一般营销环境而独立存在，在很多情况下网络营销理论是传统营销理论在互联网环境中的应用和发展。对于不同的企业，网络营销所处的地位有所不同。以经营网络服务产品为主的网络公司，更加注重于网络营销策略，而在传统的工商企业中，网络营销通常只是处于辅助地位。由此也可以看出，网络营销与传统市场营销策略之间并没有冲突，但由于网络营销依赖互联网应用环境而具有自身的特点，因而有相对独立的理论和方法体系。在企业营销实践中，往往是传统营销和网络营销并存的。

（2）网络营销不等于网上销售

网络营销是为最终实现产品销售、提升品牌形象的目的而进行的活动。网上销售是网络营销发展到一定阶段产生的结果，但并不是唯一结果，因此网络营销本身并不等于网上销售。

（3）网络营销不应被称为“虚拟营销”

“在互联网上，没有人知道你是一条狗”，这是一句广泛流传的话，最早出现在 1993 年的美国著名杂志《纽约人》的一幅漫画（作者：彼得·斯坦纳）中，以此来说明互联网的虚拟性。一些文章中喜欢用“虚拟营销”来描述网络营销，其实这是不合适的。因为，所有的网络营销手段都是实实在在的，而且比传统营销方法更容易跟踪了解消费者的行为。比如，借助于网站访问统计软件，可以确切知道网站的访问者来自什么地方，在多长的时间内浏览了哪些网页，企业可以知道用户来自什么IP，也可以知道企业发出的电子邮件有多少用户打开，有多少用户点击了其中的链接，还可以确切知道下订单的用户的详细资料，利用专用的顾客服务工具，甚至可以同访问者进行实时交流，所以每个用户都是实实在在的。另一方面，尽管传统的商场中顾客熙熙攘攘，但商店的经营者却对顾客一无所知。即使如此，他也并不会将用户当做“狗”，因为经营者了解用户的整体统计特征，顾客是实实在在的，并不会因为不知道每个顾客的详细信息而将顾客看做“狗”。因此，站在网络营销的角度来看，“互联网上根本没有狗”。

（4）网络营销是对网上经营环境的营造

开展网络营销需要一定的网络环境，如网络服务环境、上网用户数量、合作伙伴、供应商、销售商、相关行业的网络环境等。网络营销环境为企业开展网络营销活动提供了潜在用户，以及向用户传递营销信息、建立顾客关系、进行网上市场调研等各种营销活动的手段和渠道。企业的网络营销活动也是整个网络环境的组成部分，开展网络营销的过程，就是与这些环境因素建立关系的过程。这些关系发展好了，网络营销才能取得成效。例如，网站推广常用的搜索引擎营销和网站链接策略的实施，也就是和搜索引擎服务商以及合作伙伴之间建立良好关系的过程，网站访问量的增长以及网上销售得以实现都是对网上经营环境营造的结果。因此，网络营销是对企业网上经营环境的营造过程，也就是综合利用各种网络营销手段、方法和条件并协调其间的相互关系，从而更加有效地实现企业的营销目标。

网络营销的内涵和手段都在不断地发展演变中，关于网络营销的定义和理解也只能适用于一定的时期。网络营销具有很强的实践性特征，从实践中发现网络营销的一般方法和规律，比空洞的理论讨论更有实际意义。因此，如何定义网络营销其实并不是最重要的，关键是要理解网络营销的真正意义和目的，也就是充分认识互联网这种新的营销环境，利用各种互联网工具为企业营销活动提供有效的支持。这也是为什么在网络营销研究中必须重视网络营销实用方法的原因。

2. 网络营销的八大功能

认识和理解网络营销的功能和作用，是实战和利用网络营销功能和作用的基础和前提。

网络营销的功能很多，其中，最主要的是以下八大功能。

（1）信息搜索功能

信息的搜索功能是网络营销进击能力的一种反映。在网络营销中，可以利用多种搜索方法，主动、积极地获取有用的信息和商机；主动进行价格比较，主动了解对手的竞争态势，主动通过搜索获取商业情报，进行决策研究。搜索功能已经成为营销主体能动性的一种表现，一种提升网络经营能力的进击手段和竞争手段。

信息搜索功能由单一向集群化、智能化的发展，以及向定向邮件搜索技术的延伸，使网络搜索的商业价值得到了进一步的扩展和发挥。寻找网上营销目标将成为一件易事。

（2）信息发布功能

发布信息是网络营销的主要方法之一，也是网络营销的又一种基本职能。无论哪种营销方式，都要将一定的信息传递给目标人群。而网络营销所具有的强大的信息发布功能，是古往今来任何一种营销方式所无法比拟的。

网络营销可以把信息发布到全球任何一个地点，既可以实现信息的较广覆盖，又可以形成地毯式的信息发布链；既可以创造信息的轰动效应，又可以发布隐含信息。网络营销发布信息的扩散范围、停留时间、表现形式、延伸效果、公关能力，以及穿透能力，都是最佳的。

更加值得提出的是，在网络营销中，网上信息发布以后，可以能动地进行跟踪，获得回复，可以进行回复后的再交流和再沟通。因此，信息发布的效果明显。

（3）商情调查功能

网络营销中的商情调查具有重要的商业价值。对市场和商情的准确把握，是网络营销中一种不可或缺的方法和手段，是现代商战中对市场态势和竞争对手情况的一种电子侦察。

在激烈的市场竞争条件下，主动了解商情，研究趋势，分析顾客心理，窥探竞争对手动态是确定竞争战略的基础和前提。通过在线调查或者电子询问调查表等方式，不仅可以省去大量的人力、物力，而且可以在线生成网上市场调研的分析报告、趋势分析图表和综合调查报告。其效率之高、成本之低、节奏之快、范围之大，都是以往其他任何调查形式所做不到的。这就为广大商家提供了一种市场的快速反应能力，为企业的科学决策奠定了坚实的基础。

（4）销售渠道开拓功能

网络具有极强的进击力和穿透力。传统经济时代的经济壁垒，如地区封锁、人为屏障、交通阻隔、资金限制、语言障碍、信息封闭等，都阻挡不住网络营销信息的传播和扩散。新技术的诱惑力，新产品的展示力，文图并茂、声像俱显的昭示力，网上路演的亲和力，地毯式发布和爆炸式增长的覆盖力，将整合为一种综合的信息进击能力，从而快速地打通封闭的坚冰，疏通种种渠道，打开进击的路线，实现和完成市场的开拓使命。

这种快速，这种坚定，这种神奇，这种态势，这种生动是任何媒体，任何其他手段无法比拟的。

（5）品牌价值扩展和延伸功能

美国广告研究专家莱利·莱特预言，未来的营销是品牌的战争。拥有市场比拥有工厂更重要。拥有市场的唯一办法，就是拥有占市场主导地位的品牌。

互联网的出现，不仅给品牌带来了新的生机和活力，而且推动和促进了品牌的拓展和扩散。实践证明，互联网不仅拥有品牌，承认品牌，而且对于重塑品牌形象，提升品牌的核心竞争力，打造品牌资产，具有其他媒体不可替代的效果和作用。

（6）特色服务功能

网络营销的服务功能不是一般的服务功能，是一种特色服务功能。网络营销所提供的服务的内涵和外延都得到了扩展和延伸。

顾客不仅可以获得形式最简单的 FAQ（常见问题解答）、邮件列表，以及 BBS、聊天室等各种即时信息服务，还可以获取在线收听、收视、订购、交款等选择性服务。无假日的紧急需要服务，从信息跟踪、信息定制到智能化的信息转移、手机接听服务，以及网上选购，送货到家的上门服务，等等，这些服务以及服务之后的跟踪延伸，不仅极大地提高了顾客的满意度，使以顾客为中心的原则得以实现，而且客户成为商家的一种重要的战略资源。

（7）顾客关系管理功能

客户关系管理，源于以客户为中心的管理思想，是一种旨在改善企业与客户之间关系的新型管理模式，是网络营销取得成效的必要条件，是企业重要的战略资源。

在传统的经济模式下，由于认识不足，或自身条件的局限，企业在管理客户资源方面存在着较为严重的缺陷。针对上述情况，在网络营销中，通过客户关系管理，将客户资源管理、销售管理、市场管理、服务管理、决策管理融为一体，将原本疏于管理、各自为战的销售、市场、售前和售后服务与业务统筹协调起来。既可跟踪订单，帮助企业有序地监控订单的执行过程；规范销售行为，了解新、老客户的需求，提高客户资源的整体价值；又可以消除销售隔阂，帮助企业调整营销策略，收集、整理、分析客户反馈信息，全面提升企业的核心竞争能力。客户关系管理系统还具有强大的统计分析功能，可以为我们提供"决策建议书"，以避免决策的失误，为企业带来可观的经济效益。

（8）经济效益增值功能

网络营销会极大地提高营销者的获利能力，使营销主体提高或获取增值效益。这种增值效益的获得，不仅缘于网络营销效率的提高，营销成本的下降，商业机会的增多，更缘于在网络营销中，新信息量的累加，会使原有信息量的价值实现增值，或提升其价值。这种无形资产促成价值增值的观念和效果，既是前瞻的，又是明显的，是多数人尚不认识，不理解、没想到的一种增值效应。

网络营销的明显的资源整合能力，恰恰为这种信息的累加提供了现实可能性！这是传统营销根本不具备又无法想象的一种战略能力！

网络营销的各个职能之间并非相互独立，而是相互联系、相互促进的，网络营销的最终效果是各项职能共同作用的结果。网络营销的八项职能也说明，开展网络营销需要用全面的观点，充分协调和发挥各种职能的作用，让网络营销的整体效益最大化。

3. 网络营销与电子商务

电子商务与网络营销是一对紧密相关又具有明显区别的概念，对于初次涉足网络营销领域者来说，这两个概念很容易造成混淆。比如企业建一个普通网站就认为是开展电子商务，或者将网上销售商品称为网络营销等，这些都是不确切的说法。在《网络营销基础与实践》[①]关于网络营销定义的说明中，认为"网络营销不等于电子商务"，这主要是基于下列两个方面的考虑。

（1）网络营销与电子商务研究的范围不同

电子商务的内涵很广，其核心是电子化交易，电子商务强调的是交易方式和交易过程的各个环节，而网络营销注重的是以互联网为主要手段的营销活动。网络营销和电子商务的这种关系也表明，发生在电子交易过程中的网上支付和交易之后的商品配送等问题并不是网络营销所能包含的内容，同样，电子商务体系中所涉及的安全、法律等问题也不适合全部包括在网络营销中。

（2）网络营销与电子商务的关注重点不同

网络营销的重点在交易前阶段的宣传和推广，电子商务的标志之一则是实现了电子化

---

① 冯英健著，2002 年 1 月，清华大学出版社

交易。网络营销的定义已经表明，网络营销是企业整体营销战略的一个组成部分。可见无论传统企业还是基于互联网开展业务的企业，也无论是否具有电子化交易的发生，都需要网络营销。但网络营销本身并不是一个完整的商业交易过程，而是为促成交易提供支持，因此是电子商务中的一个重要环节，尤其在交易发生之前，网络营销发挥着主要的信息传递作用。从这种意义上说，电子商务可以看做是网络营销的高级阶段，一个企业在没有完全开展电子商务之前，同样可以开展不同层次的网络营销活动。

以上两个方面表明了电子商务与网络营销的关系。网络营销与电子商务研究的范围不同，网络营销与电子商务的关注重点也不同。不过，电子商务与网络营销是密切相关的，网络营销是电子商务的组成部分，开展网络营销并不等于一定实现了电子商务（指实现网上交易），但实现电子商务一定是以开展网络营销为前提，因为网上销售被认为是网络营销的职能之一。

4. 网络营销的基本理论

网络营销仍然属于市场营销理论的范畴，它在强化了传统市场营销理论的同时，也提出了一些不同于传统市场营销的新理论。目前网络营销主要建立在以下理论基础之上。

（1）网络直复营销理论

美国直复营销协会（ADMA）认为直复营销是一种为了在任何地方产生可度量的反应或达成交易而使用一种或多种广告媒体的相互作用的市场营销体系。直复营销的“直”来自英文的“direct”，即直接的意思，是指不通过中间分销渠道而直接通过媒体连接企业和消费者；直复营销中的“复”来自英文中的“response”，即“回复”的意思，是指企业与顾客之间的交互，顾客对这种营销能够有一个明确的回复，企业可以统计到这种明确回复的数据，由此可以对以往的营销效果进行评价。“回复”是直复营销与直接销售的最大区别。

从直复营销的定义来看，网络营销所包含的这一系列活动完全符合直复营销的理念，并成为典型的直复营销活动。互联网作为一种交互式的可以双向沟通的渠道和媒体，在企业与客户之间架起了方便双向互动的桥梁。通过互联网，顾客可以直接参与从产品设计、定价到订货、付款的生产和交易全过程；企业可以直接获得市场需求情况，开发产品，接收订单，安排生产并直接将产品送给顾客。网络营销作为一种有效的直复营销策略，源于网络营销活动的效果是可测试、可度量和可评价的。互联网信息处理高效率、低成本的特点，使企业可以及时了解消费者需求变化的情况，细分目标市场，提高营销活动效率。有了及时的营销效果评价，企业还可以及时改进以往的营销努力，从而获得更满意的营销执行结果。

（2）网络软营销理论

“软营销”理论是与工业化时代为配合大规模生产经济而提出的“强势营销”理念相对应的新的营销理念，它从消费者心理学角度为网络营销提供了又一个理论基础。

在互联网上，信息交流是平等、自由、开放和交互式的，强调的是互相尊重和沟通。网络使用者比较注重个人体验和自主性。因此，企业采用传统的强势营销手段在互联网上展开营销活动必适得其反。

软营销和强势营销的一个根本区别就在于，软营销的主动方是消费者，而强势营销的主动方是企业。网络本身的特点和消费者个性化需求的回归，使得网络营销成为一种“软营销”，软营销的主动方是消费者。

（3）网络关系营销理论

关系营销一词是1983年首先引入文献的，1985年巴巴拉·杰克逊在产业市场营销领域提出了这个概念，认为“关系营销是指获得、建立和维持与产业用户紧密的长期关系”。关系营销的实质是在买卖关系的基础上建立非交易关系，以保证交易关系能够持续不断地确立和发生，其目标是建立和发展同相关个人和组织的兼顾双方利益的长期联系，包括企业与客户的关系、与上游企业的关系、企业内部关系以及与竞争者、社会组织和政府之间的关系。关系营销实际上认识到企业不过是社会经济大系统中的一个子系统，企业的营销目标能否实现要受到众多外在因素的影响。自20世纪90年代以来，关系营销的重要性越来越受到企业决策者的认同，这一理论获得了广泛应用。

如果说传统营销的核心是获得顾客的话，那么关系营销的核心则是企业获得和保持顾客。企业实施顾客关系营销的原因至少有两点。其一，企业通过服务顾客等手段为保持顾客所支出的费用远远小于争取新顾客的费用。其二，在商品交易过程中，顾客支付价值获得使用价值，企业让渡产品实现价值获得利润。这说明企业和顾客之间存在共同的利益，二者可以通过长期合作实现双赢。信息技术和网络技术的发展为企业和顾客之间建立有效的双向沟通渠道提供了良好的技术支持。依靠信息和网络技术实现全面互动，旨在建立以顾客为导向的顾客关系管理的企业可以高效地收集、处理和传递信息。因此，互联网是企业与顾客建立长期关系的有效保障。网络关系营销的常用方式有以下两种。

① 互动栏目设计（Interactive Channel Design）。互动栏目的运用是充分发挥网络特性的一种营销手段，通过互动栏目可充分了解访问者的特征及喜好，从而更直接地掌握第一手的市场资料。此手段要与其他网络推广手段相配合。

② 会员关系管理（Member Relationship Management）。针对网络会员设计一系列服务，通过网络会员管理系统可以准确地了解每个人不同的喜好及基本情况，有针对性地为会员提供信息及服务，在恰当的时间把恰当的信息或服务送到恰当的人手中。

（4）网络整合营销理论

整合营销（Integrated Marketing Communication）又称“整合营销传播”，它是欧美国家20世纪90年代以消费者为导向的营销思想的具体体现。整合营销理论起步于20世纪90年代。网络互动的特性使顾客真正参与到整个营销过程中成为可能。顾客不仅参与的主动性增强，而且选择的主动性也得到加强，因为网络上信息丰富的特征使顾客的选择余地变得很大。在满足个性化消费需求的驱动之下，企业必须严格地执行以消费者需求为出发点，以满足消费者需求为归宿点的现代市场营销思想，否则顾客就会选择其他企业的产品。为此，网络营销首先要把顾客整合到整个营销过程中来，从他们的需求出发开始整个营销过程。

不仅如此，在整个营销过程中要不断地与顾客交互，每一个营销决策都要从消费者出发，而不是像传统营销理论那样主要从企业自身的角度出发。在此情况下，传统的以4P理论为典型代表的营销管理方法就需要做进一步的扩展。因为1960年美国市场营销学家杰罗姆·麦卡锡提出的4P组合（产品/服务、价格、渠道和促销）理论的经济学基础是厂商理论，即利润最大化。它的基本出发点是企业的利润，而没有把消费者的需求放到与企业的利润同等重要的位置上，它指导的营销决策是一条单向的链。但网络营销需要企业同时考虑消费者需求和企业利润。20 世纪 90 年代，以舒乐兹教授为代表的营销学者从消费者的角度切入提出了“4C”理论，从四个方面分析消费者需求。它包括消费者需求（Consumer's Wants and Needs）、成本（Cost）、方便（Convenience）和沟通（Communication）四大因素。企业如果从 4P 对应的 4C 出发（而不是从利润最大化出发），在此前提下寻找能实现企业利益的最大化的营销决策，则可能同时达到利润最大和满足顾客需求两个目标。

网络整合营销的理论模式可以表述为：营销过程的起点是消费者的需求；营销决策（4P）是在满足 4C 要求的前提下的企业利润最大化；最终实现的是消费者满足和企业利润最大化。而由于消费者个性化需求的良好满足，他对企业的产品、服务形成良好的印象，在他第二次需求该种产品时，会对公司的产品、服务产生偏好，会首先选择公司的产品和服务；随着第二轮的交互，产品和服务可能更好地满足他的需求。如此重复，一方面，顾客的个性化需求不断地得到越来越好的满足，建立起对公司产品的忠诚意识；另一方面，由于这种满足是针对差异性很强的个性化需求，就使得其他企业进入壁垒变得很高，也就是说其他生产者即使生产类似的产品也不能同样程度地满足该消费者的个性消费需求。这样，企业和顾客之间的关系就变得非常紧密，甚至牢不可破，这就形成了“一对一”的营销关系。上述这个理论框架称为网络整合营销理论，它始终体现了以顾客为出发点及企业和顾客不断交互的特点，它的决策过程是一个双向的链。网络整合营销决策过程如图 6-2 所示。

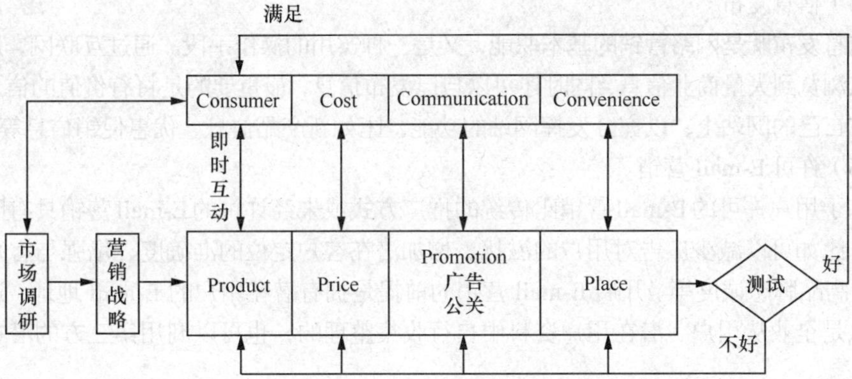

图 6-2　网络整合营销决策过程

5. 网络营销的常用方法

常用的网络营销方法有搜索引擎、网络广告、交换链接、信息发布、邮件列表、许可 E-mail 营销、个性化营销、会员制营销、病毒性营销等。下面简要介绍几种常用的网络营销方法。

（1）搜索引擎营销

搜索引擎营销是目前最主要的网站推广营销手段之一，尤其基于自然搜索结果的搜索引擎推广，因为是免费的，因此受到众多中小网站的重视。搜索引擎营销方法是网络营销方法体系的主要组成部分。

搜索引擎营销方法主要包括竞价排名、分类目录登录、搜索引擎登录、付费搜索引擎广告、关键词广告、搜索引擎优化、地址栏搜索、网站链接策略等。

（2）交换链接

交换链接或称互惠链接，是具有一定互补优势的网站之间的简单合作形式，即分别在自己的网站上放置对方网站名称并设置对方网站的超级链接，使得用户可以从合作网站中发现自己的网站，达到互相推广的目的。

（3）病毒性营销

病毒性营销并非真的以传播病毒的方式开展营销，而是通过用户的口碑宣传网络，信息像病毒一样传播和扩散，利用快速复制的方式传向数以千计、百万计的受众。病毒性营销的经典范例是 Hotmail.com。现在几乎所有的免费电子邮件提供商都采取类似的推广方法。

（4）网络广告

几乎所有的网络营销活动都与品牌形象有关，在所有与品牌推广有关的网络营销手段中，网络广告的作用最为直接。进入 2001 年之后，网络广告领域发起了一场轰轰烈烈的创新运动，新的广告形式不断出现。新型广告由于克服了标准条幅广告条承载信息量有限、交互性差等弱点，因此获得了相对比较高一些的点击率。有研究表明，网络广告的点击率并不能完全代表其效果，网络广告对那些浏览而没有点击广告的、占浏览者总数 99%以上的访问者同样产生作用。

（5）信息发布

信息发布既是网络营销的基本职能，又是一种实用的操作手段。通过互联网，用户不仅可以浏览到大量商业信息，同时还可以自己发布信息，最重要的是将有价值的信息及时发布在自己的网站上，以充分发挥网站的功能，比如新产品信息、优惠促销信息等。

（6）许可 E-mail 营销

基于用户许可的E-mail营销比传统的推广方式或未经许可的E-mail营销具有明显的优势，比如可以减少广告对用户的滋扰、增加潜在客户定位的准确度、增强与客户的关系、提高品牌忠诚度等。开展 E-mail 营销的前提是拥有潜在用户的 E-mail 地址，这些地址可以是企业从用户、潜在用户资料中自行收集整理的，也可以利用第三方的潜在用户资源。

（7）邮件列表

邮件列表实际上也是一种 E-mail 营销形式。邮件列表也是基于用户许可的原则，用户自愿加入，自由退出；稍微不同的是，E-mail 营销是直接向用户发送促销信息，而邮件列表是通过为用户提供有价值的信息，在邮件内容中加入适量促销信息，从而实现营销的目的。

（8）个性化营销

个性化营销的主要内容包括用户定制自己感兴趣的信息内容，选择自己喜欢的网页设计形式，根据自己的需要设置信息的接收方式和接收时间，等等。据研究，为了获得某些个性化服务，在个人信息可以得到保护的情况下，用户才愿意提供有限的个人信息，这正是开展个性化营销的前提保证。

（9）会员制营销

会员制营销已经被证实为电子商务网站的有效营销手段。国外许多网上零售型网站都实施了会员制计划，几乎已经覆盖了所有行业。国内的会员制营销还处在发展初期，不过已经看出电子商务企业对此表现出的浓厚兴趣和旺盛的发展势头。一度是中国电子商务旗帜的时代珠峰公司（My8848.net）于2001年3月初推出的“My8848网上连锁店（U-Shop）”就是一种会员制营销的形式。现在，西单电子商务公司网上商场同样采用了这种营销思想，不过在表现形式上有一定的差别。

（10）网上商店

建立在第三方提供的电子商务平台上、由商家自行经营网上商店，如同在大型商场中租用场地开设商家的专卖店一样，是一种比较简单的电子商务形式。网上商店除了通过网络直接销售产品这一基本功能之外，还是一种有效的网络营销手段。

（11）即时通信营销

即时通信营销又叫IM营销，是企业通过即时工具IM帮助企业推广产品和品牌的一种手段，常用的主要有两种情况。

第一种，网络在线交流。中小企业建立网店或者企业网站时一般会有即时通信在线，这样潜在的客户如果对产品或者服务感兴趣自然会主动和在线的商家联系。

第二种，中小企业可以通过IM营销通信工具发布一些产品信息、促销信息，或者可以通过图片发布一些网友喜闻乐见的表情，同时加上企业要宣传的标志。

（12）BBS营销

BBS营销又称论坛营销，就是“利用论坛这种网络交流平台，通过文字、图片、视频等方式传播企业品牌、产品和服务的信息，从而让目标客户更加深刻地了解企业的产品和服务，最终达到宣传企业品牌、产品和服务的效果，加深市场认知度的网络营销活动。

BBS营销就是利用论坛的人气，通过专业的论坛帖子策划、撰写、发放、监测、汇报流程，在论坛空间提供高效传播。帖子形式包括各种置顶帖、普通帖、连环帖、论战帖、多图帖、视频帖等。由于论坛具有强大的聚众能力，因此，可以作为平台举办各类踩楼、灌水、图帖、视频等活动，调动网友与品牌之间的互动，进而达到企业品牌传播和产品销售的目的。

（13）博客营销

博客营销是通过博客网站或博客论坛联结博客作者和浏览者，利用博客作者个人的知识、兴趣和生活体验等传播商品信息的营销活动。

博客营销的本质在于通过原创专业化内容进行知识分享争夺话语权，建立起个人品牌，树立自己“意见领袖”的身份，进而影响读者和消费者的思维和购买行为。

（14）聊天群组营销

聊天群组营销是即时通信工具的延伸，具体是利用各种即时聊天软件中的群功能展开的营销。目前的群有qq群、msn群、旺旺群、有啊群，等等。

聊天群组营销时借用即时通信工具具有成本低、即时效果和互动效果强的特点，广为企业采用。这种网络营销通过发布一些文字、图片等方式传播企业品牌、产品和服务的信息，从而让目标客户更加深刻地了解企业的产品和服务，最终达到宣传企业品牌、产品和服务的效果，加深市场认知度。

（15）网络知识性营销

网络知识性营销是利用百度的“知道”、“百科”或企业网站自建的疑问解答板块等平台，通过与用户之间提问与解答的方式来传播企业品牌、产品和服务的信息。

网络知识性营销主要是因为扩展了用户的知识层面，让用户体验企业和个人的专业技术水平和高质服务，从而对企业和个人的产生信赖和认可，最终达到了传播企业品牌、产品和服务信息的效果。

（16）网络事件营销

网络事件营销是指企业、组织主要以网络为传播平台，精心策划、实施可以让公众直接参与并享受乐趣的事件，并通过这样的事件达到吸引或转移公众注意力，改善、增进与公众的关系，塑造企业、组织良好的形象，以谋求企业的更大宣传效果的营销传播活动。

目前社会出现的网络红人就属于成功的网络事件营销典型案例。

（17）网络口碑营销

网络口碑营销是把传统的口碑营销与网络技术有机结合起来的新的营销方式，是利用互联网互动和便利的特点，在互联网上，企业销售人员以文字、图片、视频等口碑信息与目标客户进行互动沟通，通过对企业的品牌、产品、服务等相关信息进行讨论，加深目标客户的印象，最终达到网络营销的目的。

网络口碑营销是 WEB 2.0 时代网络中最有效的传播模式。网络口碑营销在国际上已经盛行了很久，美国有专门的协会来对此领域进行专门的权威的探讨。

（18）网络直复性营销

网络直复营销是指生产厂家通过网络，直接发展分销渠道或直接面对终端消费者销售产品的营销方式，譬如 B2C，B2B 等。

网络直复营销是通过把传统的直销行为和网络有机结合，从而演变成了一种全新的、颠覆性的营销模式。很多中小企业因为分销成本过大和自身实力太小等原因，纷纷采用网络直复营销，想通过其成本小、收入大等特点，达到以小博大的目的。

（19）网络视频营销

网络视频营销指的是企业将各种视频短片以各种形式放到互联网上，达到宣传企业品牌、产品以及服务信息的目的的营销手段。网络视频广告的形式类似于电视视频短片，它既具有电视短片的种种特征，例如感染力强，形式内容多样，创意丰富等，又具有互联网营销的优势，例如互动性、主动传播性强，传播速度快，成本低廉等。可以说，网络视频营销是将电视广告与互联网营销两者“宠爱”集于一身。

（20）网络图片营销

网络图片营销就是企业把设计好的有创意的图片，在各大论坛、空间、博客和即时聊天等工具上进行传播或通过搜索引擎的自动抓取，传播企业品牌、产品、服务等信息，来达到营销的目的。

（21）网络软文营销

网络软文营销，又叫网络新闻营销，是指通过网络上门户网站、地方或行业网站等平台传播一些具有阐述性、新闻性和宣传性的文章，包括一些网络新闻通稿、深度报道、案例分析等，把企业、品牌、人物、产品、服务、活动项目等相关信息以新闻报道的方式，及时、全面、有效、经济地向社会公众广泛传播的新型营销方式。

（22）RSS 营销

RSS（Really Simple Syndication，简易信息聚合）营销，即网络电子订阅杂志营销，是指利用 RSS 这一互联网工具传递营销信息的网络营销模式。RSS 营销的特点决定了其比其他邮件列表营销具有更多的优势，是对邮件列表的替代和补充。使用 RSS 的都是以业内人士居多，比如研发人员、财经人员、企业管理人员，他们会在一些专业性很强的科技型、财经型、管理型等专业性的网站，用邮件形式订阅他们需要的杂志和日志信息，从而了解行业最新的信息。

（23）SNS 营销

SNS 全称 Social Networking Services，即社会性网络服务，如中国人人网、开心网等都是 SNS 型网站。这些网站旨在帮助人们建立社会性网络的互联网应用服务。SNS 营销是随着网络社区化而兴起的营销方式。SNS 社区在中国快速发展时间并不长，但是现在已经成为备受广大用户欢迎的一种网络交际模式，SNS 营销就是利用 SNS 网站的分享和共享功能，在六维理论的基础上实现的一种营销方式，通过病毒式传播的手段，让企业的产品、品牌、服务等信息被更多的人知道。

6. 网络市场调查

（1）网络市场调查定义

市场调查是指以科学的方法，系统地、有目的地收集、整理、分析和研究所有与市场有关的信息，特别是有关消费者的需求、购买动机和购买行为等方面的信息，从而把握市场现状和发展态势，有针对性地制定营销策略，取得良好的营销效益。

我们把基于互联网而系统地进行营销信息的收集、整理、分析和研究称为网络市场调查，把时下流行的网站用户注册和免费服务申请表格填写等做法看做网站发起的用户市场调查的基本手段。

与传统的市场调查一样，进行网络市场调查，主要是要探索以下几个方面的问题：市场可行性研究，分析不同地区的销售机会和潜力，探索影响销售的各种因素，竞争分析，产品研究，包装测试，价格研究，分析特定市场的特征，消费者研究，形象研究，市场性质变化的动态研究，广告监测，广告效果研究等。

（2）网络市场调查策略

网络市场调查的目的是收集网上购物者和潜在顾客的信息，利用网络加强与消费者的沟通与理解，改善营销策略并更好地服务于顾客。为此，市场调查人员必须根据网络调查的特殊性认真研究调查策略，以充分发挥网络调查的优越性，提高网络调查的质量。网络市场调查的策略主要包括如何识别企业站点的访问者以及如何有效地在企业站点上进行市场调查。

① 识别企业站点的访问者并激励其访问企业站点。传统市场调查，无论是普查、重点调查、典型调查，还是随机抽样调查、非随机抽样调查以及固定样本持续调查，尽管调查的范围不同，但调查对象如区域、职业、民族、年龄等都有一定程度的针对性，即对被调查对象的大体分类有一定的预期。网络市场调查则不同，它没有空间和地域的限制，一

切都是随机的，调查人员无法预期谁将是企业站点的访问者，也无法确定调查对象样本。即使那些在网上购买企业产品的消费者，要确知其身份、职业、性别、年龄等也是一个很复杂的问题。因此，网络市场调查的关键之一是如何识别并吸引更多的访问者，使他们有兴趣在企业站点上进行双向的网上交流。

解决这一问题，目前可采取以下一些策略。

- 利用电子邮件或来客登记簿获得市场信息。
- 给予访问者奖品或者免费商品。
- 吸引访问者注册从而获得个人信息。
- 向访问者承诺物质奖励。
- 由软件自动检测访问者是否完成调查问卷。

② 企业站点上的市场调查。要想有效地在企业站点上进行网络市场调查，可以采取以下策略。

- 科学地设计调查问卷。一个成功的调查问卷应具备两个功能：一是能将所调查的问题明确地传达给访问者；二是设法取得对方的合作，使访问者能真实、准确地回复。

设计一份理想的在线问卷，一般应遵循以下几个原则。a. 目的性原则，即询问的问题与调查主题密切相关，重点突出。b. 可接受性原则，即被调查者回复哪一项，以及是否回复有自己的自由，故问卷设计要容易被调查者接受。c. 简明性原则，即询问内容要简明扼要，使访问者易读、易懂，而且回复内容也简短省时。d. 匹配性原则，即使得访问者回复的问题便于进行检查、数据处理、统计和分析，提高市场调研工作的效率。

- 监控在线服务企业站点的访问者。可以利用互联网上的一些软件来跟踪在线服务。营销调研人员可通过监控在线服务了解访问者主要浏览哪类企业、哪类产品的主页，挑选和购买何种产品等基本情况。通过对这些数据的研究分析，营销人员可对顾客的地域分布、产品偏好、购买时间以及行业内产品竞争态势做出初步的判断和估计。
- 测试产品不同的性能、款式、价格、名称和广告页。在互联网上，修改调查问卷的内容是很方便的。因此，营销人员可方便地测试不同的调查内容的组合。像产品的性能、款式、价格、名称和广告页等顾客比较敏感的因素，更是市场调查中重点涉及的内容。通过不同因素组合的测试，营销人员能分析出哪种因素对产品来说是最重要的，哪些因素的组合对顾客是最有吸引力的。
- 有针对性地跟踪目标顾客。市场调查人员在互联网上或通过其他途径获得顾客或潜在顾客的电子邮件网址后，可以直接使用电子邮件向他们发出有关产品和服务的询问，并请求他们反馈回复，也可在电子调查表单中设置让顾客自由发表意见和建议的板块，请他们发表对企业、产品、服务等各方面的见解和期望。通过这些信息，调查人员可以把握产品的市场潮流以及消费者消费心理、消费爱好、消费倾向的变化，根据这些变化来调整企业的产品结构和市场营销策略。
- 以产品特色、网页内容的差别化赢得访问者。如果企业市场调查人员跟踪到访问者浏览过其他企业的站点，或阅读过有关杂志的产品广告主页，那么应及时发送适当的信息给目标访问者，使其充分注意到本企业站点的主页，并对产品做进一步的比较和选择。
- 传统市场调查和电子邮件相结合。企业市场调查人员也可以在各种传播媒体上，如报纸、电视或有关杂志上刊登相关的调查问卷，并公告企业的电子邮箱和网址，让消费者通过电子邮件回答所要调研的问题，以此收集市场信息。采用这种方法，调查的范围比较广，同时可以减少企业市场调研中相应的人力和物力的消耗。

- 通过产品的网上竞买掌握市场信息。企业推出的新产品，可以通过网上竞买，了解消费者的消费倾向和消费心理，把握市场态势，从而制定相应的市场营销策略。

（3）网络市场调查的一般步骤

网上市场调查与传统市场调查一样，应遵循一定的方法与步骤，以保证调查过程的质量。网上市场调查一般包括以下几步。

① 明确问题与调查目标。

进行网络市场调查，首先要明确调查的问题是什么，调查的目标是什么，谁有可能在网上查询你的产品或服务，什么样的客户最有可能购买你的产品或服务，在你这个行业哪些企业已经上网，他们在干什么，客户对竞争者的印象如何，公司在日常运作中可能要受哪些法律法规的约束，如何规避，等等。具体要调查哪些问题事先应考虑清楚，只有这样，才可能做到有的放矢，提高工作效率。

② 确定市场调查的对象。

网络市场调查的对象，主要分为三大类：①企业产品的消费者；②企业的竞争者；③企业合作者和行业内的中立者。

③ 制订调查计划。

网络市场调查的第三步是制订有效的调查计划，包括资料来源、调查方法、调查手段、抽样方案和联系方法等五部分内容。

- 资料来源。市场调查首先须确定是收集一手资料（原始资料）还是二手资料，或者两者都要。在互联网上，利用搜索引擎、网上营销和网上市场调查网站我们可以方便地收集到各种一手和二手资料。
- 调查方法。网络市场调查可以使用的方法有，专题讨论法、问卷调查法和实验法。
- 调查手段。网络市场调查可以采取在线问卷和软件系统两种方式进行。在线问卷制作简单，分发迅速，回收也方便，但须遵循一定的原则。
- 抽样方案。即要确定抽样单位、样本规模和抽样程序。抽样单位是确定抽样的目标总体；样本规模的大小涉及调查结果的可靠性，样本须足够多，必须包括目标总体范围内所发现的各种类型样本；在抽样程序选择上，为了得到有代表性样本，应采用概率抽样的方法，这样可以计算出抽样误差的置信度，当概率抽样的成本过高或时间过长时，可以用非概率抽样方法替代。
- 联系方法，指以何种方式接触调查的主体。网络市场调查采取网上交流的形式，如 E-mail 传输问卷、BBS 等。

④ 收集信息。

利用互联网做市场调查，不管是一手资料还是二手资料，可同时在全国或全球进行，收集的方法也很简单，直接在网上递交或下载即可，这与受区域制约的传统调研方式有很大的不同。如，某公司要了解各国对某一国际品牌的看法，只需在一些著名的全球性广告站点发布广告，把链接指向公司的调查表就行了，无需像传统调查那样，在各国找不同的代理分别实施。此类调查如果利用传统方式其难度是无法想象的。

⑤ 分析信息。

信息收集结束后，接下去的工作是信息分析。信息分析的能力相当重要，因为很多竞争者都可从一些知名的商业站点看到同样的信息。调查人员如何从收集的数据中提炼出与调查目标相关的信息，并在此基础上对有价值的信息迅速做出反应，这是把握商机战胜竞争对手，取得经营成果的一个制胜法宝。利用国际互联网，企业在获取商情，处理商务的速度方面是传统商业无法比拟的。

⑥ 提交报告。

调查报告的填写是整个调查活动的最后一个阶段。报告不是数据和资料的简单堆砌，调查员不能把大量的数字和复杂的统计技术扔到管理人员面前，而应把与市场营销关键决策有关的主要调查结果写出来，并以调查报告正规格式书写。

任务实施

任务一　网络整合营销任务单

<table>
<tr><td colspan="2">任务编号：EB6-1</td><td colspan="2">学时：____课时</td></tr>
<tr><td colspan="2">实训地点：</td><td colspan="2">日期：____年____月____日</td></tr>
<tr><td>姓名：</td><td>班级：</td><td>学号：</td><td>成绩：</td></tr>
<tr><td colspan="4">一、任务描述
通过整合潍坊奥丰作物病毒防治有限公司内、外部资源，借助于各种网络工具和平台实施网络整合营销，构建尽可能多的信息源，增加企业的网络曝光度，塑造企业或产品的网络品牌，最终能够促进产品的销售</td></tr>
<tr><td colspan="4">二、相关资源
1. 昝辉.网络营销实战密码：策略·技巧·案例[M]. 北京：电子工业出版社，2009.
2. 王光明.中国电子商务之都互联网经济发展报告[M]. 杭州：浙江大学出版社，2009.
3. 中国互联网络信息中心：www.cnnic.net.cn
4. 中国电子商务研究中心： b2b.toocle.com
5. 派代网：www.paidai.com
6. 亿邦动力网：www.ebrun.com
7. 搜索引擎营销观察：semwatch.org
8. 艾瑞网：www.iresearch.cn
9. 中国电子商务协会：www.ec.org.cn
10. 潍坊奥丰作物病毒防治有限公司：www.sdwfaf.com</td></tr>
<tr><td colspan="4">三、任务分配
在任课教师的带领下，学生根据要求自我组合，分成项目学习小组，每组选出一名组长担任项目负责人。按照任务单的要求，完成任务</td></tr>
<tr><td colspan="4">四、任务实施
1. 通过对潍坊奥丰作物病毒防治有限公司内、外部资源分析，对该公司整合营销的任务主要可分为以下几个方面（表格可以自行添加）
（注：也可根据实际情况选取当地某公司，为其进行网络整合营销）</td></tr>
</table>

续表

编号	任务平台	主要工作内容
1	潍坊奥丰网站	站内优化推广
		站外优化推广
2	潍坊奥丰阿里巴巴商人博客	公司阿里巴巴商人博客的运营维护推广，包括每天的信息发布更新等
3	潍坊奥丰阿里巴巴店铺	公司阿里巴巴店铺的运营维护推广，包括每天的信息发布更新等
4	潍坊奥丰新浪博客	公司新浪官方博客的运营维护推广，包括每天的信息发布更新等
5	问答平台推广 （百度知道 zhidao.baidu.com、新浪爱问 iask.sina.com.cn、搜搜问问 wenwen.soso.com、天涯问答 wenda.tianya.cn、搜狐问答 wenda.sohu.com 等）	利用问答类平台进行推广
6	百科词条类推广 （百度百科 http://baike.baidu.com/、新浪词典 http://cidian.iask.sina.com.cn/等	围绕潍坊奥丰产品或者产品主治作物病害创建相关词条或者维护更新已有词条
7	行业平台推广	包括农业类或者其他相关的网站、论坛、贴吧等皆可

2. 结合项目小组成员实际能力水平，每人从上表中选取（或自行添加的）工作任务，并制定能够量化的预期推广目标（表格请自行增减）。

编号	姓名	学号	分工及职责	项目小组预期推广目标
1	（小组负责人）			
2				
3				
4				
5				
6				

3. 按照预期目标，结合项目小组工作进度，形成成员工作日志（表格可以自行添加）

姓名	学号	日期	完成任务数量	任务名称	任务内容及链接

续表

<table>
<tr><td colspan="5">五、相关知识
1. 网络营销常用工具和方法；
2. 网络营销的功能</td></tr>
<tr><td colspan="5">六、任务执行评价</td></tr>
<tr><td>评定形式</td><td>自我评定（20%）</td><td>小组评定（30%）</td><td>教师评定（50%）</td><td>任务总计（100%）</td></tr>
<tr><td>得　分（100）</td><td></td><td></td><td></td><td></td></tr>
<tr><td colspan="2">组长签名：</td><td colspan="3">指导教师签名：</td></tr>
<tr><td colspan="5">日期：　　年　　月　　日</td></tr>
<tr><td colspan="5">七、任务拓展
结合目前社会上发生的某一热点事件，制定整合营销方案，并予以实施</td></tr>
</table>

任务二　网络营销效果监测评估

任务导入

企业作为一个商业组织，直接的经营目标是经济效益的提升，公司的任何一种营销行为都必须达到一定的预期效果。作为公司里面负责网络营销工作的人员，除了要具备实施网络营销的能力，还应该能够对企业投入人、财、物力实施网络营销之后的效果进行监测评估，从而能够做到更好的有的放矢，更有针对性地开展网络推广工作。那么怎样对网络营销的实施效果进行监测评估呢？本任务中，我们来学习网络营销实施效果评估的常用方法及手段。

背景知识

1. 网络营销效果评价

（1）什么是网络营销效果评价

网络营销评价是指通过借助一定的定量和定性的指标，对开展网络营销网站的各个方面（包括网站访问量、个人信息政策、顾客服务和产品价格等）进行评价，以期总结和改善企业的网络营销活动。

（2）网络营销效果评测的一般模式

通常网络营销效果评测可分为以下四步。

① 确定营销目标。根据网站的具体目标制定可测量的营销目标。如以吸引用户订阅电子杂志为目标的网站，则以用户留下 E-mail 地址、订阅电子杂志为营销目标。

② 计算营销目标的价值。即营销目标达成时对网站的价值。如目标是吸引用户订阅电子杂志，根据经验数据，有多大比例会成为付费用户，这些用户平均带来的利润是多少。

③ 记录营销目标达成次数。利用网站流量分析系统记录营销目标达成的次数。

④ 计算营销目标达成的成本。即营销目标平均每次达成的成本。针对不同的网络营

销手法，平均成本的计算方法不同。

（3）其他形式的网络营销目标

① 网络广告浏览率：如旗帜广告，用于塑造品牌时，以每千次显示为计费基础。

② 文章或新闻被转载率：如在衡量通过新闻发布和文章营销的效果时采用。

③ 博客订阅数：博客本身的阅览次数及订阅博客种子的人数是博客营销效果测评的主要依据。

④ 用户在线参与次数：互动营销中以鼓励网民参与某项活动为目标时采用。

2. 流量统计与分析

（1）原始日志文件分析

用户在网站的所有行为都被记录在网站服务器的日志文件中，如下面是某日志文件中的一段内容。

221.201.77.63--[02/Jul/2006:15:30:41+0800]
"GET/seoblog/2006/04/17/user-friendly-website/HTTP/1.1"200 19031"http://www.baidu.com/s?wd=PRADA%B9%D9%B7%BD%CD%F8%D5%BE&c1=3 ""Mozilla/4.0（compatible;MSIE 6.0;Windows NT 5.1;SV1;Alexa Toolbar）"

分析如下。

用户 IP 地址：访问人的 IP 地址，如 221.201.77.63。

日期/时间：某一文件被访问的时间，如 02/Jul/2006:15:30:41。

时区：相对格林尼治时间的时区差，如+0800。

服务器动作：服务器的动作要么是 GET，要么是 POST，如 GET/seoblog/2006/04/17/user-friendly-website/HTTP/1.1。

返回状态码：常见状态码如下。200——成功获取文件；301——永久转向；302——暂时转向；400——非法请求；401——访问被拒绝；403——禁止访问；500——服务器内部错误；503——服务器没有应答等。

文件大小：所获取文件的大小，如 19031。

访客来路：浏览者来自哪个网页。如 http://www.baidu.com/s? wd=PRADA%B9%D9%B7%BD%CD%F8%D5%BE&c1=3，来自搜索引擎，搜索关键词是“PRADA”。

浏览器类型：浏览器和用户计算机信息，如 Mozilla/4.0（compatible;MSIE6.0;Windows NT 5.1;SV1;Alexa Toolbar）。

通过分析日志文件中的信息，可跟踪用户行迹，分析用户对网页的偏好。

（2）流量统计分析软件

流量统计分析软件一般分为两种。

① 软件运行在统计服务商的服务器端。

用户在需要跟踪的所有网页中插进一段统计代码，一般是 JavaScript 代码，这段代码会自动检测访问信息，并把信息写入服务商数据库中。用户在服务商提供的界面查看网站流量统计和分析。

类似的服务有以下几种。

Google Analytics，http://www.google.com/analytics/zh-CN/

百度统计，http://tongji.baidu.com/

雅虎统计，http://tongji.cn.yahoo.com/

② 用软件直接对原始日志文件进行分析。

这种软件把日志文件作为输入，直接统计信息。这种统计软件既有装在服务器上的，也有运行在自己计算机上的。

装在服务器上的常见有以下几种。

Webalizer，http://www.mrunix.net/webalizer/

AWStats，http://awstats.sourceforge.net/

Analog，http://www.analog.cx/

运行在自己计算机桌面的有 Azure Web Log analyzer，http://www.azuredesktop.com/logdoc.html

（3）流量统计分析基础

访问量（Visitors）：指某段时间内网站被访问的总人数。

绝对唯一访问者数（Absolute Unique Visitors）：指在某段时间内访问网站的来自不同 IP 地址的人数。

页面访问数（Pageviews）：某段时间内被访问或打开的页总数。

平均页面访问数：页面访问数除以访问量。

网站停留时间：指用户每次访问在网站上所花的时间。网站停留时间代表了网站的黏度。

文件访问数（Hits）：指在一段时间内所调用文件的次数。

弹出率（Bounce Rate）：指浏览者来到网站，只看了一个网页就离开的比例。这是衡量网站是否满足用户需要的重要指标。

访问深度（Depth of Visit）：指用户在网站上访问了多少个页面。访问页面越多，深度越高。

用户浏览器及计算机信息：包括浏览器类型、版本、用户计算机操作系统、显示器分辨率、是否支持 Java 等。

用户地理位置：根据用户 IP 地址判断出其所在的地理位置。

流量来源：显示三种主要的流量来源所占的比例，各自的流量情况，以及随时间的变化趋势。这三种主要的流量来源如下。

① 直接访问者：用户通过浏览器书签，或在地址框打入网址来到你的网站；

② 来自其他网站的点击流量：用户点击在其他网站的链接来到你的网站；

③ 搜索流量：用户通过搜索引擎检索关键词，点击搜索结果后来到你的网站。

访问最多页面：被访问次数最多的网页。

最热门着陆页面：用户来到网站时首先访问的那个页面。

最热门退出页面：显示用户离开网站前访问的最后一个网页。

转化率：首先设定目标完成页面，用户达到这个特定页面就计算完成一个转化。

销售通路：即用户在网站购物时必须完成的每一个步骤。流量统计软件以图形方式显示出在这个销售通路上每一步有多少用户完成，又有多少用户停留在某一步骤上。

3. 网站评比

（1）网站评比的主要方式

① 网站流量指标排名模式。

采用独立用户访问量指标来确定网站流量，并据此发布网站排名。独立用户是指在一定统计周期内（一周或一个月），一个用户访问一个网站一次或多次都按一个用户数计算。

② 比较购物模式。

让顾客根据自己的需要迅速发现适合自己要求的最好的网站。

③ 专家评比模式。

首先由评选机构选定候选网站，再由公众在网上投票并发表意见，最终结果由评选委员会根据综合因素评定。

④ 问卷调查模式。

通常采用抽样调查和在线调查等形式。

⑤ 综合评价模式。

采用集动态监测、市场调查、专家评估为一体的综合评价模式。

（2）网站评比的价值

① 扩大知名度。

② 吸引新用户。

③ 增加持久性和忠诚度。

④ 了解行业竞争状况。

（3）网站评比问卷范例

表6-1为网站评比问卷范例。

表6-1　　网站评比问卷范例

指标	项　目	要　求	备注
网站设计建设指标	网页设计策划	美观性（颜色、字体、图案、形象）	
		专业性（规范化和专业化程度）	
		易用性（方便、容易使用、界面友好）	
		通用性（多语言的支持、浏览器兼容性）	
	信息表现	时效性（有效时间、新旧程度）	
		全面性	
		条理性（栏目内容设置是否合理，分类是否清晰）	
		多媒体的应用（音频、视频和流媒体）	
	网站技术	连接/浏览速度	
		站点可用性（是否任何时间都能连通，实时可用）	
		是否有相关的后台管理系统（信息发布和审核的流程）	
网站内容服务指标	政务公开	政务公开（对外公开的政府文件、简报、公告和通知等，以公开文件的种类、数量及时效性为主要依据）	
		政策法规（政策法规种类、数量及时效性）	
		政务新闻（政务新闻的种类、数量及时效性）	

续表

指标	项　目	要　求	备注
网站内容服务指标	政务公开	机构设置与职责（信息是否完整、介绍是否详尽及联系方式是否便捷和多样化）	
		办事规程（行政审批事项、办事程序介绍、审批程序介绍、办事机构及联系方式等）	
	特色服务	特色内容或者栏目	
网站功能服务指标	网上办公	办事指南（指导个人与企业办理政务的具体程序步骤、方式方法）	
		网上咨询（可通过网站就办事程序、方式等问题直接向政府部门进行咨询，并在承诺的时间段内得到反馈）	
		网上申报（通过网站填写、下载申报表格）	
	信息查询	是否具有全文查询功能	
		可查询内容的范围及方便性	
		政务公开内容查询、办事进程及结果的查询、企业和市民关心的相关信息等	
	公众反馈	政府及部门信箱、网上举报、反馈（信息反馈的时间速度和质量）	
网站安全保障指标	安全制度	网络安全管理制度	
		应急安全措施	
	信息更新和审核制度	信息更新制度、技术保障	
		信息审核制度	
	数据安全	数据备份及恢复	
		不间断服务的技术保障	

任务实施

任务二　网络营销效果监测评估任务单

任务编号：EB6-2		学时：_____课时	
实训地点：		日期：_____年_____月_____日	
姓名：	班级：	学号：	成绩：

一、任务描述

潍坊奥丰作物病毒防治有限公司通过各种网络营销工具，实施了网络整合营销，投入了一定的人、财、物力来推广企业和产品。为了做到有的放矢，后续工作能够更有效地实施，需要利用站长工具、流量统计软件，结合销售数据对前期的实施效果进行监测评估

二、相关资源

1. 昝辉.网络营销实战密码：策略·技巧·案例[M].北京：电子工业出版社，2009.
2. 王光明.中国电子商务之都互联网经济发展报告[M].杭州：浙江大学出版社，2009.
3. 中国互联网络信息中心：www.cnnic.net.cn
4. 中国电子商务研究中心：　b2b.toocle.com
5. 派代网：www.paidai.com

续表

6. 亿邦动力网：www.ebrun.com
7. 搜索引擎营销观察：semwatch.org
8. 艾瑞网：www.iresearch.cn
9. 中国电子商务协会：www.ec.org.cn
10. 潍坊奥丰作物病毒防治有限公司：www.sdwfaf.com

三、任务分配

本任务以 3～5 人组成小组共同完成，每个小组按照任务单的要求，完成任务。最后小组共同制作网络整合营销效果评估报告

组长	学号					
	姓名					
小组成员	学号					
	姓名					
任务分配						
完成情况						

四、任务实施

1. 针对不同的推广平台，选择合适的统计工具和方法

编号	平　　台	统计方法工具
1	企业网站	利用站长工具 http://tool.chinaz.com/，流量统计工具（cnzz、百度统计、Google Analytics、雅虎统计、51yes 等）
2	博客（新浪博客、阿里巴巴商人博客）	通过在主流搜索引擎中测试相应核心关键词和长尾关键词收录信息情况，进行分析
3	阿里巴巴店铺	
4	问答平台	
5	百科类词条	
6	行业平台	
7	其他	

2. 按照小组任务分配，结合本项目任务一中网络整合营销实施平台载体进行分类统计

编号	平　　台	推广前效果数据	推广后效果数据
1	企业网站		
2	博客（新浪博客、阿里巴巴商人博客）		
3	阿里巴巴店铺		
4	问答平台		
5	百科类词条		
6	行业平台		
7	其他		

续表

3. 结合统计情况，形成项目小组测评报告

五、相关知识

1. 网络营销效果评测的一般模式；
2. 流量统计软件的使用；
3. 常用检索命令；
4. 网站评比问卷范例

六、任务执行评价

评定形式	自我评定（20%）	小组评定（30%）	教师评定（50%）	任务总计（100%）
得　分（100）				
组长签名：		指导教师签名：		

日期：　　年　　月　　日

七、任务拓展

通过个人博客对所在学校专业进行宣传推广，并完成个人博客推广效果的监测评估

看图识字

1. 看图

图 6-3 所示为网络营销功能及方法。

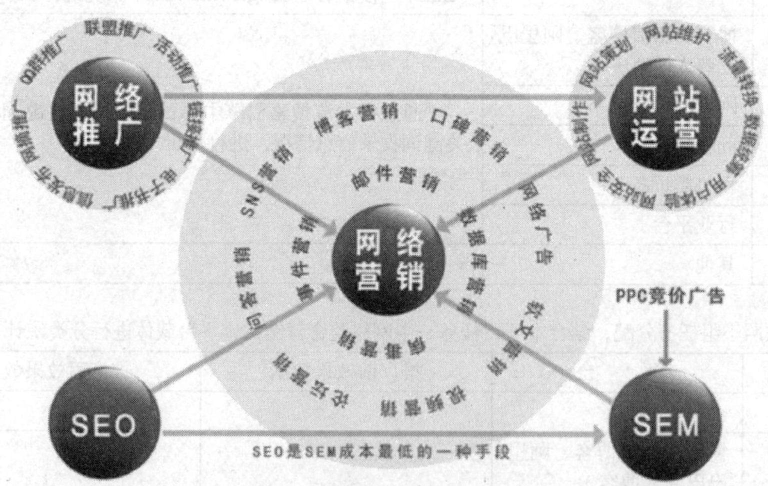

图 6-3　网络营销功能及方法

2. 识字

2011 年 7 月 19 日，中国互联网络信息中心（CNNIC）在京发布了《第 28 次中国互联网络发展状况统计报告》（以下简称《报告》）。

《报告》显示，微博作为新兴的自媒体平台，受到网民的强烈推崇，用户数呈现出“爆发”

式增长。2011 年上半年，我国微博用户数量从 6 311 万快速增长到 1.95 亿，半年增幅高达 208.9%，在网民中的使用率从 13.8%提升到 40.2%。需要指出的是，在微博用户数量暴涨过程中，手机微博的表现可圈可点，手机网民使用微博的比例从 2010 年年末的 15.5%上升至 34%。

与微博“大爆发”不同，商务类应用在经历了 2009—2010 年的快速增长后，迎来了相对平缓的发展期。《报告》显示，大部分商务类应用保持平稳上行态势，如网络购物半年用户增长了 7.6%；网上银行和网上支付的用户使用率也小幅上升。商务类应用中，团购应用成为亮点，使用率从 4.1%提升到 8.7%，增幅达到 125%，发展势头迅猛。

此外，《报告》显示，娱乐类应用热度继续回落，网络游戏和网络音乐的使用率较 2010 年年底分别下降 2.3 和 0.5 个百分点，网络视频使用率继续保持 62.1%的水平。

知识框架

图 6-4 所示为项目六知识框架。

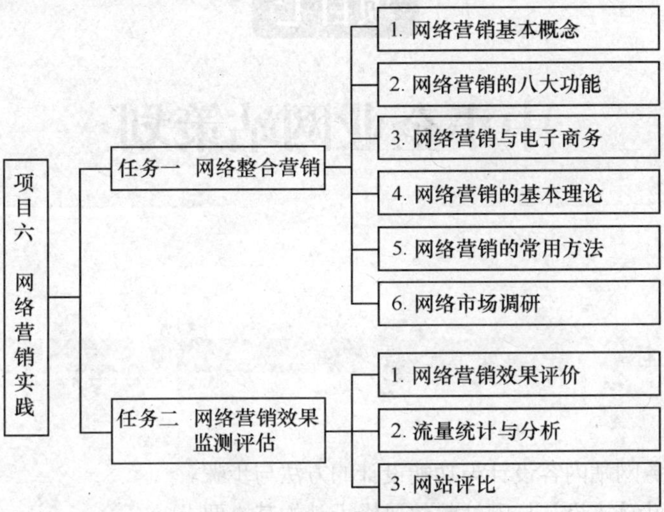

图 6-4　项目六知识框架

技能拓展

注册新浪微博用户，围绕生活、娱乐、学习等某一方面尝试实施微博营销。

复习思考题

1. 简述网络营销的内涵。
2. 网络营销的功能有哪些？
3. 网络营销常用方法有哪些？
4. 简述网络市场调研的步骤。
5. 简述网络营销效果评测的一般模式。

项目七

中小企业网站策划

学习目标

【知识目标】

- 掌握商务网站内容设计与功能设计的方法与步骤。
- 明确网站链接设计与网站整体风格设计的基本要求。
- 掌握电子商务网站需求调研的方法。
- 了解网站规划的主要内容。

【能力目标】

- 有选择地设计网站功能模块。
- 确定网站的信息结构。
- 能制定调研计划并组织实施需求调研，撰写调研报告。
- 掌握网站规划的要点，撰写专业的网站规划书。

典型案例

传统企业如何启动电子商务——李宁电子商务之路

李宁公司是国内体育用品的领跑者，创造了国内体育用品行业的多个第一。在当前传统服装企业电子商务化的大背景下，李宁是如何走在同行的前面的呢？

根据中国互联网信息中心（CNNIC）2011 年 2 月的《2010 年中国网络购物市场研究报告》，2010 年，我国网络购物市场交易总额达到 5 231 亿元，较 2009 年实现翻番增长。网购市场交易额占全年社会消费品零售总额的比例提升至 3.3%。网络购物市场上销售最旺盛的商品是服装鞋帽，购买的用户比例为 70.1%。其次是电脑数码产品和图书音像制品，购买的用户比例为分别为 31.6%和 31.4%。2010 年我国网购用户人均年网购消费金额 3 259 元，半年人均网购次数达到 10 次，较 2009 年增加 4 次。统计表明，网上购物的群体平均年龄集中在 17～30 岁之间，具有受教育程度高、收入高、消费能力强等特点，这与李宁产品的消费群体有着极强的吻合度。如何精准有效地针对网络消费群体开展营销，将传统的销售渠道延伸到互联网呢？

李宁公司采取的是管理创新。在该公司的组织架构体系中，设立了两个同行公司看来有些另类的部门，数字营销部和电子商务部。这两个部门分别负责李宁虚拟社区的运营和李宁直营网店及线上代理商的运营管理工作。李宁对网络市场的重视度由此可见一斑。

2008 年 4 月，李宁成立电子商务部，在淘宝网上正式推出直营品牌旗舰店和直营品牌折扣店。此时淘宝等电子商务平台上，有超过 1 000 家出售李宁产品的网店，面对网络鱼龙混杂，真假难辨的局面，李宁电子商务部利用李宁的经销商体系收编现有网店。在 2009 年，所有网店使用由李宁提供的网店专用 CI 和 VI，由李宁统一制定推广主题。

同时李宁没有采用多数服装品牌的自建电子商城（如佐丹奴、报喜鸟等）型的网络直销，而选择将网络渠道外包，其淘宝网旗舰店和折扣店只能算作一个展示平台。网络渠道外包旨在快速地把渠道规模化，在短时间占领市场。李宁在互联网上有三个核心代理商：北京五洲在线、古星电子商务及逛街网。这三个核心代理商在新浪商城、易趣商城、当当网、拍拍网和淘宝网开设了为数不少的李宁网上专卖店，取得了不俗的销售业绩，有的网店更是超过了线下的销售明星店。

电子商务是一种新的商业模式，与其他服装行业的电子商务方式不同，李宁走的是一条网络渠道外包之路。李宁在线下有近 6 000 家实体专卖店，网店的覆盖面则没有地域化的限制，渠道之间势必产生利益冲突。为了解决这种冲突，李宁对网络渠道采取货品专供，并对不同的网店进行货品差异化的定位，保障两种渠道的利益。

思考

1. 李宁公司是如何开展自己的电子商务的，与其他传统企业开展电子商务有何不同？
2. 传统企业应怎样发展电子商务？

任务一 中小企业网站应用类型分析

任务导入

根据 CNNIC 最新发布的《2010 年中国网络购物市场研究报告》，2010 年，我国网络购物市场交易总额达到 5 231 亿元，较 2009 年实现翻番增长。网购市场交易额占全年社会消费品零售总额的比例提升至 3.3%。

同时，网络购物市场在我国社会消费品市场中的地位也在持续攀升。2008 年网购市场交易额占全年社会消费品零售总额的比例为 1.1%，2009 年上升到 2%，2010 年提升至 3.3%。网络购物逐渐成为网民常态的消费方式，网络零售也成为流通市场日益重要的组成部分。

网络购物商品生活化趋势更加明显，服装、家居等生活用品的网购消费群体继续扩大。2010 年，网络购物市场上销售最旺盛的商品是服装鞋帽，购买的用户比例为 70.1%。电脑数码产品是购买用户群第二大的商品，购买的用户比例为 31.6%。与电脑数码产品购买用户规模相当的是图书音像制品，购买的用户比例为 31.4%。充值卡、游戏点卡等虚拟卡购买的用户比例也达到了 27.7%。

2010 年，我国网购用户购买频次有了显著的提升，我国网购用户人均年网购消费金额为 3 259 元，网购用户半年平均网购次数达到 10 次，较 2009 年增加 4 次。同时，半年网购 10 次以上的用户占比提升较快，达到 22.1%，较 2009 年上升 11.2 个百分点。

面对快速发展的网络市场，传统企业应该如何把握商机，开展自己的电子商务呢？传统中小企业开展电子商务的第一步是建站。“建站”既包括建立独立企业网站，也包括在电子商务交易平台中开设网店。让我们一起来了解一下中小企业应用网站的类型吧。

背景知识

1. 网站在中小企业开展电子商务中的作用

（1）树立公司形象，扩大业务宣传

一般公司网站主要包括公司总体介绍，如公司规模、公司结构、公司产品、公司文化、公司理念、经营宗旨、经营目标、价值观、愿景规划、公司曾经所获得的荣誉、公司现在研究的一些新产品、公司未来的发展趋势、公司的产品或服务所具有的与众不同的特点和市场定位等；另外也可附加一些公司的优质服务等。公司资料不仅包含文字资料，也包含一些图片资料，比如公司建筑图片、公司员工图片，特别是公司产品图片等，使得公司更逼真、更具有说服力地展现在客户面前、尽可能让客户对公司了解得更全面、更细致。

（2）收集客户反馈，加强客户服务

通过公司的网站，可以建立统一的资料发送和接收系统，增强安全性、稳定性、及时性，保证客户的利益；提高服务质量，并能以一种快捷、方便的方式提供公司及其产品的信息和客户所需的服务；运用先进的传播扩展手段，增大公司的用户数量；大大提高商务通信速度，扩大通道的功能；拉近公司与客户的距离，增强与客户的关系；公司可全天候二十四小时地服务客户，与客户保持售后联系，倾听客户意见，回答客户经常提出的问题，并可以及时收到客户各种反馈信息，及早发现问题，解决问题。

（3）网上市场调查，开展网络营销

通过网站缩短推出新产品和打开新市场的周期，促进公司的产品销售活动，最大程度满足客户需求，以达到开拓市场、增加盈利的目的。公司将自己的产品信息及经销商信息发布在网站上，各客户根据情况可申请加入该公司的销售网，也可直接通过网站订单系统向公司下销售订单。公司收到订单后对其进行确认，然后为客户提供资料。开展网络营销的内容主要有以下方面。

产品信息：将公司销售的资料在网站进行宣传介绍，并按照产品结构进行分类，以利于客户查阅购买。

客户信息：主要用于收集和管理销售客户的相关信息，便于对客户进行推荐和跟进，以促进公司的销售活动。

销售订单：实现公司和客户之间销售订单的网上提交及管理。

经销商信息：将公司销售业务办公室及主要经销商的电话、地址、传真、业务人员姓名、负责领域或产品项目公布在网站上，以促进销售。

（4）建立信息数据库，实施电子商务

建立公司完整的信息数据库，一个对内，一个对外。对内，在公司内最大限度地达到对信息资源的利用和共享，进行对信息的保存、搜索、查看、再利用等；对外，让客户尽可能多地了解公司性质和业务特征，将信息进行分类，便于客户搜索和查看。另外，访问者通过网站了解公司的资料，如果有订阅的意向，可以在线提交资料订单。管理者可以根据条件查看、检索、管理订单，并反馈到营销部门，及时与提交订单的客户取得联系，实现简单的电子商务。

（5）直接实现网络销售

好的企业网站不但对企业的形象是一个良好的宣传，同时可以辅助企业的销售，甚至可以通过网络直接帮助企业实现产品的销售。网络营销基本上已实现网上信息发布、网上订货、网上结算，甚至网上配送的网络营销活动。企业网站促进了企业与客户直接沟通，消费者可以直接从网上搜集到真实的第一手市场信息，同时也可以进行多方分析，哪一个企业是自己所需要的。企业网站给买卖双方都带来了直接的经济利益。

2. 中小企业网站的一般结构和主要功能

（1）中小企业网站的一般结构

中小企业网站结构是为了合理地向用户表达企业信息所采用的栏目设置、网站导航、网页布局、信息表现形式等。企业网站结构应该在网站策划过程中就予以确定，主要包含以下内容。

① 企业网站栏目结构。

一般来说，企业网站一级栏目可根据企业经营业务的性质、类型或者表现形式等进行划分。企业网站建设中一级栏目最好不超过 8 个，栏目层次以三级以内比较合适，也就是说用户可以不超过 3 次点击直接到达内容页面。

② 企业网站网页布局。

企业网站网页布局是网站栏目结构确定之后，为满足栏目设置的要求进行的网页模板规划。企业网站网页布局主要包括以下方面。

- 网页结构定位，不建议采用框架结构或表格定位的方式，而是采用 css+div 的方法建设企业网站；
- 菜单和导航，建议采用静态文字的菜单和面包屑导航；
- 网页布局和信息的排放位置，建议将最重要的信息或用户关注的信息放在重要位置。

企业网站建设中网站结构的设置，关系到潜在客户的用户体验，以及日后的企业网站的推广工作，因此不可谓不重要。

（2）企业网站的主要功能

企业网站的功能主要表现在八个方面：品牌形象、产品/服务展示、信息发布、顾客服务、顾客关系、网上调查、网上联盟、网上销售。

① 品牌形象。网站的形象代表着企业的网上品牌形象，人们在网上了解一个企业的主要方式就是访问该公司的网站。网站建设的专业化与否直接影响企业的网络品牌形象，同时也对网站的其他功能产生直接影响。

② 产品/服务展示。顾客访问网站的主要目的是为了对公司的产品和服务进行深入的了解。企业网站的主要价值也就在于灵活地向用户展示产品说明及图片甚至多媒体信息，即使一个功能简单的网站至少也相当于一本可以随时更新的产品宣传资料。

③ 信息发布。网站是一个信息载体，在法律许可的范围内，可以发布一切有利于企业形象、顾客服务以及促进销售的企业新闻、产品信息、各种促销信息、招标信息、合作信息、人员招聘信息等。因此，拥有一个网站就相当于拥有一个强有力的宣传工具。

④ 顾客服务。通过网站可以为顾客提供各种在线服务和帮助信息，比如常见问题解答（FAQ）、在线填写寻求帮助的表单、通过聊天实时回答顾客的咨询等。

⑤ 顾客关系。通过网络社区等方式吸引顾客参与，不仅可以开展顾客服务，同时也有助于增进顾客关系。

⑥ 网上调查。通过网站上的在线调查表，可以获得用户的反馈信息，用于产品调查、消费者行为调查、品牌形象调查等，是获得第一手市场资料有效的调查工具。

⑦ 网上联盟。为了获得更好的网上推广效果，需要与供应商、经销商、客户网站，以及其他内容互补或者相关的企业建立合作关系。没有网站，合作就无从谈起。

⑧ 网上销售。建立网站及开展网络营销活动的目的之一是为了增加销售，一个功能完善的网站本身就可以完成订单确认、网上支付等电子商务功能，即网站本身就是一个销售渠道。

3. 常见中小企业网站建设需求

（1）树立全新企业形象

对于一个以传统中小型企业而言，企业的品牌、形象至关重要，是企业产品区别于同类产品的重要标识。特别是在互联网技术高度发展的今天，大多客户都是通过网络来了解企业产品、企业形象及企业实力的，因此，企业网站的形象往往决定了客户对企业产品的信心。建立具有国际水准的网站能够极大地提升企业的整体形象。

（2）优化企业内部管理

企业网站的建设将会为企业内部管理带来一种全新的模式。网站是实现这一模式的平台。在降低企业内部资源损耗，减低成本，加强企业员工与员工、企业与员工之间的联系和沟通等方面发挥巨大作用，最终使企业的运营和运作达到最大的优化。

（3）增强销售力

销售力指的是产品的综合素质优势在销售上的体现。现代营销理论认为，销售亦是传播。销售的成功与否，除了决定于能否将产品的各项优势充分地传播出去之外，还要看目标对象从中得到的有效信息有多少。由于互联网所具有的“一对一”的特性，目标对象能自主地选择对自己有用的信息。这本身已经决定了消费者对信息有了一个感兴趣的前提，使信息的传播不再是主观加给消费者，而是由消费者有选择地主动吸收。 同时，产品信息通过网站的先进设计，既有报纸信息量大的优点，又结合了电视声、光、电的综合刺激优势，可以牢牢地抓住目标对象的注意力。因此，产品信息传播的有效性将大大提高，同时亦提高了产品的销售力。

（4）提高附加值

许多人知道，购买产品买的不仅是那些看得见的实物，还有那些看不见的售后服务。这也就是产品的附加值。产品的附加值越高，在市场上就越有竞争力，就越受消费者欢迎。因此，企业要赢得市场就要千方百计地提高产品的附加值。在现阶段，传统的售后服务手段已经远远不能满足客户的需要，为消费者提供便捷、有效、即时的二十四小时网上服务，是一个全新体现项目附加值的方向。世界各地的客户在任何时刻都可以通过网站下载自己需要的资料，在线获得疑难的解答，在线提交自己的问题。

任务实施

任务一　中小企业网站应用类型分析任务单

<table>
<tr><td colspan="2">任务编号：EB7-1</td><td colspan="2">学时：_____课时</td></tr>
<tr><td colspan="2">实训地点：</td><td colspan="2">日期：_____年_____月_____日</td></tr>
<tr><td>姓名：</td><td>班级：</td><td>学号：</td><td>成绩：</td></tr>
<tr><td colspan="4">一、任务描述
本任务通过选取服装行业的一家传统企业和一家新兴的基于电子商务企业的企业生产、经营模式，产品和提供的服务的比较分析，使学生认识到传统企业开展电子商务的必要性和紧迫性，以及中小企业应用电子商务的大致过程及内容</td></tr>
<tr><td colspan="4">二、相关资源
1. 章剑林，商玮. 电子商务概论[M]. 杭州：浙江科技出版社，2006.（浙江重点教材）
2. 姜红波. 电子商务概论[M]. 北京：清华大学出版社，2009（面向“十一五”高等院校精品课程规划教材）.
3. 陈月波，徐丽娟，等. 电子商务解决方案[M]. 修订版. 北京：电子工业出版社，2007.
4. 电子商务解决方案[M]. 北京：清华大学出版社，北京交通大学出版社，2007.
5. 宋文官，姜何，华迎. 网络营销[M]. 北京：清华大学出版社，2008.
6. 杨远新，王家敏. 网络营销实务[M]. 北京：北京大学出版社，2010.
7. 电子商务世界：　http://www.ebworld.com.cn</td></tr>
<tr><td colspan="4">三、任务分配
在任课教师的带领下，学生根据要求自我组合，分成项目学习小组，每组选出一名组长担任项目负责人。按照任务单的要求，完成任务</td></tr>
<tr><td colspan="4">四、任务实施
1. 雅戈尔是我国一家知名的服装企业，Vancl 凡客诚品是一家新兴的电子商务服装企业，比较这两家企业的生产、经营模式</td></tr>
</table>

续表

比较项目	雅戈尔	凡客诚品
公司成立时间		
公司创业团队		
企业经营范围		
主要销售渠道		
企业主要成本		
企业发展战略		
企业网站情况		
企业网站建立时间		
网站主要栏目模块		

2. 根据上面比较内容，选择某一行业企业，给该企业做电子商务网站建设前期调研工作

项目	内容
企业名称	
企业简介	
主营产品/服务	
互联网平台选择（自建或利用第三方平台）及原因分析	

3. 根据调研分析，总结中小型服装企业电子商务网站的常设栏目（表格可自行扩展）

序号	常设栏目
1	
2	
3	
4	
5	
6	

五、相关知识

1. 中小企业网站的一般结构和主要功能。
2. 常见中小企业网站建设需求

六、任务执行评价

评定形式	自我评定（20%）	小组评定（30%）	教师评定（50%）	任务总计（100%）
得分（100）				
组长签名：		指导教师签名：		

日期： 年 月 日

七、任务拓展

了解其他行业企业电子商务实施的情况

任务二　撰写中小企业网站策划书

任务导入

目前很多中小企业通过建设自己的网站来开始企业的电子商务之路。但是有些网站办得有声有色，发挥了较好的作用，有些网站则无声无息，没有发挥应有的作用。分析其原因，主要是企业对网站的认识还不够深入，多数不知道自己的网站到底能干些什么，人们为什么会访问自己的网站，浏览者还会不会再次光临。

今天很多网站的制作过程是一个粗糙的过程，缺乏最基本的策划、计划、规划。系统性的欠缺是导致网站后期运行出现问题最主要的原因。很多公司做网站是盲目跟风的结果。随便找个网站制作公司或者程序员，给他一堆资料或者产品图片，撂下一句“做好看点”就走人了！而在网站上线的时候，摆在那里，不管不问。企业不知道为什么要做网站，或者单纯地以为网站仅仅是为了公司的宣传，让人可以找到我。一个这样的网站就如同一个“三无”产品一样，从专业的角度看是完全不合格的。

无论什么类型的网站，网站的成功与否与建站前的网站策划有着极为重要的关系。在建立网站前应明确建设网站的目的，确定网站的功能，确定网站规模、投入费用，进行必要的市场分析等。只有进行详细的策划，才能避免在网站建设中出现很多问题，使网站建设能顺利进行。那么中小企业应该如何策划自己网站呢？接下来让我们学习本次任务的内容。

背景知识

1. 中小企业网站策划原则

中小企业网站主要服务于企业商务活动，因此网站策划时应主要考虑网站浏览者及用户体验、易用性等内容。

（1）简单明了原则

在介绍企业架构体系、提供产品信息等资料的基础上，应结合实际情况，有重点地突出企业的特色栏目，让不懂网站使用的人一眼就能看出这个网站是干什么的。

（2）遵循用户的习惯原则

如果网站浏览者能够容易地找到他所需的内容，不用花费时间，他就能够更加容易理解网站提供的服务。

（3）风格简洁一致原则

网站设计制作时应突出重要的内容，版面结构、颜色、字体要简洁明了，网站导航要清晰明确，某些指示性的图形含义要前后保持一致，整个网站的页面风格一致。

（4）实用性原则

尽量使网站浏览者每一次点击毫不费力，无需思考，产品介绍网页上只留有用的信息，欢迎词和指示词尽量减少。

2. 中小企业网站策划目标

（1）网站定位及目标受众群体分析

对前期资料收集的所有数据进行系统定位。主要是根据企业现状、企业所在行业背景现状、资源现状、商业目标等具体情况，找到网站定位及目标受众群体定位。

（2）制订网站长期建设及运营计划

企业进行网站建设开展电子商务活动，需要考虑到网站长期运营及变化。在网站策划阶段需要制定网站长期建设、运营目标，包括时间计划、阶段任务、投资预算等方面。

（3）思考网站建设详细计划

首期投资网站平台建设和网络营销推广工作的实施质量，对一般网站未来的发展具有关键的作用。一个详细、周密的建设计划会使企业信心十足，网站前景看好。计划包括以下几方面。

① 网站短期目标制定。短期目标是企业迈出网络营销的第一步，需要尽量保证其成功，因此，短期目标制定以能实现、能做到为宗旨，争取开个好头。

② 网站平台策划开发。根据其短期目标与资源现状，提出网站平台策划与开发建议，重点打造能为公司获得品牌效益或投资收益的基础营销平台。

③ 网站品牌推广。帮助客户根据其网站定位、第一目标、预期投放资金额等情况，有的放矢地提出推广渠道、成本预算、时间控制等方面的推广建议。

④ 首期投资与回报预算。实践证明，网站从建立至推广，其回报期一般在第一阶段推广结束后的 1～3 个月内见效。因此，企业要有一定的耐心，可以以 3 个月作为评估点。

（4）制定网站功能开发方案

网站功能对于企业或组织而言，是实现建设网站目的的重要手段。例如，为了收集客户邮箱和资料信息，可以开发会员中心或开发调查功能及常用的留言板功能；开通产品搜索功能，使客户能方便地搜索信息。

3. 网站策划方案的基本内容

网站策划书应该尽可能涵盖网站策划中的各个方面，网站策划书的写作要科学、认真、实事求是。一般来说网站策划书包含的内容如下。

（1）建设网站前的市场分析

具体包括：相关行业的市场是怎样的，市场有什么样的特点，是否能够在互联网上开展公司业务；市场主要竞争者分析，竞争对手上网情况及其网站策划、功能作用；公司自身条件分析、公司概况、市场优势，可以利用网站提升哪些竞争力，建设网站的能力（费用、技术、人力等）。

（2）建设网站目的及功能定位

为什么要建立网站？是为了树立企业形象，宣传产品，进行电子商务，还是建立行业性网站；是企业的基本需要还是市场开拓的延伸？整合公司资源，确定网站功能。根据公司的需要和计划，确定网站的功能类型，如企业型网站、应用型网站、商业型网站（行业型网站）、电子商务型网站等。其中，企业型网站又分为企业形象型、产品宣传型、网上营销型、客户服务型、电子商务型等。根据网站功能，确定网站应达到的目的。

（3）网站技术解决方案

根据网站的功能确定网站技术解决方案。具体包括：采用自建服务器，还是租用虚拟主机；选择操作系统，用Window2000/NT还是Unix、Linux；分析投入成本、功能、开发、稳定性和安全性等；采用模板自助建站、建站套餐还是个性化开发；网站安全性措施，防黑、防病毒方案（如果采用虚拟主机，则该项由专业公司代劳）；选择什么样的动态程序及相应数据库，如程序ASP、JSP、PHP、数据库SQL、ACCESS、ORACLE等。

（4）网站内容及实现方式（与专业公司商议）

根据网站的目的确定网站的结构导航。一般企业型网站应包括公司简介、企业动态、产品介绍、客户服务、联系方式、在线留言等基本内容。更多内容还有常见问题、营销网络、招贤纳士、在线论坛、英文版等。根据网站的目的及内容确定网站整合功能，如FLASH引导页、会员系统、网上购物系统、在线支付、问卷调查系统、在线支付、信息搜索查询系统、流量统计系统等。确定网站的结构导航中的每个频道的子栏目。如公司简介中可以包括总裁致辞、发展历程、企业文化、核心优势、生产基地、科技研发、合作伙伴、主要客户、客户评价等；客户服务可以包括服务热线、服务宗旨、服务项目等。确定网站内容的实现方式。如产品中心使用动态程序数据库还是静态页面；营销网络是采用列表方式还是地图展示。

（5）网页设计

网页美术设计一般要与企业整体形象一致，要符合企业CI规范。要注意网页色彩、图片的应用及版面策划，保持网页的整体一致性。在新技术的采用上要考虑主要目标访问群体的分布地域、年龄阶层、网络速度、阅读习惯等。制订网页改版计划，如半年到一年时间进行较大规模改版等。

（6）费用预算

企业建站费用的初步预算，一般根据企业的规模、建站的目的、上级的批准而定。专业建站公司提供详细的功能描述及报价，企业可以进行性价比研究。建立网站的价格从几千元到十几万元不等。网站建设的费用一般与功能要求是成正比的。

（7）网站维护

网站维护具体包括：服务器及相关软硬件的维护，对可能出现的问题进行评估，制定响应时间；数据库维护，有效地利用数据是网站维护的重要内容，因此数据库的维护要受到重视；内容的更新、调整等。

任务实施

任务二　撰写中小企业网站策划书任务单

<table>
<tr><td colspan="2">任务编号：EB7-2</td><td colspan="2">学时：_____课时</td></tr>
<tr><td colspan="2">实训地点：</td><td colspan="2">日期：_____年_____月_____日</td></tr>
<tr><td>姓名：</td><td>班级：</td><td>学号：</td><td>成绩：</td></tr>
<tr><td colspan="4">一、任务描述
本任务通过针对某传统中小企业的网站策划书的撰写，使学生掌握传统中小企业电子商务网站建设涉及的基本内容和网站策划书的基本格式，通过这些介绍和分析，使学生了解网站策划在企业建设网站中的重要性、网站策划书的具体内容及撰写网站策划书的大致过程</td></tr>
</table>

续表

<table>
<tr><td>
二、相关资源
1. 李怀恩. 电子商务网站建设与完整实例. 北京：化学工业出版社，2009.
2. 杨坚争. 电子商务网站典型案例评析. 第 3 版. 西安：西安电子科技大学出版社. 2010.
3. 赵守香. 网站运营与管理• 电子商务. 北京：清华大学出版社. 2011.
4. 商玮. 电子商务网站设计与建设. 北京：人民邮电出版社，2011.
5. 侯铭海，赵传慧. 高职高专“十一五”规划教材• 电子商务网站设计与维护. 北京：化学工业出版社，2008.
</td></tr>
<tr><td>
三、任务分配
在任课教师的带领下，学生根据要求自我组合，分成项目学习小组，每组选出一名组长担任项目负责人。按照任务单的要求，完成任务
</td></tr>
<tr><td>
四、任务实施
选择本地某传统企业，根据企业的真实需求，撰写前期分析调查，企业的具体需求用列表的形式进行简要归纳。报告内容须包含以下模块。
1. 网站开发工具与使用平台。
2. 网站风格。网站的风格包括整体风格和首页风格。
3. 网站栏目设计。
4. 功能介绍。
5. 网站建设人员安排。
6. 网站建设相关费用。
备注：策划书以“姓名+学号”的形式命名，发送给任课教师
</td></tr>
<tr><td>
五、相关知识
1. 中小企业网站的一般结构和主要功能。
2. 网站策划方案基本格式及内容
</td></tr>
<tr><td>
六、任务执行评价
<table>
<tr><td>评定形式</td><td>自我评定
（20%）</td><td>小组评定
（30%）</td><td>教师评定
（50%）</td><td>任务总计
（100%）</td></tr>
<tr><td>得　　分
（100）</td><td></td><td></td><td></td><td></td></tr>
<tr><td colspan="2">组长签名：</td><td colspan="3">指导教师签名：</td></tr>
</table>
日期：　　年　　月　　日
</td></tr>
<tr><td>
七、任务拓展
了解其他行业企业电子商务实施的情况
</td></tr>
</table>

看图识字

1. 看图

图 7-1 所示为中小企业网站具备的主要功能。

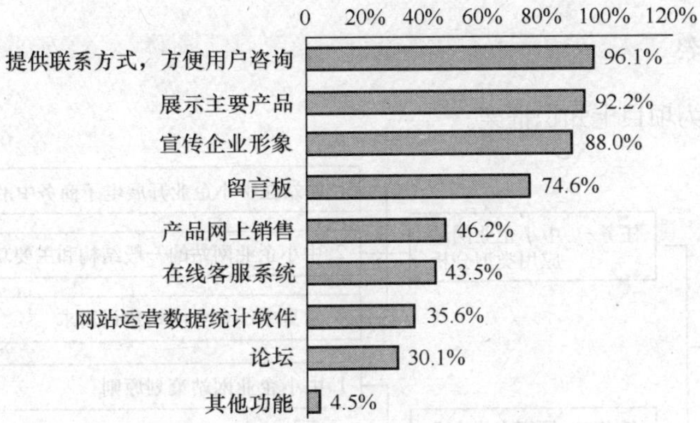

图 7-1　中小企业网站具备的主要功能

2. 识字

企业网站一般具有营销、销售、宣传、客服等多种职能。从针对企业网站设计目的的调查可以看出，营销功能和品牌宣传功能是大多数企业网站设计上最重要、最核心的功能；销售功能、客户服务及客户管理功能相对较弱。

多数企业的互联网网站都希望具备一定的营销功能，但多数企业网站功能主要还是集中在展示上，互动功能、交易功能、后台统计功能方面还有所欠缺，这也导致多数企业网站缺乏人气，沦为摆设。企业网站建设在企业不同的发展阶段应有不同的侧重点，企业网站的应用可以分为三种类型。

（1）企业品牌网站应用

中小企业市场竞争越来越激烈，产品与技术趋于同质化，中小企业的发展壮大必须依靠品牌和规模。品牌信息的传播需要高效媒体，通过网站建立品牌形象已经成为企业营销工作中的重要内容。中小企业对于网站的应用除了简单的产品目录，更重要的是展示企业综合实力，体现企业 CIS（企业形象识别系统）和品牌理念。此时应对网站美工设计要求较高，使用精美的 FLASH 动画是常用的表现形式，重点突出网站内容组织策划。产品展示体验方面也有较高要求，网站重点在针对目标客户进行内容建设，以达到品牌营销传播的目的。

（2）中小企业的网站应用

在这个阶段企业对网站的需求表现为，对于网站美工设计和文字内容要求不高。中小企业注重产品销售，需要展示的重点也是产品，做简洁的商品展示更加实际，通过它让买家可以了解到企业的基本信息，直接促成交易，成为中小企业开展网络营销的实用工具。

（3）企业网站功能应用

中小企业的网站不仅仅是提供信息，更多是通过互联网的跨区域性、互动性将企业的一部分业务搬到网上进行，以提高工作效率，优化工作流程。简单的就是将业务表单做成网页格式通过不同的权限设置让业务伙伴通过网站与企业进行业务往来与处理；更全面的就涉及电子商务的各个方面，如分销管理、网上采购、网上招聘等应用。这类网站更确切地说是一套业务管理系统软件。

知识框架

图 7-2 所示为项目七知识框架。

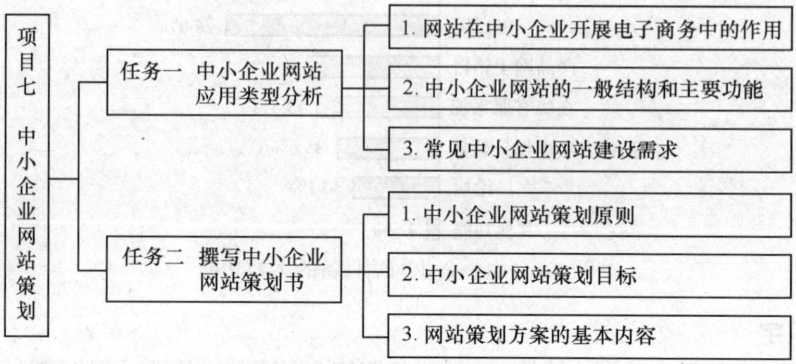

图 7-2 项目七知识框架

技能拓展

请针对校园超市设计一个零售网站，并写出设计流程。

复习思考题

1. 网站规划的意义是什么？
2. 网站规划书的主要内容有哪些？
3. 为什么说商务网站内容设计是网站建设的重点？
4. 什么是商务网站的整体风格？如何设计商务网站的风格？
5. 什么是商务网站的链接结构？
6. 什么是网站的 Logo，它有何作用？
7. 典型的商务网站由哪些要素构成？
8. 商务网站有哪些模式？
9. 试分析构成网站建设成本的因素有哪些。

拓展知识一

客户关系管理

学习目标

【知识目标】

- 了解客户关系管理的产生和发展。
- 掌握客户关系管理的概念、内涵、意义等。
- 掌握客户满意度、客户忠诚度与客户价值。
- 掌握客户服务的方法。

【能力目标】

- 具备识别客户、分析客户需求的能力。
- 具有解决客户投诉的能力。
- 具有了解客户投诉的原因，然后能够根据不同的情况分析对策，采取措施保留客户的能力。

典型案例

金夫人的成功

重庆金夫人摄影机构，从注册50万元的小企业发展成为拥有全国600多家影楼的大型公司。历经22年的励精图治，艰苦创业，目前金夫人旗下拥有“金夫人”、“巴黎经典”、

"玛雅"、"儿童天堂"、"金纱礼服"、金夫人摄影学院等7大品牌；子公司、控股企业和加盟连锁企业达300家，并成功登陆美国纽约、加拿大多伦多开设分店。2009年金夫人成立20周年，金夫人召开了第八届连锁经营事业高峰会。美国职业摄影师协会PPA副总裁、东南亚地区委员会执行官路易斯·汤斯梅尔向金夫人颁发了"PPA认证国际著名摄影机构"奖牌。目前公司经营范围已扩展到婚纱摄影、艺术摄影、儿童摄影、广告摄影、民用及专业数码输出、相框装裱制作、相册设计制作、礼服设计制作、广告设计制作、连锁经营管理、婚礼策划及婚庆服务、专业软件开发及教育培训等14大产业门类。她创建的西部第一个人像摄影学院，正在成为培养中国优秀摄影人才的摇篮。周生俊把婚纱摄影这个小行业做成了大产业。

金夫人的成功，来源于对客户女性消费者的深刻洞察和理解。当一位客人专注地看着金夫人的化妆师用曼妙的双手点缀出美丽的新娘，这位被吸引的客人情不自禁地问了一句："你们金夫人到底销售的是什么样的产品？"化妆师有些得意，她随口回答道："小姐，我们销售的不是产品，而是幸福！"这句颇具韵味的回答一下子击穿了客人内心，她回头逢人便讲这个有些"智慧"的故事。

"经营美丽，销售幸福"的故事一下子传遍了整个公司，金夫人的每位员工不自觉间也为其感染，他们分外地投入，对客户更加地认真。"经营美丽、销售幸福"开始成为一种服务至上的境界。传到"最高统帅"周生俊那里时，他开始思考"怎样让顾客来金夫人之后觉得是一个幸福的过程"。幸福有时并不仅仅是一套唯美有形的产品。对于即将走进婚姻殿堂的新人们而言，对美好生活的憧憬和体验往往是从他们决定穿婚纱、过日子时，所能接触到的那些愉悦感和祝福开始的。这种初始的幸福一旦植入，他们对提供给他们幸福的企业也会好感倍增，念念不忘。

于是金夫人开始以文件的方式要求员工们，必须做好"销售幸福"的服务。"幸福"无微不至，无所不到，并渗透到各个角落：在顾客结婚的时候，会收到金夫人祝福的电话、短信，以及邮寄的鲜花；顾客拍得太晚，门外已有备好的小车专程送他回家；顾客在门市取相框和相册时，已经有人为他准备好了上墙的钢钉；冬天给新娘化妆时要用温水；化妆后新娘喝水要备好吸管；下雨天，门口有"路滑，注意安全"的指示牌，以及随时自取的雨伞；进门时，已经挂好了欢迎某先生、某小姐入内的迎宾牌……

这是一种润物无声而又见真功的细节服务，那些走了几家的顾客大多留下了，金夫人巧妙地避开了恶性竞争。

思考：

1. 你听说过客户关系管理吗？日常生活中，需要客户关系管理吗？
2. 你知道的客户服务方式有哪些？

1. 客户关系管理

（1）客户关系管理的产生与发展

在日益激烈的市场竞争环境下，企业仅靠产品的质量已经难以留住客户，"服务"成为企业竞争制胜的另一张王牌。企业必须利用信息技术，通过对客户的追踪、管理和服务，留住老客户、吸引新客户——针对每个客户的不同需求，提供更为个性化的系列服务已成为企业生存的根本法则。

面对广泛的全球经济、技术和文化变革，全世界的企业都试图增强其现有的客户关系的价值和赢利能力，同时也希望吸引有利可图的新客户。随着企业满怀热忱地接受电子商务，这些客户关系管理背后的驱动力将变得越来越强大。

客户关系管理（简称 CRM），最早由 Gartner Group 提出，目的在于建立一个系统，使企业在客户服务、市场竞争、销售及支持方面形成彼此协调的全新的关系实体，为企业带来长久的竞争优势。

尽管 CRM 的思想由来已久，但直到近年来借助先进的信息技术，其实现才有了较大的进展。有了 CRM 应用软件，公司可以获得有关每次与客户交流、每次销售活动、客户支持问题和每次产品升级的详细信息，并利用这些信息来逐步改进业务，最终使客户成为一个对公司忠诚、并有利可图的终身客户。

最初的 CRM 在 20 世纪 90 年代初投入使用，主要是基于部门的解决方案，如销售队伍自动化（SFA）和客户服务支持（CSS），虽然增强了特定的商务功能，但却未能为公司提供完整的加强与个体客户间关系的手段。于是，20 世纪 90 年代中期推出了整合交叉功能的 CRM 解决方案，把内部数据处理、销售跟踪、国外市场和客户服务请求融为一体，不仅包括软件，还包括硬件、专业服务和培训，为公司雇员提供全面的、及时的数据，让他们清晰了解每位客户的需求和购买历史，从而提供相应的服务。

CRM 这一概念直到 20 世纪 90 年代末才开始深入一些公司。IBM 调查显示，大多数组织，特别是中小规模商业，仅对客户关系管理的应用有个一般了解，对特定的解决方案一无所知。并且虽然大多数这类公司都收集客户数据，但这些数据通常还是分别储存在不同的部门中，没有很好地在全公司内整合与共享。

20 世纪 90 年代后期，互联网技术的迅猛发展加速了 CRM 的应用和发展。Web 站点、在线客户自助服务和基于销售自动化的电子邮件让每一个 CRM 解决方案的采纳者进一步扩展了服务能力，CRM 真正进入了推广时期。

（2）客户关系管理的概念及内涵

客户关系管理帮助企业提高核心竞争力，达到竞争制胜、快速成长的目的，不同的企业，对客户关系管理的理解也不相同。

高德纳咨询公司（Gartner Group）认为，客户关系管理就是为企业提供全方位的管理视角，赋予企业更完善的客户交流能力，最大化客户的收益率。

卡尔松营销集团（Carlson Marketing Group）把客户关系管理定义为：通过培养公司的每一个员工、经销商或客户对该公司更积极的偏爱或偏好，留住他们并以此提高公司业绩的一种营销策略。

赫尔维茨集团（Hurwitz group）认为，客户关系管理的焦点是自动化并改善与销售、市场营销、客户服务和支持等领域的客户关系有关的商业流程。客户关系管理既是一套原则制度，也是一套软件和技术。

IBM 所理解的客户关系管理包括企业识别、挑选、获取、发展和保持客户的整个商业过程。IBM 把客户关系管理分为三类：关系管理、流程管理和接入管理。

综上所述，我们把客户关系管理的定义总结为：企业利用 IT 技术和互联网技术实现对客户的整合营销，是以客户为核心的企业营销的技术实现和管理实现。

计算机技术的飞速发展，提供了运用现代信息技术、网络技术进行客户关系管理的现实可能性。于是客户关系管理理念获得了飞速发展，客户资源不仅已经成为企业的一种战略资源，而且研究客户关系管理和客户关系开发的战略已经成为现代企业经营中的一个重要内容。CRM 的核心管理思想包括以下三方面。

① 客户关系管理是一种新型的管理理念。

互联网的出现和大规模的应用，不仅使得以客户为中心的新的客户关系管理模式的建立成为可能，而且改变了传统的商业运作中接触顾客的方式、销售产品的方式和服务客户的方式，使企业的管理模式开始了从以产品为中心向以客户为中心的重大转变。正是客户关系管理这一概念的出现才衍生了客户服务、客户反应速度、客户价值挖掘等崭新的管理内涵。所以说客户关系管理是企业管理职能的深化和扩展。在营销实践中，从订单管理到客户管理是一大进步，从客户管理到客户关系管理又是一次提升。

② 客户关系管理是对企业与客户发生的各种关系进行全面管理。

企业与客户之间发生的关系，不仅包括单纯的销售过程中所发生的业务关系，如合同签订、订单处理、发货、收款等；而且还包括在企业营销及售后服务过程中发生的关系，如企业在市场活动、市场推广过程中与潜在客户发生的关系，在与目标客户接触过程中，内部销售人员的行为、各项活动及其与客户接触全过程所发生的多对多的关系；还包括售后服务过程中，企业服务人员对客户提供关怀活动、各种服务活动、服务内容、服务效果的记录等，这也是企业与客户的售后服务关系。

对企业与客户间可能发生的各种关系进行全面管理，将会显著提升企业的营销能力、降低营销成本、控制营销过程中可能导致客户不满的各种行为，这是 CRM 系统的另一个重要管理思想。

③ 客户关系管理是企业供应链管理的进一步延伸。

20 世纪 90 年代提出企业资源规划（Enterprise Resource Planning，ERP）系统，原来是为了满足企业的供应链管理（Supply Chain Management，SCM）需求，但 ERP 系统的实际应用并没有达到企业供应链管理的目标。这既有 ERP 系统本身功能方面的局限性，也有 IT 技术发展阶段的局限性。最终 ERP 系统又退回到帮助企业实现内部资金流、物流与信息流一体化管理的系统。

CRM 技术作为 ERP 系统中销售管理的延伸，借助互联网 Web 技术，突破了供应链上企业间的地域边界和不同企业之间的信息交流的组织边界，建立起企业自己的 B2B 网络营销模式。CRM 与 ERP 系统的集成运行才真正解决了企业供应链中的上下游供应链的管理，将客户、经销商与企业销售全部整合到一起，实现企业对客户个性化需求的快速响应。同时也帮助企业清除了营销体系中的中间环节，通过新的扁平化营销体系，缩短响应时间，降低销售成本。

（3）客户价值

由于目前对客户价值的看法过于分散，很难找出一个合理的定义，能将所有的观念包括在一起。为了探索对客户价值的看法，许多学者做了大量的实证研究，如加德尔、雷启斯（Richins）、伍德罗夫、熊曼、克里蒙和约瑟曼等。伍德罗夫归纳总结了这些实证结果，从客户的角度对客户价值（Customer Value）定义如下。

"客户价值是客户对产品属性、属性效能以及使用结果（对实现客户目标和初衷的促进或阻碍）的感知偏好和评价。"

根据客户的定义和内涵，如果客户从某种产品或服务中获得的收益大于所支付的成本，则认为该产品或服务是能够为客户创造价值的。如果某个供应商为客户创造的价值远远高于竞争对手为客户所创造的价值，无疑可以赢得大量客户，从而为自己营造超凡的竞争优势。换句话说，如果企业能够创造非凡的客户价值，就拥有了维持长期收益的基础，这就是客户价值对形成竞争优势的贡献。

所谓顾客的终身价值（Long Time Value）是指一个顾客在他接受某一商家提供的产品及服务的整个消费期内为商家贡献的全部价值，可以包含顾客的历史价值、当前价值和潜在价值。

"顾客让渡价值"是指顾客总价值（Total Customer Value）与顾客总成本（Total Customer Cost）之间的差额，如图 A-1 所示。顾客总价值是指顾客购买某一产品与服务所期望获得的一组利益，它包括产品价值、服务价值、人员价值和形象价值等。顾客总成本是指顾客为购买某一产品所耗费的时间、精神、体力以及所支付的货币资金等，因此，顾客总成本包括货币成本、时间成本、精神成本和体力成本等。

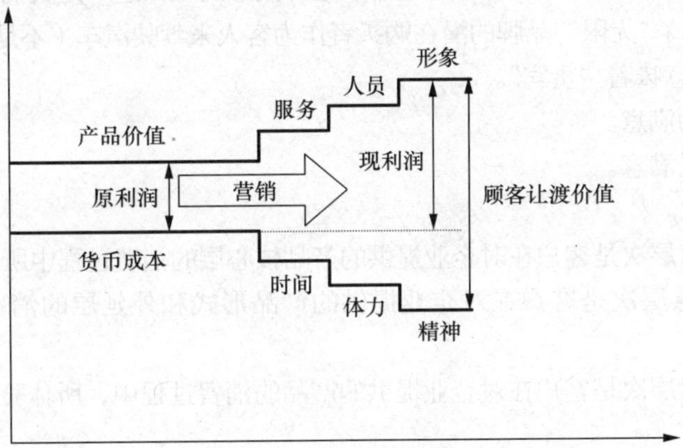

图 A-1　客户让渡价值

（4）客户的满意度（CSD）

2000 版的 ISO/DIS9000 中顾客满意被定义为："顾客对某一事项已满足其需求和期望的程度的意见"，其中，"某一事项是指在彼此需求和期望及有关各方对此沟通的基础上的特定时间的特定事件"。

菲利普·科特勒对满意的定义是，一个人对一个产品或服务的可感知效果（Perceived Performance）与他的期望值（Expectation）相比较后所形成的感觉状态，即

顾客满意度（C）=顾客的感知值（B）/顾客的期望值（A）

解释：

当 C>1 时，表明顾客获得了超过期望的满足程度；

当 C=1 时，表明顾客的感受与期望值相吻合，可以接受；

当 $C<1$ 时，表明顾客的感受为“不满意”。

小资料 A-1　民航大酒店客户服务

北京某公司的高层主管经常到全国各地方出差。而他一到郑州总是指名要住民航大酒店。原因是两年前当他住进这家宾馆时，服务员却告诉他，他的客房还未收拾好，并表示歉意，宾馆经理也跑过来致歉，还专门招待他去餐厅享用了一顿免费晚餐。用餐后他被告知房间已经准备好，同时告诉他当天的房钱免费。这位主管获得了很到位的精神满足，因此对这家宾馆留下了深刻而良好的印象。以后，只要他出差到郑州，就一定要住民航大酒店。

客户满意的层次可分为横向层次和纵向层次。

① 横向层次。

- 企业理念满意。

施乐公司保证“全面满意”，它保证在顾客购买后 3 年内，如有任何不满意，公司将为其更换相同或类似产品，一切费用由公司承担。

西那公司的广告宣称：“在你也满意之前，我们将永远不会达到 100%的满意。”

本田公司的广告则称：“我们顾客之所以这样满意的理由之一是我们不满意。”

日产公司邀请“无限”品牌的潜在购买者作为客人来驾驶汽车（不是“试车”），因为在日语中，顾客意味着“贵宾”。

- 企业行为满意。
- 企业视觉满意。

② 纵向层次。

- 物质满意层次是客户在对企业提供的产品核心层的消费过程中所产生的满意。
- 精神满意层次是客户在对企业提供的产品形式和外延层的消费过程中产生的满意。
- 社会满意层次是客户在对企业提供的产品的消费过程中，所体验到的社会利益维护程度。

（5）客户的忠诚度

忠诚的客户通常指会拒绝竞争者提供的折扣、经常性地购买本公司的产品或服务，甚至会向其家人或朋友推荐的顾客。尽管满意度和忠诚度之间有着不可忽视的正向关系（如图 A-2 所示），但即使是满意度很高的顾客，如果不是忠诚客户，面对更便利或更低的价钱，也会毫不犹豫地转换品牌。

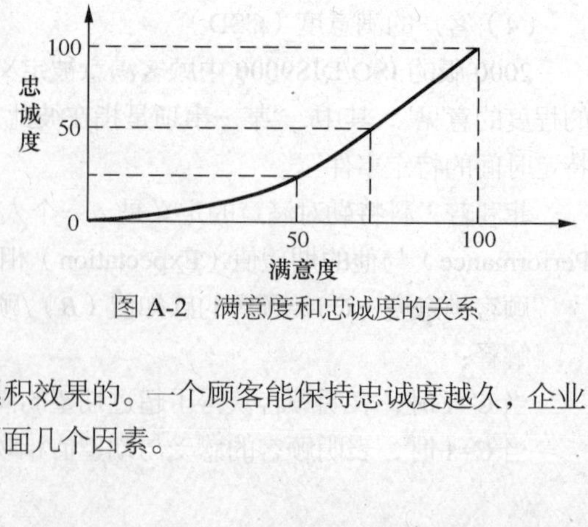

图 A-2　满意度和忠诚度的关系

忠诚客户所带来的收获是长期且具有累积效果的。一个顾客能保持忠诚度越久，企业从他那儿得到的利益越多。这主要是因为下面几个因素。

① 销售量上升。忠诚顾客都是良性消费者，不会刻意追求价格上的折扣。

② 加强竞争地位。如果顾客向我们而非我们的竞争者购买服务，则我们在市场上的地位会变得更加稳固。

③ 减少营销费用。忠诚度高的用户，不需要花钱去吸引他们再度上门，所以营销费用会降低。此外，这些忠诚的顾客还会向他们的朋友宣传，更减少了广告的费用。

④ 不必进行价格战。忠诚的顾客不会被竞争者的小利所诱惑，所以不必与竞争者进行价格战。

⑤ 有利于新产品推广。一个忠诚的顾客会很乐意尝试我们的新业务并向周围的人们介绍，有利于我们拓展新业务。

⑥ 当我们节省了以上的种种费用之后，就可以在改进网络和服务方面投入更多的花费，进而在顾客身上获得良好的回报。

所以，今天的企业不仅要使顾客满意，更要紧紧地维系住顾客，提高他们对企业的忠诚度。

客户忠诚类型主要有下列几种。

① 垄断忠诚：指由于企业垄断经营，客户别无选择。客户的特征是低依恋，高重复购买。

② 惰性忠诚：指客户由于惰性而不愿意去寻找其他的供应商。特点是低依恋，高重复购买。

③ 价格忠诚：指客户忠诚于提供最低价格的零售商。特点是对价格敏感，低依恋，低重复购买。

④ 激励忠诚：当企业有奖励活动的时候，会来购买；当活动结束，就会转向其他有奖励或有更多奖励的公司。特点是低依恋，高重复购买。

⑤ 超值忠诚：指对企业高依恋、高重复购买的客户。此类客户对企业最有价值。

2. 客户服务

（1）客户服务概述

客户关系管理中，很重要的一项内容是客户服务。

客户服务是指包括服务业服务和生产制造业服务，甚至非营利性组织和公共机构的服务在内的广义的服务。它是一项经营管理的功能，属于一种经常性与计划性的工作，是与企业日常管理紧密相连的，如图 A-3 所示。

① 售前服务。

售前服务指在推销产品之前为顾客所提供的服务。主要内容有：做好市场调查预测工作，根据顾客需要组织生产或经营商品，最大限度地满足消费者需求；做好广告宣传，把商品特点、性能、用途，通过广告媒体向顾客进行介绍说明，引起顾客的注意和兴趣，激发顾客购买行为的产生；为用户提供样品和说明书，使他们充分了解和认识商品功能的先进性和可靠性，以及商品的使用和保养方法，以此来取得顾客的信赖和购买；开设各种技术培训班，使用户掌握有关技术资料和技术方法，增强他们的购买信心。

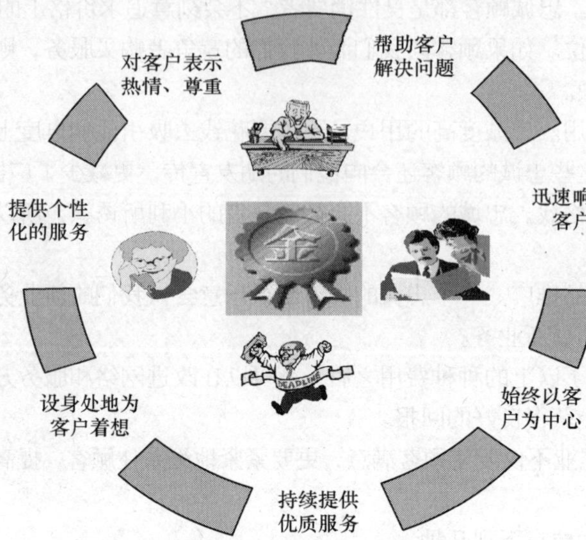

图 A-3 优质客户服务

最常见的售前服务有如下几个方面。

- 大规模的广告宣传。广告已成为现代生活的一个组成部分。人们几乎每时每刻都可以从不同的媒介上看到不同的广告。广告不但丰富了人们的文化生活，更重要的是已成为人们生活消费的重要指导方式。各种商业广告实际上就是一种售前服务工作，它是引导消费、传递信息、促进销售不可缺少的手段。广告既能为消费者提供信息和知识，扩大企业或产品的影响，又可以诱发消费者的需求欲望。所以，企业应高度重视产品的广告传播，除了在电视、电台和报刊等大众媒介上进行传播外，还应根据注意不同的情况，采取少花钱也能办事的各种宣传手段，如产品示范、商品展览、橱窗陈列、露天广告牌等，吸引顾客购买。
- 为顾客提供各种方便。企业要赢得顾客，吸引顾客来购买自己的商品，就必须尽可能地为顾客提供各种方便，使他们能称心如意地购买到所需的商品。如工厂为客户提供技术培训，免费咨询指导，商店设立问事处、服务台、试衣室、休息室、储蓄所，为顾客免费供应开水，提供携带物品暂存服务，等等，使顾客一来到商店就有一种方便的心理感受，从而吸引消费者前来选购称心如意的商品。
- 社会性的公关服务活动。企业的社会性公关服务方式很多。如协办一些大型的体育比赛或文艺晚会，赞助中小学、幼儿园的教学建设，创办福利事业等。如某企业曾专门组织小型乐队，并独家赞助为"希望工程"募捐而举行的大型文艺晚会等。其社会影响很大，大大提高了企业知名度。另外，企业还可以通过举办新闻发布会、记者招待会、产品展销等活动扩大影响。
- 商店环境布置。商店的环境卫生、招牌设计、铺面风格、通道设计、内部装饰、灯光色彩、营业设备、商品摆放等会给予顾客不同的印象，从而引起顾客不同的情绪感受，并由此激发他们的购买欲望。目前绝大多数零售企业都比较重视这个方面。
- 开设各种培训班，为顾客提供技术咨询和技术指导。目前许多的零售企业也采取了这种服务方式。如某文化用品商店，长期为顾客提供电脑操作培训，直至顾客掌握有关技术为止，这样大大刺激了顾客的购买欲望，促进了产品的销售。又如某百货大楼，不定期开办电子琴入门培训班，深受孩子们的欢迎。这些活动不但方便了消费者，而且大大提高了企业的知名度。

当然，售前服务的方式还有很多，每个企业都要不断创造，推出新的绝招，以适应整个市场的变化和消费者的需求。例如：乐器店可以请名家演奏乐曲，时装店可以组织服装模特队现场表演，家具店可请有关美术工作者或生活艺术顾问主持房间布置；推销化妆品，可请有关技术人员开办护肤知识讲座……诸如此类都属售前服务，都有助于解除顾客心里的疑虑，增强购买信心，从而达到促进商品销售的目的。

② 售中服务。

售中服务是指在推销成交过程中所提供的服务。它包括：创造优美舒适的购物环境；良好的服务态度；热情为顾客介绍商品的性能、特点、用途、保养方法；耐心细致地解答疑问，为顾客现场操作示范、表演；区别不同顾客选择不同色彩或式样的商品，充当顾客参谋；包扎商品和收款发货等服务活动。这些服务活动，往往能激发顾客的购买行为，使他们高兴而来，满意而去。

例如，上海浦光百货商店缝纫机柜实施了几项便民措施。如本柜出售的机子，保修期由两年增至五年；机子如果出了问题，可送店维修，也可以上门维修；购货时，营业员负责指导如何使用、保养和一般故障处理；外地顾客可以代办托运。这些便民措施，深受顾客欢迎，结果该店缝纫机销售量急剧增加，最多的一天，销量达六十多台。

③ 售后服务。

售后服务是指商品出售之后所提供的服务。主要内容有：提供技术指导、技术咨询服务，为用户解决技术上的难题；提供零配件和备用件的服务；搞好安装、调试和大型商品的运送服务；建立维修网络和巡回检修服务；实行商品三包服务制，即包退、包换、包修。这些服务活动，大大消除了顾客的后顾之忧，提高了企业信誉。

售后服务和售前服务一样，既不限于行业，也不拘于一种形式，它有着广泛的内容和未被开拓的领域。就目前来说，常见的售后服务方式主要有以下几种。

- 送货服务。

对购买较为笨重及体积庞大的商品，或一次购买量过多，自行携带不便时，以及对某些有特殊困难的顾客等，均有必要提供送货服务。其形式包括自营送货和代营送货。前者是由企业用自有设备送货，后者是指企业代客委托固定联系的运输单位统一送货。目前，大多数的零售商店都提供此类服务，这对方便消费者购买，促进产品销售起到了非常重要的作用。

- “三包”服务。

“三包”服务指包修、包退、包换服务。包修是指对顾客购买本企业的商品，在保修期内实行免费维修，超过保修期则收取维修费用，有些产品，实行终身保修。如中意电冰箱，在超过保修期后也不收取维修费，只收材料费，并且还为顾客提供上门维修服务，因而在消费者中树立了良好的形象，产品畅销不衰。包换是指顾客购买了不合适商品可以调换。包退是指顾客对购买的商品不需要，或者感到不满意，或者有严重的质量问题时，能保证退货。商品“三包”服务是树立企业信誉，促进销售的竞争手段，是一项重要的经营策略。每个企业都应根据不同商品的特点和不同的条件，制定具体的商品“三包”办法，正确处理购销矛盾，为顾客提供各种方便。

- 安装服务。

顾客购买的商品，有的在使用以前需要进行安装，而顾客往往没有有关的安装设备和安装技术，因而需要企业提供安装服务。如工厂所购买的大批机器设备的安装、调试，消费者购买空调后安装等。这也是售后服务的一种主要形式，企业应高度重视。

- 包装服务。

商品包装是为顾客服务中不可缺少的项目。商品包装的形式多种多样，如单独商品包装、组合商品包装、散装商品的小包装、礼品包装，等等。企业对商品的包装要讲究精致、美观、坚固、耐用、便携，同时，还可以在包装物上刊上企业的名称、地址、服务方式内容，这也是一种重要的广告宣传方式。

- 提供知识性指导和产品咨询服务。

顾客在购买商品后使用中，经常会遇到这样或那样的问题，企业要负责解答、指导，以保证商品的使用寿命。

（2）客户投诉管理

对客户服务工作来讲，投诉的处理是一项非常具有挑战性的工作。而对服务代表来讲，如何能够有效地处理客户投诉也是一个迫切需要解决的问题。投诉对一家企业、对服务代表来讲它的意义在哪里呢？

① 投诉能体现客户的忠诚度。

客户向企业投诉，很重要的一点是需要得到问题的解决，此外客户还希望得到企业的关注和重视。有时客户不投诉，是因为他不相信问题可以得到解决或者说他觉得他的投入和产出会不成比例。而投诉的客户往往是忠诚度很高的客户。总之，有效地处理客户投诉，能为企业赢得客户的高度忠诚，如图 A-4 所示。

美国白宫全国消费者调查统计

即便不满意，也还会在你那儿购买商品的客户 * 有多少？		
不投诉的客户	9%	（91% 不会再回来）
投诉没有得到解决的客户	19%	（81% 不会再回来）
投诉过但得到解决的客户	54%	（46% 不会再回来）
投诉被迅速得到解决的客户	82%	（18% 不会再回来）

（* 指投诉确有原因（损失超过 100 美元）但还会在你那儿购买商品的客户）

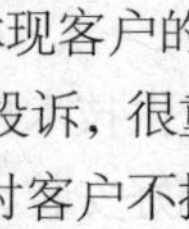

4% 的不满意客户会向你投诉
96% 的不满意客户不会向你投诉，
但是会将他的不满意告诉 16～20 个人

图 A-4 美国白宫全国消费者调查统计

从图 A-4 可以看出，那些向企业提出中肯意见的人，都是对企业依然寄有期望的人，他期望企业的服务能够加以改善，他们会无偿地向你提供很多信息。因此，投诉的客户对于企业而言是非常重要的。对服务不满意的客户的投诉比例是：4%的不满意客户会投诉，而 96%的不满意客户通常不会投诉，但是会把这种不满意告诉给他周围的其他人。在这 96%的人背后会有 10 倍的人对你的企业不满，但是只有 4%的人会向你说。因此，有效处理客户的投诉，能有效地为你的企业赢得客户的高度忠诚。

② 满意度的检测指标。

客户满意度的检测指标是客户的期望值和服务感知之间的差距。客户满意度的另外一个检测指标是服务质量的五大要素：有形度、同理度、专业度、反映度、信赖度。客户投诉在很多时候是基于服务质量的五大要素进行的，因此，对客户投诉进行分类，很多投诉都可以归入这“五度”中，即对有形度、同理度、专业度、反映度、信赖度等“五度”的投诉。

③ 投诉对企业的好处。

- 有效地维护企业自身的形象。

从美国白宫全国消费者调查统计中可以发现：不投诉的客户有 9%会回来，投诉没有解决的客户有 19%会回来，投诉没有得到解决但还会回来，是什么原因呢？客户有受尊重的需求，投诉尽管没有得到解决，但他受到了企业的重视。

例如你对餐馆菜的质量不满意，什么也没说结完账就走了，以后再也不会来了。而有些客人则会提出菜炒得太咸或环境太差，服务员则会解释：“可能您的口味比较淡，我下次给您推荐一些口味比较清淡的菜，环境以后也会改变，很快要进行装修。谢谢您提出的宝贵意见。”实际上这位客人的问题没有得到解决，但是他可能还会再来吃饭，因为他受到了重视，所以，投诉没有得到解决的人比不投诉的人回来的比率会高出 10 个百分点。

投诉得到解决的会有 54%的客户再回来，继续在这家企业里消费，有 46%的人不会再回来；而投诉被迅速得到解决的，有 82%的客户愿意继续在这家企业消费，有 18%的人不会再回来。这个调查统计分析说明，企业需要客户投诉。客户投诉的意义就在于有效地处理客户的投诉，把投诉所带来的不良影响降到最低点，从而维护企业自身的高大形象。

- 挽回客户对企业的信任。

在企业的产品出现问题，客户投诉后，如果有很好的处理方法，最终会挽回客户对企业的信任。

- 及时发现问题并留住客户。

有一些客户投诉，实际上并不是抱怨产品或者服务的缺点，而只是向你讲述对你的产品和服务的一种期望或是提出他们真正需要的是一种什么样的产品。这样的投诉，会给企业提供一个发展的机遇。像美国的“戴尔”，在笔记本电脑市场竞争这么激烈的情况下，依然能做得那么出色，正是因为它提供给客户一个更好的营销手段——客户定制。

④ 客户投诉处理流程。

客户投诉处理流程一般说来，包括以下几个步骤。

- 记录投诉内容。利用客户投诉记录表详细地记录客户投诉的全部内容，如投诉人、投诉时间、投诉对象、投诉要求等。
- 判定投诉是否成立。了解客户投诉的内容后，要判定客户投诉的理由是否充分，投诉要求是否合理。如果投诉不能成立，即可以婉转的方式答复客户，取得客户的谅解，消除误会。

- 确定投诉处理责任部门。根据客户投诉的内容，确定相关的具体受理单位和受理负责人。如属运输问题，交储运部处理；属质量问题，则交质量管理部处理。
- 责任部门分析投诉原因。要查明客户投诉的具体原因及具体造成客户投诉的责任人。
- 提出处理方案。根据实际情况，参照客户投诉要求，提出解决投诉的具体方案，如退货、换货、维修、折价赔偿等。
- 提交主管领导批示。对于客户投诉问题，领导应予以高度重视，主管领导应对投诉处理方案一一过目，及时做出批示。根据实际情况，采取一切可能的措施，挽回已经出现的损失。
- 实施处理方案，处罚直接责任者，通知客户，并尽快地收集客户的反馈意见。对直接责任者和部门主管要按照有关规定进行处罚，依照投诉所造成的损失大小，扣罚责任人的一定比例的绩效工资或奖金；同时对不及时处理问题造成延误的责任人也要进行追究。
- 总结评价。对投诉处理过程进行总结与综合评价，吸取经验教训，提出改进对策，不断完善企业的经营管理和业务运作，以提高客户服务质量和服务水平，降低投诉率。

表 A-1 可以帮助服务代表对自己处理客户投诉的能力进行评估。

表 A-1　　客户投诉处理能力自我评估

客户投诉处理能力自我评估					
得分说明：1＝从不这样；　2＝极少这样；　3＝有时这样；　4＝通常这样；　5＝总是这样。					
A. 我觉得我能够平息大多数客户的不满	1	2	3	4	5
B. 当我遇到一个不满的客户时，我会——					
1. 保持平静	1	2	3	4	5
2. 不去打岔	1	2	3	4	5
3. 专心于客户所关心的事	1	2	3	4	5
4. 面对口头的人身攻击不采取对抗姿态	1	2	3	4	5
5. 我会放下手头工作和其他电话的干扰	1	2	3	4	5
6. 身体专注	1	2	3	4	5
7. 面部表情合适	1	2	3	4	5
8. 与对方对视时眼神很自信	1	2	3	4	5
9. 耐心听完对方的全部陈述后再做出回答	1	2	3	4	5
10. 适当地做记录	1	2	3	4	5
11. 表现出对对方情感的理解	1	2	3	4	5
12. 让客户知道自己乐于给予帮助	1	2	3	4	5
13. 知道在什么时候请出自己的上司	1	2	3	4	5
14. 语调自信而殷勤	1	2	3	4	5

续表

15. 不使用会给对方火上浇油的措辞	1	2	3	4	5
16. 避免指责自己的同事和公司	1	2	3	4	5
C. 不满的客户走了以后，我——					
1. 能控制住自己的情绪	1	2	3	4	5
2. 不对其他同事多次讲述所发生的不愉快事件	1	2	3	4	5
3. 能够分析自己做的有哪些不够，应该加以改进	1	2	3	4	5
81～100＝　优秀	21～40＝　需要主管帮助				
61～80　＝　良好	1～20＝　需要下岗学习				
41～60　＝　需要提升技能					

（3）客户流失管理

客户流失管理，顾名思义，就是在明确客户流失的根本原因的基础上，有针对性地制定各种层面的应对措施，通过企业的销售、营销、服务等部门及其渠道分销商，运用商务的、技术的手段从全方位进行客户挽留的管理。客户流失管理的目标，从浅层而言，是降低客户的流失率，提高企业的收益；从深层而言，则是使其成为企业发展的核心战略之一，进而发展为企业的文化。

在制定客户流失分析管理流程时，需要遵循多个原则。这里归纳了八个最主要的原则。

① 企业级的战略执行。明确客户流失管理的普遍实施是企业战略优先级的，是最高等级的。

② 数据驱动的研究。管理者必须以现实的数据为基准，不应该出现凭空的、没有依据的假设。

③ 有全局的视角。任何行动或者举措都应该且必须包括可能影响客户流失的所有的客户接触点、所有的在整个企业价值链中面向客户的部分。

④ 多种诊断评估方法。多种评估手段具有对比性、参考性。可以用深度调查、呼叫中心监控、客户问卷等方法。

⑤ 资源的有效使用。基于所拥有的时间、资源和相应的影响程度来有效地调配相关的资源。

⑥ 坚定而又明确的目标。目标必须明确而且合理、可实现，确保全体人员执行的一致性。

⑦ 自由的沟通。提供开放式的沟通机制，提高信息的自由度，以及理念的开放性。

⑧ 有效的度量和改进。有明确的衡量实施效果的标准，能够帮助及时有效地进行调整和改进。

有效防止客户流失，必须采取适当的客户保持的方法，如图 A-5 所示。客户保持所带来的不仅仅是客户保留，你之所以会保持这些客户，就是因为客户对你十分满意并忠诚。事实上，他们很愿意把自己的这种感觉告诉所认识的人，而这种“宣传”的效果绝对胜过你花巨资拍摄的广告所带来效果的 10 倍！从这个角度来看，“保持”也是一种“吸引”，而且是一种效果更加强烈的吸引。从企业的角度来看，客户保持比吸引更能够带来企业的低成本。据统计，吸引一个新客户所需要花费的成本是保持一个老客户所需成本的 5～10 倍。

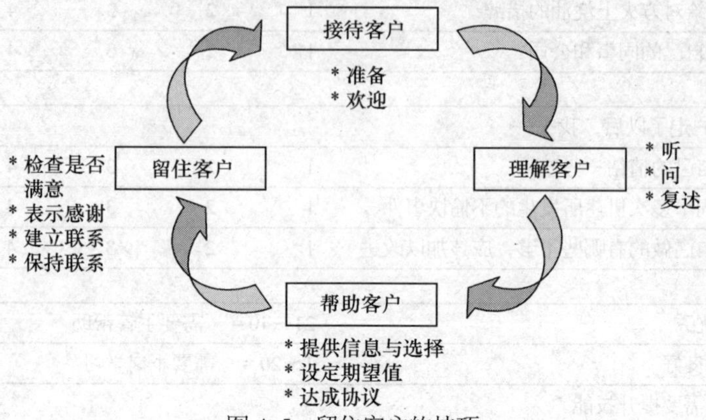

图 A-5　留住客户的技巧

尽管越来越多的企业管理层越来越深刻地认识到保持企业老客户的重要性，但是，究竟应该从哪些方面着手来实施客户保持呢？

（1）注重质量

长期稳定的产品质量是保持客户的根本。高质量的产品本身就是优秀的推销员和保持客户的强力凝固剂。这里的质量不仅是产品符合标准的程度，更应该强调的是企业要不断地根据客户的意见和建议，开发出真正满足客户喜好的产品。因为随着社会的发展和市场竞争的加剧，用户的需求正向个性化方向发展，与众不同已成为一部分客户的时尚。一些企业为抓住市场，已经开始了针对不同的客户提供不同产品和服务的尝试，并取得令人瞩目的效果，例如海尔公司的按单生产。在这方面，企业必须紧跟现代科技的发展步伐，不断提高产品和服务的知识含量，一方面更好地满足客户的需要；另一方面与客户构筑起竞争对手的进入壁垒，降低客户的流失率。

（2）优质服务

在激烈的市场竞争中，服务与产品质量、价格、交货期等共同构成企业的竞争优势。由于科技发展，同类产品在质量和价格方面的差距越来越小，而在服务方面的差距却越来越大，客户对服务的要求也越来越高。虽然再好的服务也不能使劣质产品成为优等品，但优质的产品会因劣质的服务而失去客户。

美国一家咨询公司在调查中发现，客户从一家企业转向另一家企业 70%的原因是服务。他们认为，企业员工怠慢了一个客户就会影响 40 名潜在的客户。宝洁公司曾开设一条直拨热线，他们在一个月中就收到了数以千计的客户的电话。其中只有 20%是与牙膏的气味、洗衣粉的漂白功能等质量问题有关，而 80%客户所抱怨似乎都是一些很小的事情，如卡通形象、手柄设计、开发和设备、包装及印刷的颜色字体等。不谋而合的是，一项在瑞典进行的研究发现，只有 17%的问题与产品和服务的质量直接相关。相反，大多数的批评都指向似乎不太重要的环节，如货物运输和包装等。

可见，大多数客户的不满并不是因为产品质量本身，而是由于服务问题，客户能够用双眼观察到的质量往往比产品和服务的质量重要得多。他们往往把若干因素掺杂在一起：产品或服务的可信度、一致性、运货的速度与及时性、书面材料的准确度、电话咨询时对方是否彬彬有礼、传递信息的价值（如产品和服务的使用说明）、员工的精神面貌……所有这些因素都很重要，其中一些甚至非常关键。甚至有人提出，在竞争焦点上，服务因素已逐步取代产品质量和价格，世界经济已进入服务经济时代。

（3）品牌形象

面对日益繁荣的商品市场，客户的需求层次有了很大的提高，他们开始倾向于商品的品牌选择，偏好差异性增强，习惯于指名购买。客户品牌忠诚的建立，取决于企业的产品在客户心目中的形象，只有让客户对企业有深刻的印象和强烈的好感，他们才会成为企业品牌的忠诚者。

（4）价格优惠

价格优惠不仅仅体现在低价格上，更重要的是能向客户提供他们所认同的价值，如增加产品的知识含量，改善品质，增加功能，提供灵活的付款方式和资金的融通方式等。如果客户是中间商，生产企业通过为其承担经营风险而确保其利润也不失为一种颇具吸引力的留住老客户的方式。

（5）感情投资

一旦与客户建立了业务关系，就要积极寻找商品之外的关系，用这种关系来强化商品交易关系。如记住了个人客户的结婚纪念日、生日以及企业客户的厂庆纪念日等重要日子，采取适当的方式表示祝贺。对于重要的客户，其负责人要亲自接待和走访，并邀请他们参加本公司的重要活动，使其感受到公司所取得的成就离不开他们的全力支持。对于一般的客户可以通过建立俱乐部、联谊会等固定沟通渠道，保持并加深双方的关系。

对于以上保持客户的各种方法，企业既要认识到这五个方面都很重要，忽视任何一个方面都会造成不利的后果，同时又应该权衡这五个方面不同的侧重点。保持客户的低层次是注重质量，品牌形象和优质服务是第二层次，在此基础上构建起价格优惠和感情投资这两个第三层次。

知识框架

图 4-6 为拓展知识一知识框架。

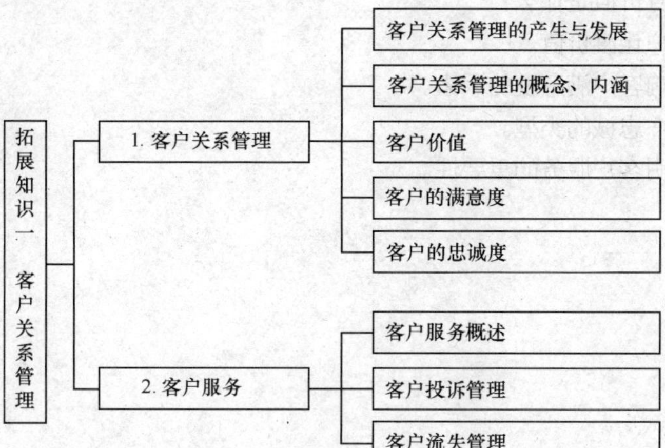

图 A-6　拓展知识一知识框架

技能拓展

你将如何回答客户的下列提问?

(1)客户：你能替我保管一下皮包吗?

职员：我只能替你保管到下班。

我会这样回答——

(2)客户：我也想参加你们的幸运抽奖活动，可以吗?

职员：你必须一次性地交完一年的服务费才行。

我会这样回答——

(3)客户：这一款的手机还有吗?

职员：我想是没有了。

我会这样回答——

复习思考题

1. 简述客户关系管理的内涵。
2. 客户终身价值是什么?
3. 简述客户让渡价值。
4. 简述影响客户满意度的因素。
5. 简述客户忠诚的类型。
6. 举例说明客户服务的重要性。

拓展知识二

移动电子商务

学习目标

【知识目标】

- 了解移动电子商务的含义以及特点。
- 理解移动电子商务的模式。
- 熟悉移动电子商务提供的各类服务。

【能力目标】

- 能够分析目前我国移动电子商务的发展现状。
- 能够识别目前移动电子商务的应用领域。
- 能够分析移动电子商务发展过程中存在的问题。

典型案例

移动电子商务兴起 网购成平板电脑重要应用体验

在淘宝 iPhone 客户端、Android 客户端相继上线后，2011 年 6 月 23 日，手机淘宝透露淘宝 iPad 客户端正式上线。至此，手机淘宝客户端将在覆盖 iphone、Android、symbian、kjava、blackberry、brew 等多种手机系统的基础上满足用户多终端移动购物需求，这是移动电子商务竞争的新突破，也是对以消费者需求为导向的转变。

布局 iPad 客户端是淘宝移动终端布局的一个重要环节。据市场研究公司 IHS iSuppli 最新发表的研究报告称，2011 年全球平板电脑出货量将比 2010 年增长 1 700 万台，达到 6 320 万台，预计 2012 年的平板电脑出货量将达到 1.139 亿台。随着平板电脑的广泛应用，越来越多的人已经开始习惯把旅途中、闲暇时的时光交给平板电脑，电影和游戏是平板电脑提供给人们的最常用功能。而随着移动电子商务的兴起，网购也逐渐成为平板电脑的另一种重要应用体验。调查显示 1/10 的平板电脑用户称每天都会使用平板电脑去浏览或在线购买商品，有将近 1/4 的平板电脑用户在过去六个月内网络购物的次数不低于 6 次。

淘宝 iPad 客户端的上线，使用户不再受到感官上的影响，可以像使用笔记本和台式电脑那样通过较大的显示屏幕浏览商品，尽可能多地感受商品信息，同时也摆脱了空间和时间的限制，能够像使用手机购物那样随时随地地畅想购物。淘宝 iPad 承袭了淘宝网商品搜索、浏览、收藏、购买、物流查询、旺旺在线沟通等功能，同时在体验上也做了购物流程的优化，购物车功能、物流及时查询、旺旺沟通、浏览历史以及购物收藏夹都提高了购物的整体使用性。

如今移动互联网的应用正在向社会各个层面和行业渗透，将形成全新产业链，成为行业发展新增长点。未来的移动互联网的发展将不仅仅在手机应用，而将向多种移动终端拓展，iPad 客户端的上线意味着淘宝进军移动互联网战略的更进一步。中国电子商务研究中心最新数据显示，2010 年中国移动电子商务实物交易规模达到 26 亿元，同比增长 370%；艾瑞咨询预计，2012 年我国移动电子商务用户将接近 2.5 亿。由此可见，在移动互联网平台上电子商务发展潜力巨大，把握住每一分机遇将是增强企业竞争力的重要砝码。不论是推广 iphone、Android 等手机客户端的应用，还是平板电脑客户端，淘宝网都在与时俱进地开发着每一项应用终端系统。

个性化作为移动互联网最大的特征之一，意味着不同的移动终端、不同的手机系统的用户具有不同的个性化需求，手机淘宝不断在多系统、多终端全面布局，显示其将满足多元化用户需求作为入口，打造覆盖所有移动用户的移动电子商务大平台。

思考：

1. 在日常生活中你经常接触到移动电子商务的哪些应用？请举例说明。
2. 在我们使用移动电子商务的时候，你都遇到过哪些问题？

1. 移动电子商务概述

随着移动通信技术和计算机的发展，移动电子商务的发展已经经历了 3 代。第一代移动商务系统是以短讯为基础的访问技术，这种技术存在着许多严重的缺陷。其中最严重的问题是实时性较差，查询请求不会立即得到回答。此外，由于短讯信息长度的限制也使得一些查询无法得到一个完整的答案。这些令用户无法忍受的严重问题也导致了一些早期使用基于短讯的移动商务系统的部门纷纷要求升级和改造现有的系统。

（1）移动电子商务的含义

移动电子商务就是利用手机及掌上电脑等无线终端进行的 B2B、B2C 或 C2C 等的电子商务。它将互联网、移动通信技术、短距离通信技术及其他信息处理技术完美地结合，使人们可以在任何时间、任何地点进行各种商贸活动，实现随时随地、线上线下的购物与交易、在线电子支付以及各种交易活动、商务活动、金融活动和相关的综合服务活动等。

（2）移动电子商务的特点

近年来，传统电子商务大起大落，目前正处于逐步复苏的阶段。一些业界人士认为，以手机钱包、手机银行和移动小额支付为代表的移动电子商务是电子商务发展的一个新的方向，具有广阔的应用前景。

与传统的电子商务相比，移动电子商务的最大特点是"随时随地"和"个性化"。传统电子商务已经使人们感受到了网络所带来的便利和乐趣，但它的局限在于台式电脑携带不便，而移动电子商务则可以弥补传统电子商务的这种缺憾，可以让人们随时随地购买彩票、炒股或者购物，感受独特的商务体验。

① 用户规模大。

The Mobile World 的统计数据表明，截至 2011 年 5 月底，全球电话用户数达 69.2 亿，移动用户数在其中占绝大多数，达到 56 亿，固话用户仅为 13.2 亿。全球互联网用户数超过 20 亿，中国互联网用户达到 6 亿。显然，从电脑和移动电话的普及程度来看，移动电话远远超过了电脑。而从用户群体来看，手机用户中基本包含了消费市场中的中高端用户，而传统的上网用户中以缺乏支付能力的年轻人为主。由此我们不难看出，在某种程度上说，以移动电话为载体的移动电子商务不论在用户规模上，还是在用户消费能力上，都优于传统的电子商务。

② 有较好的身份认证基础。

对传统的电子商务而言，用户的消费信用问题是影响其发展的一大"瓶颈"，而移动电子商务在这方面显然拥有一定的优势。这是因为手机号码具有唯一性，手机 SIM 卡上存贮的用户信息可以确定一个用户的身份。对于移动商务而言，这就有了信用认证的基础。此外，与西方国家相比，目前我国银行卡的使用率不高，商业信用体系尚不健全，个人信用体系缺位。银行卡使用率低、使用网点少等现实问题的存在，都给移动电子商务发展提供了机遇。一些专家认为，在我国以移动终端为载体的移动小额支付，有可能代替信用卡，弥补整个社会消费信用制度的缺位，成为人们较为容易接受的新型电子支付方式。

③ 移动电子商务更适合大众化的商务应用。

由于基于固定网的电子商务与移动商务拥有不同的特性，移动电子商务不可能完全替代传统的电子商务，两者是相互补充、相辅相成的。移动通信所具有的灵活、便捷的特点，决定了移动电子商务应当定位于大众化的个人消费领域，应当提供大众化的商务应用，因此 B2C 可能成为移动电子商务发展的主要模式。

未来的移动电子商务市场将主要集中在以下几个方面：自动支付系统，包括自动售货机、停车场计时器、自动售票机等；半自动支付系统，包括商店的收银柜机、出租车计费器等；日常费用收缴系统，包括水、电、煤气等费用的收缴等；移动互联网接入支付系统，包括登录商家的 WAP 站点购物等。

④ 移动电子商务能够有效规避传统电子商务出现的泡沫。

移动电子商务在休闲娱乐（音乐下载、彩铃下载、网络游戏、视频下载等）、移动交易（手机银行、手机购物、手机订票等）、即时通信（手机电邮、手机聊天）和信息服务（手机新闻、位置信息服务、气象信息服务、交通信息服务等）这几个领域开始应用，吸引了越来越多的用户参与。用户规模大，有较好的身份认证基础，便携型、个性化的商务应用，能够有效规避传统电子商务出现的泡沫等诸多优势使得移动电子商务具有非常好的发展前景。

与传统的电子商务不同的是，在手机钱包、手机银行等移动电子商务发展进程中，移动运营商发挥着十分重要的作用。移动运营商不仅拥有庞大的用户群，而且拥有稳定的收费关系及收费渠道。更为重要的是，近几年来，国内移动运营商已经构建起了成熟的移动数据业务发展产业价值链以及与服务提供商（Service Provider，SP）进行利润分成的商业运作模式，这为移动电子商务业务的发展创造了良好的条件。此外，在移动电子商务发展之初，将主要面向大众市场，这使得移动商务的发展从一开始就有了现实的支点。因此，在一定意义上说，移动商务可以避免传统电子商务所出现的泡沫和波折。

小资料 B-1

手机银行也称移动银行，是利用移动电话办理有关银行业务的简称。它可以认为是金融机构借助移动通信运营商的新技术平台开展的一种“便民业务”。使用这种业务的银行用户可以利用手机办理多种金融业务，突破时空限制，只需使用手机，依照屏幕提示信息，即可享受商业银行手机银行服务提供的个人理财服务，实现账户信息查询、存款账户间转账、银证转账、证券买卖、个人实盘外汇买卖、代缴费、金融信息查询等功能。

手机银行产品有 SMS 和 WAP 两种形式。SMS 类的手机银行业务是由手机、GSM 短信中心和银行业务系统构成的。手机与 GSM 短信中心通过 GSM（2G）网络连接，而 GSM 短信中心与银行系统之间的通信可以通过网络来完成。某些情况下，短信中心还可能通过一个业务增值平台与银行前置机相连以减轻短信中心的负担。在亚洲市场上，SMS 手机银行得到了消费者的高度青睐。

2. 移动电子商务的发展现状及存在的问题

（1）我国移动电子商务的发展现状

随着移动用户的迅速增加，以及移动通信技术在信息化领域的应用向纵深发展，我国移动电子商务发展开始步入快车道。

① 庞大的终端用户群。工信部公布的 2011 年 12 月通信业运行数据显示，全国移动电话用户在 2011 年 1～11 月份净增 11633.2 万户，达到 97533.5 万户，近 10 亿用户庞大的用户群为移动电子商务奠定了良好的发展基础和巨大的市场商机。

② 政策导向。2007 年 6 月，发改委、国务院信息化办公室印发《电子商务发展“十一五”规划》，规划提出要“发展小额支付服务、便民服务和商务资讯服务，探索面向不同层次消费者的新型服务模式”，并要求“大力推广银行卡等电子支付工具，推动网上支付、电话支付和移动支付等新兴支付工具的发展”。在原国信办的积极推动下，中国移动等运营企业已就“十一五”规划中移动商务试点工程的落实情况与相关政府部门进行密切

沟通。2010年，国家加快编制《国家移动电子商务试点示范工程发展规划》，为移动电子商务进一步营造良好的政策环境。

③ 产业链各环节纷纷布局。包括电信运营商、软件发展商、终端厂商、银行、服务提供商等产业链在内的众多成员都开始涉足无线电子商务领域。产业链成员的协同努力是无线电子商务发展的主要推动力。无线商务将借助于短信、WAP和RFID等多种方式得以实现。中国移动与商务部、中国国际电子商务中心联合开发“商信通”，联通搭建如意商城，用友移动开发移动电子商务平台——移动商街，市场非常活跃。

④ 电信基础设施升级。2008年，3G开始在国内部分城市试点应用，电信基础设施不断提升，窄带无线逐步向宽频无线过渡。新一代宽频无线移动通信属于《国家中长期科学和技术发展规划纲要（2006年—2020年）》中确定的16个重大科技专项之一。该专项的实施将为无线商务的发展奠定坚实的基础。

⑤ 无线互联网蓬勃发展。目前WAP在中国已进入快速增长期，随着用户关注度的不断提升，企业、个人建站意愿升温，WAP资源将出现爆炸式的发展，服务内容也将由图铃游戏、搜索导航、手机阅读等几个方面向多元化转变。无线互联网的丰富将为无线商务培育用户，积累资源。随着2008年北京奥运会召开，在奥运3G应用的示范作用拉动下，国内移动电子商务应用更加普及，包括手机搜索、手机定位、手机游戏、手机音乐等个性化服务将得到更广泛的应用，企业移动应用也将更加广泛。

（2）我国移动电子商务存在的问题

目前，几乎没有移动电子商务方面的法律、法规，而传统的商务和电子商务的法律、法规不能完全适用于移动电子商务。尽快完善相关的法律、法规是移动电子商务发展的重要工作。

安全保障应当是最先考虑和始终保证的一个问题。无线网络中的攻击者不需要寻找攻击目标，攻击目标会漫游到攻击者所在的小区，信息可能被窃取和篡改。应该进一步完善移动通信系统的安全，提高安全机制的效率以及对安全机制进行有效的管理。

移动终端的丢失意味着别人将会看到电话、数字证书等重要数据，拿到移动终端的人就可以进行移动支付、访问内部网络和文件系统。所以，应该努力减少移动终端丢失的概率，并最小化移动终端丢失后带来的风险。通过技术手段实现身份认证，从而降低移动终端丢失后带来的损失，是移动电子商务能否健康发展的重要因素。

移动电子商务属于新事物，商业模式还需要逐渐完善，而构建安全灵活的移动支付机制是完善商业模式的关键环节。要构建安全高效的移动支付机制，各电信运营商以及银行之间必须加强联系和合作，消除支付障碍，在提供高速网络服务的同时不断增强客户终端的功能。电信运营商和银行还要降低移动支付的手续费，从而使移动用户更方便地选择购物或者支付。另外，可将原有的各个不同支付服务、支付方式进行系统化整合。

移动电子商务在配送、支付和信用上不仅没有跨越任何传统商务的瓶颈，甚至其地点的不确定性更是给配送、身份确认等方面增加了不小的难度。让移动用户先付钱再消费（预付）显然不利于推动移动电子商务的发展，尤其在前面两个问题没有得到彻底解决之前；而如果采用先消费后结算（透支）方式，就必然要启用手机实名制、信用评估和担保体系，而且透支额度太小，也会阻碍交易的进展。

3. 移动电子商务模式

(1) 移动电子商务模式的形成

移动电子商务模式是由移动电子商务价值链中的某几个部分相互合作而逐步形成的赢利模式。在移动电子商务模式形成过程中需要考虑很多的因素，如技术的标准、终端处理能力和带宽不足、消费者对于无形产品的消费态度、使用移动终端的环境、市场需求以及其他的参与者和竞争者等。

(2) 移动电子商务模式的分类

目前，移动电子商务模式出现了多种分类方式。传统上通常根据用户类型和市场细分的分类方式将移动商务模式分为 B2B、B2C 和 C2C 等，但此分类难以具体分析移动商务模式的运行过程。根据服务的特征，可分为语音通信、SMS 服务、移动运营商整合的 WAP 服务和移动办公服务。此外，还有根据交易参与者进行交易方式的移动商务模式分类。

(3) 移动电子商务模式分析

通过对移动商务价值链的分析可以看出，在移动商务中参与的主要角色有：移动用户、内容提供商、服务提供商、移动门户网站和移动网络运营商等。本文主要从移动商务中参与角色的角度来分析移动商务模式。以下是对几种移动商务模式的分析。

① 内容提供商。内容提供商直接地或通过移动门户网站间接地向客户提供信息和服务。网络公司通过发布新闻消息等方式，以年、月等单位定期向接受信息和服务的客户收费，收费的金额可能是固定的，也可以根据该信息产品的被访问情况而确定。

② 移动门户。移动门户通过无线网络使移动用户从不同的移动运营商和内容提供商无线网站来获取服务，同时为移动客户提供服务和信息。移动门户是用户接受无线网络的入口。移动门户的关键成功因素是通过建立灵活的平台，可以支持不同的标准、协议和终端，方便用户交易。通过在各个接触点收集和分析用户信息，移动门户还可以提供个性化、区域化服务。此外，通过建立一定规模的客户基础，移动门户可以吸引移动网络运营商和内容提供商加盟。移动门户主要收入来源于广告收入、交易收入和接入收入等，还可以通过吸引内容提供商做广告来收取费用。

③ 移动运营商。移动运营商提供一个范围广、使用方便的业务平台，为移动用户提供快捷方便的接入，并在安全、计费、支付等方面提供支持。移动用户、服务提供商和银行在此平台上交换信息。典型应用如中国移动的移动梦网，其服务提供商合作伙伴有 600 多家，提供了超过 7 万种业务。移动运营商的关键成功因素是通过控制移动网络平台，占有主动权，并自主选择内容提供商。作为移动价值链的枢纽，移动运营商确保参与者的交易信息安全。通过与内容提供商合作，也可以吸引移动用户，扩大客户群。在此模式中内容计费存在一定难度。传统的基于时长或数据流量的计费方法已不足以解决移动网络的计费需求。

④ WAP 网关提供商。WAP 技术是一组通信协议，把 Internet 技术与无线网络技术结合起来，针对移动通信设备接入 Internet 以及其他待开发的新型电信增值业务而设计的一套规范。它通过 WAP 网关对 Web 服务器的信息进行转换，以使 Web 服务器能够浏览 Web 服务器上的内容。WAP 网关提供商的关键成功因素是将处理功能集中在 WAP 网关中，大

大减少了手机操作负载。服务提供商还通过与 WAP 网关提供商合作致力于改进服务，而无需关心相关的技术细节以及安全等问题。

⑤ 移动直接面向客户。内容提供商可以通过 WAP 网关直接与移动用户进行商务活动，提供信息和服务。内容提供商可以通过 Web 服务为用户提供各种有价值的信息，包括私人邮件阅读、世界新闻、金融、旅游信息，用户也可以根据个人兴趣定制信息。目前移动直接面向客户的模式还不是很完善，由于移动设备屏幕、键盘小并功能复杂，不仅需要新技术实现信息的可视化，还需要合理利用有限的键盘实现操作命令。

⑥ 移动虚拟社区。移动虚拟社区为用户提供类似于传统网络虚拟社区功能，如交友、聊天和同学录等。2004 年初，Motorola 和友联网联合推出中国首款手机支持的无限虚拟娱乐社区——MOTO 都市。MOTO 都市将网络社区中的精彩内容移植到手机中，包括 MOTO 会所、工作中心、MOTO 购物、MOTO 校友录等多种功能。

小资料 B-2

随着保险市场竞争日趋激烈，保险行业面临着一个前所未有的竞争。保险公司要在日新月异的环境中保持不败之地，就必须适应客观形势的变化，在服务方式、产品设计、营销手段等多方面实现创新。保险公司的客户服务方式主要通过直邮、呼叫中心等方式来进行。由于行业的特性，保险公司很难和投保客户直接进行沟通，保险公司是被动地为客户提供如保单信息、险种介绍、保险合同变更等信息服务，很难提供主动、便捷、迅速、高效的服务。直邮和呼叫中心高昂的成本费用在一定程度上也限制了保险公司的主动客户服务。

这些服务方式都存在着有待改进的必要，并且保险行业在客户服务满意度方面尚需做出更多的努力。如何以最小的成本来完成保险公司与客户的服务沟通，如何提升客户服务质量等问题已成为保险公司无法回避的现实。保险公司应该挖掘新的服务方式为客户提供高质量的服务，以降低客户流失率，提高客户续保率。

保险公司必须适应客观形势的变化，在客户服务、险种设计、营销手段等众多方面进行创新，使客户更加便捷地获得保险保障及相关的服务。而保险公司也在寻找新的方式为他们的产品与服务增加价值，提高竞争力，提升客户忠诚度，同时吸引新的高价值客户。因此，短信作为一种新的服务方式被保险公司引入到现有的服务体系当中，以满足客户不断增长的服务需求。

为了给客户提供高质量服务，降低保险客户的流失率，赢得更多的客户和提高客户的忠诚度，中国人寿成功与知名的金融行业移动商务应用提供商北京东方般若科技发展有限公司（简称东方般若）达成战略合作，建立起覆盖全国的“移动 95519”短信客服系统，以短消息作为主要客服手段，为全国数量庞大的保险客户提供各种保险服务。通过短消息实现中国人寿与客户之间最快捷、最直接、最主动的沟通，克服了传统客户服务方式运作过程中存在的一些弊端，作为原有客户服务方式的有力补充，能够为客户提供快速、准确、个性化的服务。

东方般若公司根据中国人寿的客服流程、操作方式及个性化应用等因素有机地将短信客服系统和中国人寿现有的业务系统连接在一起，构成了“移动95519”短信客服系统。该系统运行在中国人寿的内部专网中，通过安全的数据接入与中国人寿现有业务系统之间建立信息通信，从而可以快速、自动、准确地提供客户需要的服务信息。

“移动95519”短信客服系统采用先进的软件体系结构设计，可高效地同中国人寿业务系统进行集成，将移动通信技术、网络技术和组件技术有效地结合在一起，构成功能全面、服务模式灵活的无线数据短信息综合客户服务系统。短信客服系统遵循组件化的设计思想，整个系统的框架先进、灵活、稳定，提供服务管理、短信收发、应用服务、系统管理等多方面的丰富功能，为中国人寿的短信客服系统提供了一个高效的运营支撑平台。

4. 移动电子商务的服务

现代企业普遍面临着来自成本、生产率、产品销售以及客户服务等方面的竞争压力和瓶颈，拓展产品销售渠道、提高产品成品率、降低运营成本以及提升客户服务质量，是现代企业提升市场综合竞争能力的关键。另外，移动电子商务提供了“随时、随地、随意”的商务优势，有助于提升企业产品竞争优势，提高客户的满意度，增强随时处理数据的能力，提高员工工作效率和生产率，降低销售渠道等。

Internet、移动通信技术和其他技术的完美组合缔造了移动电子商务，提供多样的服务来推动市场发展。目前，移动电子商务主要提供以下服务。

联单银行业务：移动电子商务使用户能随时随地在网上安全地进行个人财务管理，进一步完善互联网银行体系。用户可以使用其移动终端核查其账户、支付账单、进行转账以及接收付款通知等。

交易：移动电子商务具有即时性，因此非常适用于股票等交易应用。移动设备可用于接收实时财务新闻和信息，也可确认订单并安全地在线管理股票交易。

订票：通过互联网预订机票、车票或入场券已经发展成为一项主要业务，其规模还在继续扩大。互联网有助于方便核查票证的有无，并进行购票和确认。移动电子商务使用户能在票价优惠或航班取消时立即得到通知，也可支付票费或在旅行途中临时更改航班或车次。借助移动设备，用户可以浏览电影剪辑、阅读评论，然后订购邻近电影院的电影票。

购物：借助移动电子商务，用户能够通过其移动通信设备进行网上购物。其中，即兴购物会是一大增长点，如订购鲜花、礼物、食品或快餐等。传统购物也可通过移动电子商务得到改进。例如，用户可以使用“无线电子钱包”等具有安全支付功能的移动设备，在商店里或自动售货机上进行购物。

小资料 B-3

“我们明年年中也会做一些技术转让的工作来介入中国移动商务的市场。”中国第一家具有国际背景的奢侈品购物网站魅力惠中国区 CEO Thibault Villet 先生一边接受采访，一边抚弄着手中的手机，展示国外目前最知名的几家奢侈品购物网站。他说，“终端移动的商务也会成为奢侈品电子商务的一种新趋势。我们已经在日本看到许多成功的模式，但和在中国还不那么普及的情形一样，目前魅力惠已经在日本推出了手机购物平台，我们每年有近三成的业务成交额来自手机购物平台。我相信未来几年中，奢侈品的移动电子商务模式在中国也会很流行。”

和 Thibault Villet 先生持有相同观点的，还有来自迪拜的 Ilham Abbas 女士，El Ilhaam 集团总裁兼首席执行官。现在，她正忙于筹备推出集团旗下购物门户网站，同时，打造一个集合社交媒体、网络销售平台及手机电子商务于一身的“流动购物中心”。“我们将在明年 1 月推出中文版奢侈品购物网站，随后将推出与购物网站相匹配的手机购物平台。”Ilham Abbas 女士说，“亚洲人热衷于追捧新的科技和通信工具，同时，中国人将成为未来几年中奢侈品消费量最大的族群，我有必要让自己走得更快一些。”

2010 年 11 月 26 日，阿玛尼集团在中国正式推出电子商务网站，主要针对其 Emporio Armani 品牌。同时，业内人士指出，该集团可能还将在日后推出针对手机用户的移动电子商务平台。

此外，已经在中国落地两年的时尚大牌购物网站唯品会 CEO 洪晓波近日也对媒体表示，计划明年初推出新的手机电子商务平台。

娱乐：移动电子商务将带来一系列娱乐服务。用户不仅可以从他们的移动设备上收听音乐，还可以订购、下载或支付特定的曲目，并且可以在网上与朋友们玩交互式游戏，还可以游戏付费，并进行快速、安全的博彩和游戏。

无线医疗（Wireless Medical）：医疗产业的显著特点是每一秒钟对病人都非常关键，这一行业十分适合于移动电子商务的开展。在紧急情况下，救护车可以作为进行治疗的场所，而借助无线技术，救护车可以在移动的情况下同医疗中心和病人家属建立快速、动态、实时的数据交换，这对每一秒钟都很宝贵的紧急情况来说至关重要。在无线医疗的商业模式中，病人、医生、保险公司都可以获益，也会愿意为这项服务付费。这种服务是在时间紧迫的情形下，向专业医疗人员提供关键的医疗信息。由于医疗市场的空间非常巨大，并且提供这种服务的公司为社会创造了价值，同时，这项服务又非常容易扩展到全国乃至世界，我们相信在这整个流程中，存在着巨大的商机。

知识框架

图 B-1 所示为拓展知识二知识框架。

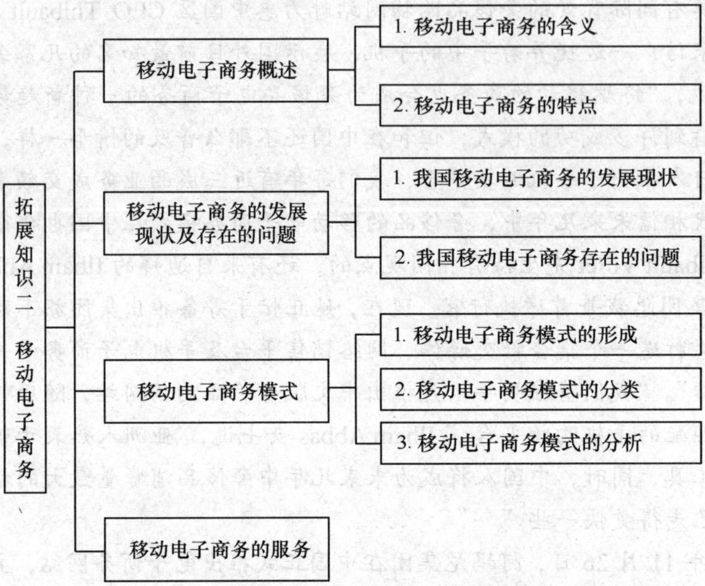

图 B-1　拓展知识二知识框架

复习思考题

1. 简述移动电子商务的含义及特点。
2. 简述我国移动电子商务发展过程中存在的问题。
3. 目前移动电子商务模式的分类有哪些？
4. 移动电子商务提供的服务有哪些？

拓展知识三

电子商务与现代物流

学习目标

【知识目标】

- 了解物流管理的发展历程。
- 掌握物流、现代物流与物流管理的概念、内涵、特征、分类等。
- 掌握电子商务环境下的供应链管理和电子商务的物流模式。

【能力目标】

- 具备基本的现代物流以及物流管理知识，在电子商务活动中，能够选择合适的物流模式和遵循物流管理方法来最大化电子商务的效益。

典型案例

商务发展“瓶颈”和最大障碍的物流拯救了亚马逊，并创造了亚马逊今天的业绩。那么对亚马逊的生存和发展经历的研究带给我们现在的企业哪些有益的启示呢？

启示一：物流是亚马逊促销的手段

很多年来，网上购物价格昂贵的现实是使消费者摒弃电子商务而坚持选择实体商店购物的主要因素，也是导致电子商务公司失去顾客、经营失败的重要原因。在电子商务经营处于“高天滚滚寒流急”的危难时刻，亚马逊独辟蹊径，三次大胆地将免费送货作为促销手段，并且不断降低免费送货服务的门槛。薄利多销，低价竞争，以物流的代价去占领市场，招揽顾客，扩大市场份额。显然此项策略是正确的，因为抓住了问题的实质。当然这项经营策略也是有风险的。因为如果不能消化由此产生的成本，转移沉重的财务负担，则将功亏一篑。那么亚马逊是如何解决这些问题的呢？

启示二：开源节流是亚马逊促销成功的保证

如前所述，亚马逊赢利的秘诀在于给顾客提供的大额购买折扣及免费送货服务。然而此种促销策略也是一柄双刃剑，在增加销售的同时产生巨大的成本。如何消化由此而带来的成本呢？亚马逊的做法是在财务管理上不遗余力地削减成本，减少开支，裁减人员，使用先进便捷的订单处理系统降低错误率，整合送货和节约库存成本，降低物流成本，相当于以较少的促销成本获得更大的销售收益，再将之回馈于消费者，以此来争取更多的顾客，形成有效的良性循环。当然这对亚马逊的成本控制能力和物流系统都提出了很高的要求。此外，亚马逊在节流的同时也积极寻找新的利润增长点，有效的开源节流措施是亚马逊低价促销成功的重要保证。

启示三：完善的物流系统是电子商务生存与发展的命脉

作为电子商务组成部分的物流已成为决定电子商务效益的关键因素。在电子商务中，如果物流滞后，效率低，质量差，则电子商务经济、方便、快捷的优势就不复存在。所以完善的物流系统是决定电子商务生存与发展的命脉。分析众多电子商务企业经营失败的原因，在很大程度上是缘于物流上的失败。正是由于亚马逊有完善、优化的物流系统作为保障，它才能将物流作为促销的手段，并有能力严格地控制物流成本和有效地进行物流过程的组织运作。亚马逊的独到之处又是什么？

1. 在配送模式的选择上采取外包的方式

在电子商务中亚马逊将其国内的配送业务委托给美国邮政和UPS，将国际物流委托给国际海运公司等专业物流公司，自己则集中精力去发展主营和核心业务。这样既可以减少投资，降低经营风险，又能充分利用专业物流公司的优势，节约物流成本。

2. 将库存控制在最低水平，实行零库存运转

亚马逊通过与供应商建立良好的合作关系，实现了对库存的有效控制。亚马逊公司的库存图书很少，维持库存的只有200种最受欢迎的畅销书。一般情况下，亚马逊是在顾客买书下了订单后，才从出版商那里进货。购书者以信用卡向亚马逊公司支付书款，而亚马逊却在图书售出46天后才向出版商付款，这就使得它的资金周转比传统书店要顺畅得多。

思考：

你知道哪些物流公司？他们各有哪些特点？

1. 物流概述

（1）概念

一般认为，物流是从分配物流和军事后勤（Logistics）演变中形成的。1915年阿奇·萧在《市场流通中的若干问题》中就提到了物流（Physical Distribution）一词。1935年，美国销售协会对Physical Distribution的概念进行了阐述：指在销售过程中的物质资料和服务从生产场所到消费场所的流动过程中所伴随发生的种种经济活动。在二次大战中，为保障

战时物资供应，美国军队建立了“后勤”理论，并将其用于战争活动中。其所提出的“Logistics”的概念是指将战时物资生产、采购、运输、配给等活动作为一个整体进行统一布置，以求战略物资补给的费用更低，速度更快，服务更好。后来，将战时的后勤保障体系移植现代经济生活中，逐步演变为今天的物流。

在我国，国家质量技术监督局对物流的定义已在 2001 年 8 月 1 日起正式实施的《中华人民共和国国家标准——物流术语》中描述为：“物品从供应地向接收地的实体运动过程，根据实际需要，将运输、储存、装卸、搬运、包装、流通加工、配送、信息处理等基本功能实施有机结合。”事实上、物流并没有一个权威性的定义，其包含的概念也在不断地发展。尽管不同的国家、机构和专家学者在不同的时期、从不同的角度对物流给出了各种表述不同的定义，但可以肯定，物流的概念应包含以下要点：第一，物流学的研究对象是贯穿流通领域和生产领域的一切物料流以及有关的信息流，研究的目的是对其进行科学规划、管理和控制；第二，物流的作用是将物质由供给主体向需求主体转移（包括物质的废弃与还原），创造时间价值和空间价值，并创造部分实质效果；第三，物流的活动包括运输、保管、装卸搬运、包装、流通加工以及有关的信息活动等。

（2）分类

社会经济领域中物流活动无处不在，其基本要素都是共同的。但是，由于物流对象不同，物流目的不同、物流范围不同，使得各领域物流有自已的特征，因而形成了不同类型的物流。既然有不同类型的物流，必然产生与之适应的分类标准和方法，以便能区别认识和研究。由于各地区经济发展状态不同，社会对物流的需求不同，人们对物流的分类并没有统一的划分标准。综合现有的论述，物流分类标准大致有四种。根据物流范围的大小可以分为宏观物流、微观物流、国际物流和国内物流；根据物流系统的性质的不同，可以分为社会物流和企业物流；根据物流的功能的不同，可以分为供应物流、生产物流、销售物流、废弃物流和回收物流；根据物流主体的不同，可以分为第一方物流、第二方物流、第三方物流和第四方物流。

本书将采用按物流系统性质划分的分类方法对物流进行分类。

① 社会物流。

社会物流是指超越一家一户的以一个社会为范畴、面向社会为目的的物流。这种社会性很强的物流往往是由专门的物流承担人承担的，如第三方物流等。

② 企业物流。

这种从企业角度研究与之有关的物流活动，是具体的、微观的物流活动的典型领域。企业物流又可以区分为以下具体的物流活动。

- 生产物流。从工厂的原材料购进入库起始到工厂产品库的产品发送止的物流活动称为生产物流。这种物流活动是与整个生产工艺过程相伴而生的，实际上已构成了生产工艺过程的一部分。企业生产过程的物流大体为：原料、零部件、燃料等辅助材料从企业仓库或企业的“门口”开始，进入到生产线的开始端；再进一步随生产加工过程一个一个环节地流动，在流动的过程中，本身被加工，同时产生一些废料、余料，直到生产加工终结；再流至产成品仓库，便终结了企业生产物流过程。
- 供应物流。供应物流是企业为保证本身生产的节奏，不断组织原材料、零部件、燃料、辅助材料供应的物流活动，这种物流活动对企业生产的正常、高效进行起着重大作用。企业供应物流不仅要保证供应的目标，而且还要以最低成本、最少消耗、最可靠的保障来组织供应物流活动，满足限定的条件。现代物流学是基于非短缺商品市场这样一个宏观环境来研究物流活动的，此环境下供应量的保证是容易做到的，企业竞争的关键在于如何降低这一物流过程的成本。为此，企业供应物流就必须解决有效的供应网络、供应方式和零库存等问题。

- 销售物流。企业销售物流是企业为保证本身的经营效益，伴随着销售活动，将产品所有权转给用户的物流活动。在现代社会中，市场是一个完全的买方市场，为满足买方的需求，最终实现销售，销售物流活动带有极强的服务性。在买方市场前提下，销售往往以送达用户并经过售后服务才算终止，因此，销售物流的空间范围很大，难度也大。企业销售物流的特点，便是通过包装、送货、配送等一系列物流作业实现销售，这就需要研究送货方式、包装水平、运输路线等，并采取各种诸如少批量、多批次、定时、定量配送等特殊的物流方式达到目的。可见，其研究领域也很广泛。
- 回收物流。回收物流指不合格物品的返修、退货以及周转使用的包装容器从需方返回到供方所形成的物品实体流动。即企业在生产、供应、销售的活动中总会产生各种边角余料和废料，这些东西的回收是需要伴随物流活动的。如果回收物品处理不当，往往会影响整个生产环境，甚至影响产品的质量，占用很大空间，造成浪费。
- 废弃物物流。企业废弃物物流是指对企业排放的无用物进行运输、装卸、处理等的物流活动。

（3）物流的功能

电子商务与传统商务就实现商品销售的本质而言并无区别。物流是实现销售过程的最终环节。但由于采用不同形式，使一部分特殊服务功能变得格外重要。概括起来，电子商务物流服务功能除了具有传统物流功能（包括运输、储存、装卸、搬运等），即普通商务活动中典型的物流作业外，电子商务还需要提供增值性的物流服务。增值性的物流服务包括以下主要内容。

- 增加便利性的服务。一切能够简化手续、简化操作的服务都是增值性服务。提供电子商务的物流服务，提供一条龙门到门服务，提供完备的操作或作业提示，免培训、免维护、省力化设计或安装，代办业务，"一张面孔"接待客户，二十四小时服务，自动订货，传递信息和转账，物流全过程追踪等，这些都是对电子商务销售有用的增值性服务。
- 加快反应速度的服务。快速反应已经成为物流发展的动力之一。传统观点和做法将加快反应速度变成单纯对快速运输的一种要求，但在需求对速度的要求越来越高的情况下，它也变成了一种约束，因此必须想其他的办法来提高速度。采用具有重大推广价值的增值性物流服务方案，优化商务系统的配送中心、物流中心网络，重新设计适合电子商务的流通渠道，以此减少物流环节，简化物流过程，提高物流系统的快速反应性能。
- 降低成本的服务。电子商务发展的前期，物流成本会居高不下。有些企业可能会因根本承受不了这种高成本而退出电子商务领域，或者有选择性地将电子商务的物流服务外包出去，这是很自然的事情。因此，发展电子商务，一开始就应该寻找能够降低物流成本的物流方案。企业可以考虑的方案包括：采用第三方物流服务商、电子商务经营者之间或电子商务经营者与普通商务经营者联合，采取物流共同化计划；同时，如果商务规模大，比如，珠穆朗玛和亚马逊这些具有一定的销售量的电子商务企业，可以通过采用比较适用而投资比较少的物流技术和设施设备，或推行物流管理技术，如运筹学中的管理技术、单品管理技术、条形码技术和信息技术等，提高物流的效率和效益，降低物流成本。

- 延伸服务。向上可以延伸到市场调查与预测、采购及订单处理；向下可以延伸到配送、物流咨询、物流方案的选择与规划、库存控制决策建议、货款回收与结算、教育与培训、物流系统设计与规划方案的制作等。以上这些延伸服务最具有增值性，但也是最难提供的服务。能否提供此类增值服务功能现在已成为衡量一个物流企业是否真正具有竞争力的标准。

2. 现代物流

（1）概念

现代物流则指以现代信息技术为基础，整合运输、储存、装卸、搬运、包装、配送、流通加工、逆向物流、客户服务及物流信息处理等各种功能而形成的综合性物流活动模式，其实质是运用现代信息技术、通信技术和物流技术对传统物流流程进行变革、控制和创新。该种模式把物流范围从流通领域扩展到企业生产的全过程，即供应、加工、组装、销售及逆向物流，实行一体化物流管理；进而随着 EDI、互联网和电子商务技术的发展以及基于此的物流、信息网络的发展，扩大到供应链管理范围。

（2）现代物流的主要特征

① 物流反应快速化。物流服务提供者对上游、下游的物流、配送需求的反应速度越来越快，前置时间越来越短，配送间隔越来越短，物流配送速度越来越快，商品周转次数越来越多。

② 物流功能集成化。现代物流着重于将物流与供应链的其他环节进行集成，包括，物流渠道与商流渠道的集成、物流渠道之间的集成、物流功能的集成、物流环节与制造环节的集成等。

③ 物流服务系列化。现代物流强调物流服务功能的恰当定位与完善化、系列化。除了传统的储存、运输、包装、流通加工等服务外，现代物流服务提供延伸服务，并在内涵上提高了以上服务对决策的支持作用。

④ 物流作业规范化。现代物流强调功能、作业流程、作业、动作的标准化与程式化，使复杂的作业变成简单的易于推广与考核的动作。

⑤ 物流目标系统化。现代物流从系统的角度统筹规划一个公司整体的各种物流活动，处理好物流活动与商流活动及公司目标之间、物流活动与物流活动之间的关系，不求单个活动的最优化，但求整体活动的最优化。

⑥ 物流手段现代化。现代物流使用先进的技术、设备与管理为销售提供服务，生产、流通、销售规模越大，范围越广，物流技术、设备及管理越现代化。计算机技术、通信技术、机电一体化技术、语音识别技术等得到普遍应用。世界上最先进的物流系统运用了 GPS（全球卫星定位系统）、卫星通信、射频识别装置（RF）、机器人，实现了自动化、机械化、无纸化和智能化，如 20 世纪 90 年代中期，美国国防部（DOD）为在前南地区执行维和行动的多国部队提供的军事物流后勤系统就采用了这些技术，其技术之复杂与精尖堪

称世界之最。

⑦ 物流组织网络化。为了保证对产品促销提供快速、全方位的物流支持，现代物流需要有完善、健全的物流网络体系，网络上点与点之间的物流活动保持系统性、一致性，这样可以保证整个物流网络有最优的库存总水平及库存分布，运输与配送快速、机动，既能铺开又能收拢。分散的物流单体只有形成网络才能满足现代生产与流通的需要。

⑧ 物流经营市场化。现代物流的具体经营采用市场机制，无论是企业自己组织物流，还是委托社会化物流企业承担物流任务，都以“服务-成本”的最佳配合为总目标，谁能提供最佳的“服务-成本”组合，就找谁服务。国际上既有大量自办物流相当出色的“大而全”、“小而全”的例子，也有大量利用第三方物流企业提供物流服务的例子。比较而言，物流的社会化、专业化已经占到主流，即使是非社会化、非专业化的物流组织也都实行严格的经济核算。

⑨ 物流信息电子化。由于计算机信息技术的应用，现代物流过程的可见性（Visibility）明显增加，物流过程中库存积压、延期交货、送货不及时、库存与运输不可控等风险大大降低，从而可以加强供应商、物流商、批发商、零售商在组织物流过程中的协调和配合以及对物流过程的控制。

（3）物联网对现代物流的影响

① 物联网的定义

所谓“物联网”（Internet of Things）是指通过射频识别（RFID）、红外感应器、全球定位系统、激光扫描器等信息传感设备，按约定的协议，把任何物品与互联网相连接，进行信息交换和通信，以实现智能化识别、定位、跟踪、监控和管理的一种网络。其目的是让所有的物品都与网络连接在一起，方便识别和管理。物联网是利用无所不在的网络技术建立起来的。其中非常重要的技术是 RFID 电子标签技术。它需要三个网络来实现:传感网络，即以二维码、RFID、传感器为主，实现“物”的识别；传输网络，即通过现有的互联网、广电网络、通信网络等实现数据的传输与计算；应用网络，即输入输出控制终端，可基于现有的手机、个人电脑等终端进行。虽然二者都可以形成一个庞大的网络，但它们区别却是很明显的。因为物流是一个实体的空间状态下物的采购、包装、装卸、存储、运输等一系列的过程，它基本不需虚拟的网络来实现；而物联网则是基于庞大的互联网，借助于无线射频技术（RFID）来实现对物品的号码标示，记忆存储然后传输到生产、消费或供应者手中。

② 物联网时代的智能物流

由于物流企业在供应链中的特殊位置而对信息资源的掌握相对集中，物流企业参与了物品的所有配送、仓储、包装加工、运输等环节，这是物流企业能全面获得物流信息的基础。物联网使用 EPC 电子标签作为对物品的唯一标识，将物流过程中不同的货品、集装箱、托盘和仓库进行分层级编码。当读写器得到大量的不同层级的 EPC 标签信息时，系统就可以明确地辨认出它们的信息，并根据需要对有关信息进行处理，达到快速分级处理的效果。同时可以对具体物品进行监控，并利用网络数据库将该物品的任何信息进行分享，突破了传统信息传播模式的障碍，克服信息传播途中的延误，以供供应链的各环节利用。这样，物流企业就可以对所提供的物流信息进行准确无误的跟踪，掌握物品市场的供求变化等情况，以供决策。也就是说，物流企业可以根据物联网所提供的物品信息，然后对物品的产销规模、销售渠道、运输距离和成本等信息进行集中分析，实现对产品的销售情况、库存情况、配送情况等信息的收集，使企业可以跟踪到产品的一切市场信息，从而可以为企业的生产计划、库存计划、销售计划等过程提供决策支持。

物联网这一在全球范围内对每个物品跟踪监控的全新理念，将从根本上提高对物品生产、配送、仓储、销售等环节的监控水平，将成为继条码技术之后，再次变革商品零售、物流配送及物品跟踪管理模式的一项新技术，从根本上改变供应链流程和管理手段。

在物流业中物联网主要应用于如下方面。①智能配送的可视化管理网络，这是基于GPS卫星导航定位，对物流车辆配送进行实时的、可视化的在线调度与管理的系统，以实现物流作业的透明化、可视化管理。②建立全自动化的物流配送中心，实现局域内的物流作业的智能控制、自动化操作的网络。③基于RFID等技术建立的产品的智能可追溯网络系统，这些智能的产品可追溯系统为保障食品安全、药品安全等提供了坚实的物流保障。目前，在医药、农业、制造等领域，产品追溯体系都发挥着货物追踪、识别、查询信息等方面的巨大作用，有很多成功案例。④企业的智慧供应链。智慧供应链用于满足客户的大量的个性化的需求与订单。这些都对物流业的发展意义重大。

（4）物流管理

物流管理起源于第二次世界大战中军队输送物资装备所发展出来的储运模式和技术。在战后这些技术被广泛应用于工业界，并极大地提高了企业的运作效率，为企业赢得更多客户。当时的物流管理主要针对企业的配送部分，即在成品生产出来后，如何快速而高效地经过配送中心把产品送达客户，并尽可能维持最低的库存量。美国物流管理协会那时叫做实物配送管理协会，而加拿大供应链与物流管理协会则叫做加拿大实物配送管理协会。在这个初级阶段，物流管理只是在既定数量的成品生产出来后，被动地去迎合客户需求，将产品运到客户指定的地点，并在运输的领域内去实现资源最优化使用，合理设置各配送中心的库存量。准确地说，这个阶段物流管理并未真正出现，有的只是运输管理、仓储管理和库存管理。物流经理的职位当时也不存在，有的只是运输经理或仓库经理。

现代意义上的物流管理出现在20世纪80年代。人们发现利用跨职能的流程管理的方式去观察、分析和解决企业经营中的问题非常有效。通过分析物料从原材料运到工厂，流经生产线上每个工作站，产出成品，再运送到配送中心，最后交付给客户的整个流通过程，企业可以消除很多看似高效率却实际上降低了整体效率的局部优化行为。在这个阶段，物流管理的范围扩展到除运输外的需求预测、采购、生产计划、存货管理、配送与客户服务等，以系统化管理企业的运作，达到整体效益的最大化。

① 概念。物流管理（Logistics Management）是指在社会在生产过程中，根据物质资料实体流动的规律，应用管理的基本原理和科学方法，对物流活动进行计划、组织、指挥、协调、控制和监督，使各项物流活动实现最佳的协调与配合，以降低物流成本，提高物流效率和经济效益。

② 物流管理的发展历史。物流管理的发展经历了配送管理、物流管理和供应链管理3个阶段。

- 物流管理的起源——实体分销管理（PDM）。

在20世纪60年代，当西方管理学的重心开始从生产领域转到非生产领域时候，实体分销管理(Physical Distribution Management)的概念开始形成，并受到重视，当时被彼得·德鲁克称之为经济增长的“黑暗大陆”，是“降低成本的最后边界”，是降低资源消耗、提高生产率之后的“第三利润源泉”。

以前，物流是分散在组织不同职能中的一系列互不协调、零散的活动。实体分销管理第一次将企业内部的运输、仓储、库存控制、物料搬运和订货处理等活动集成起来，互相联系，互相协调，从而使得PDM实现了三个方面的有益效果。一是使得企业充分挖掘物流活动之间的相互关系，建立以成本最小来满足客户需求；二是使得实体分销的客户导向性更强；三是提高了分销在整个管理阶层的地位。

- 物流管理的发展——集成化物流管理。

虽然实体分销管理大大增强了企业的客户导向，有效降低了企业的分销成本费用，但PDM只涉及产成品的分销物流活动。事实上，物流贯穿整个企业的运作流程中，不仅包括分销物流、而且包括采购物流和生产物流。因此，实体分销管理的原理后来应用于物流全过程，这样，将采购物流、生产物流和分销物流集成起来，形成了企业内部集成化物流管理。集成化物流管理（Integrated Logistics Management）能最大程度地降低企业内部物流成本。

- 跨企业的物流管理——供应链管理

在传统的管理模式当中，企业出于对制造资源的占有要求和对生产过程直接控制的需要，常采用的策略是，或扩大自身规模，或参股到供应商企业，与提供原材料、半成品或部件的企业建立一种所属关系，以改变资源占有的格局。这就是所说的“纵向一体化”管理模式。这种模式存在很多的弊端，尤其是迫使企业从事自己不擅长的业务，增加企业负担。到了20世纪80年代，国际上越来越多的企业放弃了这种经营模式，随之而来的是“横向一体化”思想的兴起，即利用企业外部资源快速响应市场需求，本企业只抓住核心的产品方向和市场。至于生产，只抓关键部件的制造，其他的甚至全部委托其他企业加工。“横向一体化”形成了从供应商到制造商再到分销商贯穿所有企业的“链”。由于相邻节点企业表现出一种需求与供应的关系，当把所有相邻企业依次连接起来，便形成了供应链。这条链上的节点企业必须达到同步、协调运行，才有可能使链上的所有企业都能获益。于是便产生了供应链管理这一新的经营与运作模式。

（5）供应链管理

① 基本概念

- 供应链的含义。供应链最早来源于彼得·德鲁克提出的“经济链”，而后经由迈克尔·波特发展成为“价值链”，最终逐渐演变为“供应链”。供应链是围绕核心企业，通过对信息流、物流、资金流的控制，从采购原材料开始，制成中间产品以及最终产品，最后出销售网络把产品送到消费者手上的将供应商、制造商、分销商、零售商直到最终用户连成一个整体的功能网链结构。

- 供应链管理的含义。供应链管理（Supply Chain Management，SCM）是一种集成的管理思想和方法，它执行供应链中从供应商到最终用户的物流的计划和控制等职能。从单一的企业角度来看，是指企业通过改善上、下游供应链关系，整合和优化供应链中的信息流、物流、资金流，以获得企业的竞争优势。供应链管理是企业的有效性管理，表现了企业在战略和战术上对企业整个作业流程的优化，整合并优化了供应商、制造商、零售商的业务效率，使商品以正确的数量、正确的品质、在正确的地点、以正确的时间、最佳的成本进行生产和销售。

② 电子商务与供应链管理

- 基于电子商务的供应链管理的信息技术支撑体系。供应链管理的基础是供应链上节点企业之间信息的高度集成与共享，实现这点的关键是要有一个基于 IT 的良好的信息技术支撑体系。基于 EDI（电子数据交换）的信息技术支撑体系曾是供应链管理的主要信息技术，而今天基于 Internet/Intranet 的供应链管理信息技术支撑体系成了发展的主流和方向，这一体系中，供应链上每个成员企业有自己的 Intranet（企业内部网），并在 Internet 上建立相应的内部信息管理系统（如 ERP）、电子商务交易系统。由此，供应链上的所有成员企业最大限度地共享各自的内部资源，相互之间交易的所有过程（包括询价、下订单、订单处理、支付等）全部实行电子化、网络化，自上而下，信息流、资金流、物流畅通无阻。
- 基于电子商务的供应链管理的基本原理。供应链管理涉及的内容很多，包括生产计划与控制、库存控制、采购、销售、物流需求预测、客户管理、伙伴管理等，但归根结底无非是信息流、物流和资金流的管理，因此可以从这“三流”的运动来说明供应链管理的基本原理。基本假设：信息技术支撑体系基于 Internet/Intranet，供应链成员企业内部信息化程度较高，所有成员企业的 Intranet 通过 Internet 实现互联，形成 Extranet，信息高度集成与共享，厂商采用分销渠道模式。这是利用电子商务实现供应链管理的理想环境。

3. 电子商务与物流配送

（1）配送的基本概念

配送是指在经济合理区域内，根据用户要求，对物品进行拣选、加工、包装、分割、组配等作业，并按时送达指定地点的物流活动。它是物流中一种特殊的、综合的活动形式。配送是商流与物流紧密结合，既包含了商流活动和物流活动，也包括了物流若干功能要素的一种形式。

由于配送一般处于整个物流过程的终端，直接面对市场的需求，因此，在当今的社会中，物流配送的功能正急剧增大。配送功能完成的质量及其达到的服务水平，直观而具体地体现了物流系统对需求的满足程度。整个物流系统的意义和价值的体现，最终依赖于其终端——配送功能的价值实现程度。

（2）电子商务物流配送

电子商务物流配送，就是物流配送企业采用网络化的计算机技术和现代化的硬件设备、软件系统及先进的管理手段，针对社会需求，按用户的订货要求，进行一系列分类、编配、整理、分工、配货等现货工作，定时、定点、定量地交给没有范围限度的各类用户，满足其对商品的需求，以实现货畅其流，物尽其用。电子商务物流配送既能减少生产企业库存，加速资金周转，提高物流效率，降低物流成本，又刺激社会需求，有利于整个社会的宏观调控，提高整个社会的经济效益。由此可见，这种新型的物流配送能使商品流通较传统的物流配送方式更容易实现信息化、现代化、社会化，促进市场经济的健康发展。

（3）配送的分类

配送按不同形式可分为以下几类。

① 按实施配送的结点不同进行分类。

- 配送中心配送。

配送中心是专门从事货物配送活动的流通企业，经营规模较大，其设施和工艺结构是根据配送活动的特点和要求专门设计和设置的，故专业化、现代化程度高，设施和设备比较齐全，货物配送能力强。配送中心不仅可以远距离配送，还可以进行多品种货物配送；不仅可以配送工业企业的原材料，还可以承担向批发商进行补充性货物配送。

配送中心配送的组织者是专职配送中心，规模比较大。其中有的配送中心由于需要储存各种商品，储存量也比较大；也有的配送中心专职组织配送，因此储存量较小，主要靠附近的仓库来补充货源。

由于配送中心专业性比较强，与用户之间存在固定的配送关系，因此，一般情况下都实行计划配送，需要配送的商品有一定的库存量，但是一般情况很少超越自己的经营范围。

配送中心配送是配送的重要形式。从较为普遍实施配送的国家来看，作为配送主体形式的配送中心配送不但在数量上占主要部分，而且也作为某些小配送单位的总据点，因而发展较快。作为大规模配送形式的配送中心配送，其覆盖面较宽，因此，必须有一套配套的大规模实施配送的设施，比如配送中心建筑、车辆、路线、其他配送活动中需要的设备等。因此，配送中心一旦建成便很难改变，灵活机动性较差，投资较高。这就导致了在实施配送初期很难大量建立配送中心。因此，这种配送形式有一定局限性。

- 仓库配送。

仓库配送是以一般仓库为据点来进行配送。它可以是把仓库完全改造成配送中心，也可以是在保持仓库原功能前提下，以仓库原功能为主，再增加一部分配送职能。

- 商店配送。

商店配送形式的组织者是商业或物资的门市网点，这些网点主要承担商品的零售，一般来讲规模不大，但经营品种却比较齐全。除日常经营的零售业务外，这种配送方式还可根据用户的要求，将商店经营的品种配齐，或代用户外订外购一部分本商店平时不经营的商品，与商店经营的品种一起配齐运送给用户。

这种配送组织者实力有限，往往只是零星商品的小量配送，所配送的商品种类繁多，但是用户需用量不大，甚至于有些商品只是偶尔需要，很难与大配送中心建立计划配送关系，所以常常利用小零售网点从事此项工作。

由于商业及物资零售网点数量较多，配送半径较小，所以比较灵活机动，可承担生产企业非主要生产物资的配送以及对消费者个人的配送。可以说，这种配送是配送中心配送的辅助及补充的形式。

- 生产企业配送。

这类配送的主体是生产企业，尤其是进行多品种产品生产的企业。这些企业可以直接从本企业开始进行配送，而不需要将产品发运到配送中心进行配送，具有直接、避免中转的特点，所以在节省成本方面具有一定的优势。但这种配送方式多适用于大批量、单一产品的配送，不适用于多种产品“凑零为整”的配送方式，所以具有一定的局限性。

② 按配送商品的种类和数量的多少进行分类。

- 单（少）品种大批量配送。

一般来讲，对于工业企业需要量较大的商品，由于单独一个品种或几个品种就可达到较大输送量，可以实行整车运输。这种情况下就可以由专业性很强的配送中心实行配送，往往不需要再与其他商品进行搭配。由于配送量大，可使车辆满载并使用大吨位车辆。这种情况下，由于配送中心的内部设置、组织、计划等工作也较为简单，因此配送成本较低。

- 多品种少批量配送。

多品种少批量配送是根据用户的要求，将所需的各种物品（每种物品的需要量不大）配备齐全，凑整装车后由配送据点送达用户。现代企业生产中，除了需要少数几种主要物资外，大部分属于次要的物资，品种数较多，但是由于每一品种的需要量不大，如果采取直接运送或大批量的配送方式，一次进货批量大，必然造成用户库存增大等问题。类似的情况在向零售店补充一般生活消费品的配送中也存在，所以以上这些情况，适合采用多品种、少批量的配送方式。

- 配套成套配送。

这种配送方式是指根据企业的生产需要，尤其是装配型企业的生产需要，把生产每一台件所需要的全部零部件配齐，按照生产节奏定时送达生产企业，生产企业随即可将此成套零部件送入生产线以装配产品。这种配送方式中，配送企业承担了生产企业大部分的供应工作，使生产企业可以专注于生产，与多品种、少批量的配送效果相同。

③ 按配送时间和数量的多少进行分类。

- 定时配送。

按规定时间和时间间隔进行配送，这一类配送形式称为定时配送。定时配送的时间，由配送的供给与需求双方通过协议确认。每次配送的品种及数量可预先在协议中确定，实行计划配送；也可以在配送之前以商定的联络方式（如电话、传真、计算机网络等）通知配送品种及数量。

定时配送这种服务方式，由于时间确定，对用户而言，易于根据自己的经营情况，按照最理想时间进货，也易于安排接货力量（如人员、设备等）。对于配送供给企业而言，这种服务方式易于安排工作计划，有利于对多个用户实行共同配送以减少成本的投入，易于计划使用车辆和规划路线。这种配送服务方式，如果配送物品种类、数量有比较大变化，配货及车辆配装的难度则较大，会使配送运力的安排出现困难。

- 定量配送。

定量配送指按规定的批量进行配送，但不确定严格的时间，只是规定在一个指定的时间范围内配送。

- 定时定量配送。

定时定量配送指按照规定的配送时间和配送数量进行配送，兼有定时、定量两种方式的优点，是一种精密的配送服务方式。这种方式要求有较高的服务质量水平，组织工作难度很大，通常针对固定客户进行这项服务。由于适合采用的对象不多，很难实行共同配送等配送方式，因而成本较高，在用户有特殊要求时采用，不是一种普遍适用的方式。

- 定时定路线配送。

定时定路线配送在确定的运行路线上制定到达时间表，按运行时间表进行配送，用户可在规定地点和时间接货，可按规定路线及时间提出配送要求。

- 即时配送。

即时配送是指完全按照用户突然提出的时间、数量方面的配送要求，随即进行配送的方式。采用这种方式，客户可以将安全储备降低为零，以即时配送代替安全储备，实现零库存经营。

④ 按经营形式不同进行分类。

- 销售配送。

销售配送指配送企业是销售型企业，或销售企业作为销售战略一环，进行的促销型配送，或者是和电子商务网站配套的销售型配送。这种配送的配送对象往往是不固定的，用户也往往是不固定的，配送对象和用户依据对市场的占有的情况而定，配送的经营状况也取决于市场状况，配送随机性较强而计划性较差。各种类型的商店配送、电子商务网站配送一般都属于销售配送。用配送方式进行销售是增加销售数量、扩大市场占有率、更多获得销售收益的重要方式。由于是在送货服务前提下进行的活动，所以销售配送也受到用户欢迎。

- 供应配送。

供应配送往往是针对特定的用户，用配送方式满足特定用户的供应需求的配送方式。这种方式配送的对象是确定的，用户的需求是确定的，用户的服务要求也是确定的，所以，这种配送可以形成较强的计划性、较为稳定的渠道，有利于提高配送的科学性和强化管理。

- 销售-供应一体化配送。

销售-供应一体化配送是指对于基本固定的用户和基本确定的配送产品，销售企业可以在自己销售的同时，承担用户有计划供应者的职能，既是销售者同时又成为用户的供应代理人，起到用户供应代理人的作用。

- 代存代供配送。

代存代供配送是指用户将属于自己的货物委托给配送企业代存、代供，有时还委托代订，然后组织对本身的配送。这种配送在实施时不发生商品所有权的转移，配送企业只是用户的委托代理人。商品所有权在配送前后都属于用户所有，所发生的仅是商品物理位置的转移。配送企业仅从代存、代送中获取收益，而不能获得商品销售的经营性收益。在这种配送方式下，商、物是分流的。

4. 电子商务环境下的物流模式

（1）电子商务环境下的物流模式

① 物流一体化模式。

所谓物流一体化，就是以物流系统为核心的由生产企业经由物流企业、销售企业，直至消费者的供应链的整体化和系统化。它是物流业发展的高级和成熟阶段。物流一体化的发展可进一步分为物流自身一体化、微观物流一体化和宏观物流一体化 3 个层次。

- 物流自身一体化。物流自身一体化是指物流系统的观念逐渐确立，运输、仓储和其他物流要素趋向完备，子系统协调运作，系统化发展。
- 微观物流一体化。微观物流一体化是指市场主体企业将物流提高到企业战略的地位，并且出现了以物流战略作为纽带的企业联盟。

● 宏观物流一体化。宏观物流一体化是指物流业发展到这样的水平，即物流业占到国家国民生产总值的一定比例，处于社会经济生活的主导地位。它使企业从内部职能专业化和国际分工程度的提高中获得规模经济效益。

② 第三方物流模式。

第三方物流，英文为 Third-Party Logistics，简称 3PL 或 TPL，是相对“第一方”发货人和“第二方”收货人而言的。3PL 既不属于第一方，也不属于第二方，而是通过与第一方或第二方的合作来提供其专业化的物流服务。它不拥有商品，不参与商品的买卖，而是为客户提供以合同为约束、以结盟为基础的、系列化、个性化、信息化的物流代理服务。最常见的 3PL 服务包括设计物流系统、EDI 能力、报表管理、货物集运、选择承运人、货代人、信息管理、仓储、咨询、运费支付、运费谈判等。由于其服务的方式一般是与企业签订一定期限的物流服务合同，因此有人称第三方物流为“合同契约物流（Contract Logistics）”。

发展第三方物流，由专门从事物流业务的企业为供方或需方提供物流服务，可以从更高的角度、更长远地考虑物流合理化问题，简化配送环节，进行合理运输，有利于在更广泛的范围内对物流资源进行合理利用和配置，可以避免自有物流带来的资金占用、运输效率低、配送环节烦琐、企业负担加重、城市污染加剧等问题。

③ 第四方物流模式。

第四方物流（Fourth Party Logistics）是一个供应链集成商，调集和管理组织自己及具有互补性服务提供的资源、能力和技术，以提供一个综合的供应链解决方案，主要是指咨询公司提供的物流咨询服务。咨询公司应物流公司的要求为其提供物流系统的分析和诊断，或提供物流系统优化和设计方案等。总之第四方物流公司以其知识、智力、信息和经验为资本，为物流客户提供一整套的物流系统咨询服务。第四方物流公司要从事物流咨询服务就必须具备良好的物流行业背景和相关经验，它并不需要从事具体的物流活动，更不用建设物流基础设施，只是对于整个供应链提供整合方案。

④ 绿色物流模式。

绿色物流（Environmental Logistics）是指在物流过程中抑制物流对环境造成危害的同时，实现对物流环境的净化，使物流资源得到最充分利用。它包括物流作业环节和物流管理全过程的绿色化。从物流作业环行来看，包括绿色运输、绿色包装、绿色流通加工等。从物流管理过程来看，主要是从环境保护和节约资源的目标出发，改进物流体系，既要考虑正向物流环节的绿色化，又要考虑供应链上的逆向物流体系的绿色化。绿色物流的最终目标是可持续性发展，实现该目标的准则是经济利益、社会利益和环境利益的统一。

绿色物流主要包括以下 5 个方面内容。

● 集约资源。这是绿色物流的本质内容，也是物流业发展的主要指导思想之一。通过整合现有资源，优化资源配置，企业可以提高资源利用率，减少资源浪费。

● 绿色运输。运输过程中的燃油消耗和尾气排放，是物流活动造成环境污染的主要原因之一。因此，要想打造绿色物流，首先要对运输线路进行合理布局与规划，通过缩短运输路线，提高车辆装载率等措施，实现节能减排的目标。另外，还要注重对运输车辆的养护，使用清洁燃料，减少能耗及尾气排放。

- 绿色仓储。绿色仓储一方面要求仓库选址要合理，有利于节约运输成本；另一方面，仓储布局要科学，使仓库得以充分利用，实现仓储面积利用的最大化，减少仓储成本。
- 绿色包装。包装是物流活动的一个重要环节。绿色包装可以提高包装材料的回收利用率，有效控制资源消耗，避免环境污染。
- 废弃物物流。废弃物物流是指在经济活动中失去原有价值的物品，根据实际将要对其进行收集、分类、加工、包装、搬运、储存等，然后分送到专门处地场所后形成的物品流动活动。

⑤ 物流企业联盟模式。

物流联盟是以物流为合作为基础的企业战略联盟。它是指两个或多个企业之间，为了实现自己的物流战略目标，通过各种协议、契约而结成的优势互补、风险共担、利益共享的松散型网络组织。

大型企业为了保持其核心竞争力，通过物流联盟方式把物流外包给一个或几个第三方物流公司。如英国的 Laura Ashley 是一家时装和家具零售商和批发商，从 1953 年的一个以家庭为基础的商业企业发展到现在在全球 28 个国家拥有 540 个专卖店的企业。从 20 世纪 80 年代，Laura Ashley 公司开始使用联邦快递的服务经营北美地区业务。在 20 世纪 90 年代初，Laura Ashley 为了提升竞争地位，增加核心竞争力，决定与联邦快递（Fedex）结盟，外包其关键性的物流功能。于是在 1992 年 3 月，公司外包其未来 10 年内的总计 2.25 亿美元的全球物流服务项目给联邦快递公司。通过这一模式，Laura Ashley 公司减少了其一半的库存货物，减少了 10%～12%物流费用，补货控制在 48 小时内，提高了产品的供货质量。尤其重要的是，那些“易损”的产品现在能够更可靠、频繁和准时地配送。

（2）选择物流模式的条件分析

企业在进行物流决策时，应该根据自己的需要和资源条件，综合考虑以下主要因素，慎重选择物流模式。

① 物流对企业成功的影响度和企业对物流的管理能力。如果物流对企业成功的重要度高，企业处理物流的能力相对较低，则宜采用外包物流；如果物流对企业成功的重要性较低，同时企业处理物流的能力也低，则宜外购物流服务；如果物流对企业成功重要度很高，并且企业处理物流能力也高，则宜自营物流。

② 企业对物流控制力的要求。越是市场竞争激烈的行业，企业越是要强化对供应和分销渠道的控制，此时企业应该自营物流。一般来说，最终产品制造商对渠道或供应链过程的控制力比较强，往往选择自营物流，即作为龙头企业来组织全过程的物流活动，制订物流服务标准。

③ 企业产品自身的物流特点。对于大宗工业品原料的货运或鲜活产品的分销，则应利用相对固定的专业物流服务供应商和短渠道物流；对全球市场的分销，宜采用地区性的专业物流公司提供支援；对产品线单一的企业，则应在龙头企业统一下自营物流。

④ 企业的规模和实力。一般的，企业规模较大，实力较雄厚，通常有能力建立自己的物流系统，制订合适的物流需求计划，保证物流服务的质量。而中小企业则受人员、资金和管理的资源的限制，物流管理效率难以提高。此时，企业为把资源用于主要的核心业

务，就应该把物流管理交给第三方专业物流代理公司。如实力雄厚的麦当劳公司，每天必须把汉堡包等保鲜食品运往中国各地，为保证供货的准确及时，就组建了自己的货运公司。

⑤ 物流系统总成本。在选择是自营还是物流外包时，必须弄清两种模式物流系统总成本的情况。因此，在选择和设计物流系统时．要对物流系统的总成本加以论证，最后选择成本最小的物流系统。

⑥ 外包物流的客户服务能力。在选择物流模式时，考虑物流成本尽管很重要，但外包物流为本企业及企业客户提供服务的能力是选择物流服务至关重要的因素。

知识框架

图 C-1 所示为拓展知识三知识框架。

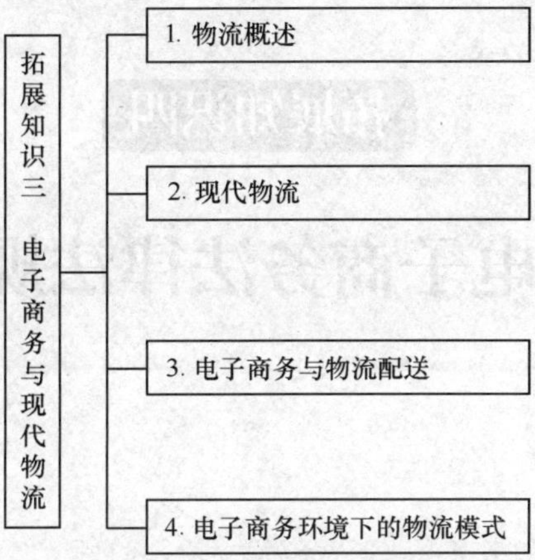

图 C-1　拓展知识三知识框架

复习思考题

1. 简述物流管理的内涵，以及物流管理发展的历程。
2. 供应链是什么，供应链管理是什么？
3. 简述物流配送的分类。
4. 简述电子商务环境下物流模式。
5. 什么是第三方物流？第四方物流是什么？
6. 物流模式选择的条件包括哪些方面？

拓展知识四

电子商务法律法规

学习目标

【知识目标】

- 了解电子商务活动中涉及的法律问题。
- 了解目前有关的电子商务法律法规以及存在的法律问题的解决方法。

【能力目标】

- 具备基本的电子商务法律法规知识，在电子商务实践活动中能够运用、遵循和规范我们的电子商务活动。

典型案例

庄则栋夫妇告VeryCD案胜诉 获赔55 000元

乒坛老将庄则栋与妻子佐佐木敦子状告VeryCD网站以有声读物链接形式侵犯《邓小平批准我们结婚》一书著作权。2011年7月26日，上海一中院对案件作出二审判决，改判VeryCD网站方面停止侵害庄则栋、佐佐木敦子享有的《邓小平批准我们结婚》一书的信息网络传播权，并赔偿庄则栋夫妇经济损失及合理开支人民币55 000元。

著名的乒坛老将庄则栋是当年“乒乓外交”的功臣。他与妻子佐佐木敦子根据自己的传奇经历撰写了《邓小平批准我们结婚》一书，并于1998年7月至2008年7月由红旗出版社出版。2010年3月，庄则栋夫妇发现VeryCD网站上有链接可以任意下载该书的有声读物，认为网站以此吸引用户浏览其网站并下载资源用以赢利的行为，侵犯了他们作为著作权人的权利，遂提起了诉讼，要求网站停止侵权，撤下《邓小平批准我们结婚》所有录音制品下载服务，赔偿经济损失53万元。一审判决驳回原告的诉讼请求，庄则栋夫妇不服上诉。

一中院审理后认为，涉案作品的有声读物系由网络用户nobody vs somebody发布，并未存储在隐志公司的服务器中，资源下载的链接地址亦非隐志公司网站。尽管隐志公司存在分类显示上传资源的现象，实质上未直接实施利用网络传播作品的行为。但是，隐志公司在受让经营VeryCD网站后，应当对网络用户及其上传的资源予以特别的注意和谨慎的审查，避免VeryCD网成为用户实施网络侵权的平台。而本案的发生一定程度上就是因为隐志公司疏于履行作为网络服务商的注意义务，由此认定隐志公司对于网络用户nobody vs somebody在VeryCD网上发布《邓小平批准我们结婚》一书的有声读物，侵害庄则栋、佐佐木敦子享有的该作品的信息网络传播权具有主观过错，应当承担共同侵权责任。鉴于庄则栋夫妇未提供其因侵权行为遭受的损失或者隐志公司因侵权所获利润的证据，故酌情确定隐志公司赔偿损失50 000元及调查、取证及律师费等合理费用开支5 000元，遂作出前述改判。

思考：

1. 什么是信息网络传播权？
2. 侵害信息网络传播权的形式有哪些？

1. 电子商务法律问题

（1）电子商务法律的概念

电子商务法律是指调整以电子交易和电子服务为核心的电子商务活动所发生的各种社会关系的法律规范的统称。电子商务活动发生的社会关系主要有一般商业活动所普遍存在的共有的社会关系和电子商务所特有的社会关系这两个方面。电子商务法律与之相对应，也由两部分构成：一般商法和特殊商法。电子商务虽然是网络中的商务活动，但本质仍然属于商务活动的范畴，其社会关系的调整依然适用我国法律体系中关于一般商业活动的法律规范，尤其适用我国现有商业法的规范。

电子商务法律主体，是指参与电子商务活动并在电子商务活动中享有权利和承担义务的个人和组织。进行电子商务活动，首先要有网络支持机构和网络公司为交易双方提供服务；其次，由于交易双方通常是通过网络签订电子合同来达成交易，要保证交易双方的身份真实、电子合同的合法性，这就需要有一个完全可信赖的第三方（认证中心）参与其中。而电子商务的真正完成还有待于支付和结算的完结，这就要求金融机构在电子商务中按照买卖双方的指令进行支付和结算。由此可见，电子商务活动中，为了保证交易的安全和效率，需要许多参与者介入到货物交易或服务交易中，彼此发生联系，形成各种各样的法律关系，这些参与者与交易双方共同构成了电子商务法律的主体。电子商务法律主要涉及交易双方、网络支持机构、网络公司、电子商务认证机构、结算机构和货物配送机构。

(2) 电子商务中的法律问题

电子商务是以网络为运作平台的，其交易场所虚拟化，表现形式多样化，交易范围国际化，由于网络平台、市场准入、法律冲突、发展中国家的电子商务发展状况等因素的制约，需要解决的法律问题十分庞大。电子商务的法律问题主要涉及在电子商务活动中出现的各方当事人之间的法律关系，即电子商务合同、电子支付、电子交易安全、知识产权、消费者权益特别是隐私权保护等方面所引起的法律问题。

第一，电子商务合同问题。

① 定义。电子合同，又称电子商务合同，根据联合国国际贸易法委员会《电子商务示范法》以及世界各国颁布的电子交易法，同时结合我国《合同法》的有关规定，电子合同可以界定为：电子合同是双方或多方当事人之间通过电子信息网络以电子的形式达成的设立、变更、终止财产性民事权利义务关系的协议。通过上述定义可以看出，电子合同是以电子的方式订立的合同，其主要是指在网络条件下当事人为了实现一定的目的，通过数据电文、电子邮件等形式签订的明确双方权利义务关系的一种电子协议。2003 年正式出台的《广东省电子交易条例》明确认定，电子合同是指全部或者部分以电子记录的方式订立的合同。

② 产生的问题。电子商务合同主要是双方通过电子形式（E-mail、传真、电话或者网络电子表格等）来签订的，这涉及数字签名、电子发票、电子合同的法律地位和效力问题，必然产生很多问题。

首先，电子商务合同双方当事人基本不见面，双方都通过网络虚拟平台进行运作，其信用仅仅依靠密码的辨认或认证机构的认证，密码认证的虚拟性和认证机构认证的多样性导致合同的信用体系存在较大疑问，对大额和长期的商务合作开展不利。其次，电子发票所产生的问题。很多电子商务合同特别是小额交易没有发票，一旦发生纠纷，就缺乏有效证据。再次，数字签名代替了传统合同生效的签字盖章方式。数字签名本身的效力产生就存在疑问，并且其存在易复制性和仿照性，不易辨别，一旦被复制和仿用，产生的合同纠纷解决就十分复杂。然后，电子合同双方当事人不在同一地点，如何界定好合同生效的地点，是合同纠纷的约定管辖的重要依据。另外，自动订单合同的效力问题。依照商家或者客户自动设置的订单系统产生的订单合同到底是否必然生效，由此一方无法供货产生的违约责任由谁来承担等，这些都是现实中存在的。最后，因计算机或者网络发生故障产生的合同的法律效力的认定问题。

第二，电子支付中的法律问题。

电子支付中的信息安全与一般情况下所说的信息安全有一定的区别。它除了具有一般信息的含义外，还具有金融业和商业信息的特征。更多的、更重要的方面还在于它的进一步发展，必然涉及国民经济建设中资金的调拨，涉及国家经济命脉的重要内容。所以，必须高度重视电子支付中的信息安全问题。

在电子支付中存在着若干种支付方式，每一种方式都有其自身的特点，且有时两种支付方式之间不能做到互相兼容。这样，当电子交易中的当事人采用不同的支付方式且这些支付方式又互不兼容时，双方就不可能通过电子支付的手段来完成款项支付，从而也就不能实现互联网上的交易。因此，从推动电子商务的角度出发，有必要努力将各种不同的支付方式统一起来，将各种不同的支付方式融会贯通，取长补短，结合而形成一种较为完美的支付方式。

欧洲委员会（European Commission，EC）1997 年发表了一份题为《欧洲电子商务设想》的文件，旨在为欧洲制定一项有关电子商务的统一政策做最初的努力。文件指出，标准化是一项重大而严峻的课题。比如说，在储值卡领域就有 20 多种互不兼容的标准。文件还反复强调从全球角度提出解决兼容性和互操作性问题的方案。为解决这一问题，欧委会宣布了有关电子商务标准的具体研究项目，并在布鲁塞尔主持召开了全球信息社会标准化会议。由此可见，关于支付方式及其标准的统一问题，已经列入了欧盟的议事日程之中。

① 电子支付的定义和特征。电子支付是通过网络而实施的一种支付行为，与传统的支付方式类似，它也要引起涉及资金转移方面的法律关系的发生、变更和消灭。

② 电子支付权利。电子支付的当事人包括付款人、收款人和银行，有时还存在中介机构。各当事人在支付活动中的地位问题必须明确，进而确定各当事人的权利的取得和消灭。

③ 涉及电子支付的伪造、变造、更改与涂销问题。在电子支付活动中，由于网络黑客的猖獗破坏，支付数据的伪造、变造、更改与涂销问题越来越突出，对社会的影响越来越大。《中华人民共和国刑法》中第一百九十六条是专门针对信用卡犯罪的，包括使用伪造的信用卡，使用作废的信用卡，冒用他人的信用卡，恶意透支等。智能卡与信用卡类似，犯罪的界定尚可参照信用卡的有关条款，但电子现金、电子钱包、电子支票的问题却完全是一类新问题，法律责任的认定和追究需要全新的法律条文。

④ 刑事侦察技术的发展问题。由于计算机技术的飞速发展，新的电子支付方式层出不穷。每一种方式都有自己的技术特点，都会产生新的法律纠纷，这些纠纷出现以后，调查、认定是一个非常复杂的刑事侦察技术问题。

第三，电子商务交易安全的法律保障。

电子商务交易安全的法律保护问题，涉及两个基本方面。第一，电子商务交易首先是一种商品交易，其安全问题应当通过民商法加以保护；第二，电子商务交易是通过计算机及其网络而实现的，其安全与否依赖于计算机及其网络自身的安全程度。

我国现行的涉及交易安全的法律法规主要有四类。

① 综合性法律。主要是民法通则和刑法中有关保护交易安全的条文。

② 规范交易主体的有关法律，如公司法、国有企业法、集体企业法、合伙企业法、私营企业法、外资企业法等。

③ 规范交易行为的有关法律，包括经济合同法、产品质量法、财产保险法、价格法、消费者权益保护法、广告法、反不正当竞争法等。

④ 监督交易行为的有关法律，如会计法、审计法、票据法、银行法等。

在我国尚无专门电子商务法律的现状下，充分利用已有的行政法规保护电子商务的正常进行是非常重要的。国务院颁布的《中华人民共和国计算机信息网络国际联网管理暂行规定》（以下简称《规定》）和公安部颁发的《计算机信息网络国际联网安全保护管理办法》（以下简称《办法》）就是两个对电子商务具有重大影响的重要行政法规。

《规定》和《办法》的调整对象是中华人民共和国境内从事计算机信息网络国际联网业务的单位和个人，主要包括：国际出入口信道提供单位和互联单位的主管部门或主管单位、国际出入口信道提供单位、互联单位、接入单位、适用计算机信息网络国际联网的个人、法人和其他组织。计算机信息网络国际联网业务主要包括：提供国际出入口信道、接入服务、信息服务、适用计算机信息网络提供的各类功能，以及与计算机信息网络国际联网有关的其他业务。《规定》和《办法》还规定了必要的处罚措施，规定了警告、罚款、停止联网、取消联网资格等处罚。通过严格管理，提高全社会对计算机信息网络国际联网安全保护管理工作重要性的认识，自觉依法守法，服从管理，使计算机信息网络国际联网的安全保护得到充分保证。

第四，电子商务中的知识产权保护。

知识产权与有形财产存在明显不同的特点，如垄断性、地域性、时间性、无形性、政府确认性等。其中，又以垄断性（专有性）和地域性更为特别。如果知识产权不能保证权利人的专有，则知识产权制度就不能发挥出应有的作用，其权利也就成了一种摆设。如果地域性被彻底打破，权利就有可能成为世界通行的“全球权利”或者产生世界性统一的制度。电子商务活动建立在互联网上，网络的传输表现出“公开”的开放性和“无国界”的全球性特点及状态。“公开”为“公知”提供了前提，也为“公用”提供了方便；“无国界”又使得地域性的知识产权受到了严峻的挑战。

网络上涉及的知识产权问题常常包括网络技术版权、专利权和商标权等制度带来的新问题。信息技术不但给版权制度保护客体带来了新的内容，而且对原有的版权权利内涵提出了新的挑战，同时也就给版权侵权的认定带来了新的问题。总之，网络中传输的数字信息包括了各种文字、影像、声音、图形和软件等智力成果，这些智力成果的版权归属和保护问题就随之而来了。为了适应网络这一生命力十分强大的新事物的发展要求，世界各国纷纷修改自己的版权法，相关的国际组织也致力于这方面的研究，尤其是世界知识产权组织（WIPO）通过的两个新条约——《世界知识产权组织版权条约》和《世界知识产权组织表演与录音条约》对网上的版权的保护和利用作出了相应的规定，为各国立法提供了参考和依据。

2005 年 4 月 29 日国家版权局、国家信息产业部以 2005 年第 5 号令发布《互联网著作权行政保护办法》，自 2005 年 5 月 30 日起施行。该办法适用于互联网信息服务活动中根据互联网内容提供者的指令，通过互联网自动提供作品、录音录像制品等内容的上载、存储、链接或搜索等功能，且对存储或传输的内容不进行任何编辑、修改或选择的行为。互联网信息服务活动中直接提供互联网内容的行为，适用著作权法。著作权人发现互联网传播的内容侵犯其著作权，向互联网信息服务提供者或者其委托的其他机构（以下统称“互联网信息服务提供者”）发出通知后，互联网信息服务提供者应当立即采取措施移除相关内容，并保留著作权人的通知 6 个月。互联网信息服务提供者明知互联网内容提供者通过互联网实施侵犯他人著作权的行为，或者虽不明知，但接到著作权人通知后未采取措施移除相关内容，同时损害社会公共利益的，著作权行政管理部门可以根据《中华人民共和国著作权法》第四十七条的规定责令停止侵权行为，并给予下列行政处罚。①没收违法所得；②处以非法经营额 3 倍以下的罚款；非法经营额难以计算的，可以处10万元以下的罚款。

在专利领域，网络技术也提出了新的问题。例如，计算机软件能否成为专利制度保护的客体；互联网的广泛性和开放性对专利的“新颖性”特点提出了挑战，发明人通过电子信箱与同事通信中，披露了自己的有关发明，这是否构成“公开”，是否影响该发明获得专利时应有的“新颖性”；还有在专利的电子申请方式中涉及的法律问题等，这些都是在网络环境中需要讨论和解决的问题。

在商标领域，也存在网络技术带来的新问题。例如，Internet 上的“域名”作为一种在 Internet 上的地址名称，在区分不同的站点用户上起着非常重要的作用。同时，域名的存在和登记规则也在实际中带来了一些问题，需要法律作出规定并进行解决。域名首先是作为一种技术性手段建立起来的，它在本质上并不是一种知识产权，因此域名本来并不能像商标那样被作为知识产权受到保护。但是，随着域名商业价值的不断增强，人们不断认识到域名的滥用会在很大程度上侵犯、干扰和削弱商标或其他名称的价值，法律已经开始将某些知识产权的权利内容赋予域名，保护权利人利益，防止由于域名的错误使用而产生的侵犯、干扰或削弱商标或其他名称的价值。我国有《中国互联网络信息中心域名注册实施细则》、《中国互联网络域名管理办法》、《中国互联网络信息中文域名争议解决办法》等法律法规来规范域名的使用。

第五，隐私权保护问题。

网络隐私权是指公民在网络中享有的私人生活安宁与私人信息依法受到保护，不被他人非法侵犯、知悉、搜集、复制、利用和公开的一种人格权；也指禁止在网上泄露某些与个人相关的敏感信息，这些信息的范围包括事实、图像（如照片、录像带）以及毁谤的意见等。目前电子商务隐私权保护领域遇到三大问题：个人信息数据保护、个人数据二次开发利用和个人数据交易。网络侵权行为的泛滥会使电子商务交易的诚信基础更为削弱，不利于电子商务交易的长久发展。

当前，世界上许多国家正在着手制定本国的网上隐私权保护法，因为要保护网上隐私，除了技术手段外，更重要的是要加强立法约束。在这种背景下，我国要制定网上隐私权保护法，就必须参考别的国家的立法实践，总结其合理内涵，并且要结合本国实际。

2. 电子商务交易的法律规范

（1）电子合同的法律效力

① 电子合同的特点。

电子合同是指在网络条件下合同当事人之间为了达成某种交易，通过电子邮件和电子数据交换所明确相互权利、义务关系的协议或契约。

电子合同与传统合同所包含的信息大体相同，也是对签订合同的各方当事人权利与义务做出规定的文件。但电子合同不是以纸张作为原始记录的凭证，而是将信息或数据记录在计算机中，或记录在磁盘等中介媒体中，故具有以下特点。

- 订立合同的双方或多方在网络上运作，可以互不见面。合同内容等信息被记录在计算机或磁盘等中介载体中，其修改、流转、存储等过程均在计算机内进行。
- 表示合同生效的传统签字盖章方式被数字签名所代替。
- 传统合同的生效地点一般为合同成立的地点，而采用数据电文形式订立的合同，收件人的主营业地为合同成立的地点。没有主营业地点的，其经常居住地为合同成立的地点。

- 电子数据的易消失性。电子数据以计算机存储为条件，是无形物。一旦操作不当可能丢失所有数据。
- 电子数据作为证据的局限性。传统的书面合同只是受到当事人保护程度和自然侵蚀的限制，而电子合同不仅可能受到物理灾难的威胁，还有可能受到计算机病毒的攻击。

② 电子合同的成立。

在合同法中，确定合同的成立时间与成立的地点具有重要的意义。通常合同的成立时间也就是合同生效的时间。确定了合同的成立时间也就相应地确定了合同当事人开始履行合同义务的时间。而合同的成立地点为收件人主营业地或经常居住地。合同成立的标准是双方意思表示一致的达成，即合意的达成。合意的达成又是以承诺的形成为标志。因此，合同的成立应以承诺作为判别标准。

- 电子合同的成立与生效的法律规定。《中华人民共和国合同法》(以下简称《合同法》) 第二十六条规定："承诺通知到达要约人时生效。采用数据电文形式订立合同的，承诺到达的时间适用于本法第十六条第二款的规定。"《合同法》第三十三条还规定："当事人采用信件、数据电文等形式订立合同的，可以在合同成立之前要求签订确认书，签订确认书时合同成立。"

- 电子合同成立的主体确认。电子商务往往不是面对面地进行交易，因此很容易产生冒用他人名义进行商务活动，以及网站如何认定相对人是否为无民事行为能力或限制民事行为能力人等系列法律问题，这些都需要当事人的确认。
- 合同成立的时间和地点的法律规定。合同成立的时间，在《合同法》第十六条第二款中，作出了如下规定："采用数据电文形式订立合同，收件人指定特定系统接收数据电文的，该数据电文进入该特定系统的时间，视为到达时间，未指定特定系统的，该数据电文进入收件人的任何系统的首次时间，视为到达时间。"
- 关于合同成立的地点，在《合同法》中，作出了如下规定："承诺生效的地点为合同成立的地点。采用数据电文形式订立合同的，收件人的主营业地为合同成立的地点；没有主营业地的，其经常居住地为合同成立的地点。当事人另有约定的，按照其约定。"《合同法》对合同成立的时间和地点的规定充分考虑到电子商务的特殊性，符合电子商务的特点。

③ 电子合同的法律效力。

- 电子合同的效力问题。

电子合同具有与书面合同同等的法律效力。《合同法》将传统的书面合同形式扩大到数据电文形式，第十一条规定："书面形式是指合同书、信件以及数据电文（包括电报、传真、电子数据交换和电子邮件）等可以有形地表现所载内容的形式。"这表明不管合同采用什么载体，只要可以有形地表现所载内容，即视为符合法律对"书面"的要求，这实际上已赋予了电子合同与传统合同同等的法律效力。

电子签名的效力与电子合同的成立。按照《合同法》第三十二条的规定："自双方当事人签字或者盖章时合同成立"，而电子合同采用新的方式，这就是电子签名。

- 电子合同效力的认定。

电子证据与电子合同。传统的确定交易各方权利义务的各种书面合同单证，被储存于计算机设备中的电子文件所代替后，这些电子文件就成为电子证据。因此，电子证据也被称为计算机证据。在电子商务中确定各方的权利和义务的各种合同和单证都是采用电子形式，因而电子证据作为一种新的能引起一定法律后果的行为载体，在诉讼中不仅仅是合同形式，同时也是具有证据意义的权利与义务根据。

电子合同证据效力的认定。在我国民事诉讼法第六十九条中规定："人民法院对视听资料，应当辨别真伪，并结合本案的其他证据，审查确定能否作为认定事实的根据。"同时，由于电子证据容易被伪造、篡改，加上易受人为的原因或环境和技术条件的影响而出错，故也应将电子证据归入间接证据。

（2）电子签名的法律保护

① 电子签名的概念。

签名是指一个人用手亲笔在一份文件上写下名字或留下印记、印章或其他特殊符号，以确定签名人的身份，并确定签名人对文件内容予以认可。而电子签名是指数据电文中以电子形式所含、所附用于识别签名人身份并表明签名人认可其中内容数据。电子签名法所称数据电文，是指以电子、光学、磁或者类似手段生成、发送、接收或者存储的信息。

② 电子签名的实现方法。

电子签名是电子形式的数据，是与数据电文（电子文件、电子信息）相联系的用于识别签名人的身份和表明签名人认可该数据电文内容的数据。我国电子签名法规定，电子签名同时符合下列条件的，视为可靠的电子签名。①电子签名制作数据用于电子签名时，属于电子签名人专有。②签署时电子签名制作数据仅由电子签名人控制。③签署后对电子签名的任何改动能够被发现。④签署后对数据电文内容和形式的任何改动能够被发现。

③ 电子签名的法律效力。

电子签名法第十四条规定："可靠的电子签名与手写签名或者盖章具有同等的法律效力。"身份认证是与数字签名相关的一项重要制度。网上交易的买卖双方在进行每一笔交易时，需要鉴别对方的可信度。因此要有一个交易双方都充分信赖的第三方机构或个人来认证双方的身份，以保证网络交易的安全。

（3）电子支付的法律保护

① 电子支付的法律关系。在电子商务中，为了保证电子支付的顺利进行，必须制定相应的法律和法规，以分清电子支付中的法律关系和法律责任。在电子支付过程中要涉及参与支付的各个主体——当事人、参与支付的客体——电子货币、提供中介服务的系统等。电子支付法律关系的当事人，是在电子商务法律关系中依法享有商务交易结果的权利和承担电子支付义务的法人或自然人。从实际参加支付活动的角色上，可划分为四种人，即付款人、收款人、电子支付银行、电子认证机构（CA）。由于这四种人在电子支付过程中所发挥的作用不同，因此，他们各自有相应的权利和义务。电子支付当事人一定要取得相应的资格，电子货币也要具备一定的法律效力，由此产生较多的法律问题。这些法律问题主

要有：在电子支付中当事人需要共同遵守的规则；为了保证电子支付的顺利进行所制定的相应的法律和法规；电子支付当事人的权利、义务和责任；电子货币的法律地位；支付中的争议解决办法；支付的风险和责任划分等。

在电子支付中需要有关的办法、协议、规则、合同来约束。这些都是在实际交易中，保证电子支付的顺利进行所制定和必须遵守的行为规范。在电子支付活动中，当事人之间在法律上是债权债务关系；而电子支付当事人与提供中介服务的银行或其他金融机构之间在法律上是合同关系；电子支付中当事人、提供中介服务的银行或其他金融机构与提供信息服务的中介机构也是一种新型的合同关系，这种合同关系是在传统支付活动中所没有的。由此可见，电子支付所引起的法律关系，要比传统的支付活动更复杂，不仅要涉及电子支付的当事人、金融机构，还要涉及提供信息服务的中介机构，所以必须有新的法律法规来调整。

② 电子支付的安全保障。电子支付安全是指在电子支付过程中，构成电子支付的计算机设备、网络的安全和支付管理制度的安全的总和。电子支付的安全保障从整体上可分为两个部分：计算机网络安全和商务交易安全。计算机网络安全的内容包括计算机网络设备安全、计算机网络系统安全、数据库安全等。其特征是针对计算机网络本身可能存在的安全问题，实施网络安全增强方案，以保证计算机网络自身的安全性为目标。支付管理制度安全则紧紧围绕传统支付在互联网络上应用时产生的各种安全问题，在计算机网络安全的基础上，保障电子支付过程的顺利进行，即实现电子支付的快捷、方便、准确、保密、不受时空限制以及可鉴别性、不可伪造性等。

③ 电子支付的相关法律。电子支付是在开放网络环境下采用支付工具（如现金、票据）的电子信息传递。电子支付是电子商务活动中最核心、最关键的环节，是电子商务得以进行的基础条件。在电子支付的实施过程中，虽然仅有四种当事人，但他们之间却有许多种的法律关系，构成电子支付当事人之间的法律关系，如交易关系、合同关系、债权债务关系、借贷关系、委托代理关系、认证关系等。这些法律关系均是建立在平等的经济关系的基础上，受法律的保护。电子支付中的法律责任有，电子支付的民事法律责任、电子支付违反合同法的责任、电子支付违反商业银行法的责任、电子支付中的行政法律责任和电子支付中的刑事法律责任。

2004 年 8 月 28 日，第十届全国人大常委会第十一次会议通过了《中华人民共和国电子签名法》，2005 年 4 月 1 日起施行。这是我国制定的第一部涉及电子商务、电子支付方面的法律，对用于识别签名人身份并表明签名人认可其中的内容有了统一规定。2005 年 1 月 28 日，中华人民共和国信息产业部发布《电子认证服务管理办法》，2005 年 4 月 1 日起施行，对电子认证机构实行统一监督和管理。2005 年 6 月 9 日，中国人民银行与中国银行业监督管理委员会发布《电子支付指引（征求意见稿）》（以下简称《指引》）。《指引》是为规范和引导电子支付业务的健康发展，保障电子支付业务中当事人的合法权益，防范电子支付业务风险，确保银行和客户资金安全的一部行业规范。根据《中华人民共和国电子签名法》、《支付结算办法》等法规制度所制定，在中华人民共和国境内的电子支付活动都适用该《指引》。该《指引》关于电子支付业务的申请、电子支付指令的发起和接收、安全控制、差错与责任都作了详细的规定。

针对第三方网上支付市场发展导致金融风险不断叠加等问题，中国人民银行出台了《非金融机构支付服务管理办法》，规定非金融机构和个人从事支付业务需要由央行批准。针对境外代购不规范的问题，海关总署降低个人邮寄入境物品进口税额起征点，增加了海外代购成本。

（4）第三方电子商务交易平台服务规范

为规范第三方电子商务交易平台的经营活动，保护企业和消费者合法权益，营造公平、诚信的电子商务交易环境，中华人民共和国商务部以2011年第18号令公布了《第三方电子商务交易平台服务规范》。本规范规定了在中华人民共和国境内从事第三方电子商务交易平台服务和经营活动的行为规范，为基于第三方交易平台的电子商务的健康发展提供了制度保障。2010年，国家先后出台了一系列扶持和规范电子商务发展的政策措施，各地政府也不断加大对电子商务发展的扶持力度，促进了网购市场规范性的提升，推动了网络购物市场的健康有序发展。

针对相关政策法规、管理能力和服务水平不适应网络购物发展需要等现实问题，商务部颁布了《关于促进网络购物健康发展的指导意见》，在完善服务与管理体制、健全法律与标准体系、改善交易环境、培育市场主体、拓宽网络购物领域、规范交易行为等方面提出了新的要求。针对电子商务市场上出现的消费者侵权事件频发，网店销售不规范等问题，国家工商总局出台了《网络商品交易及有关服务行为管理暂行办法》，实施网店经营行为人实名登记制度，同时加强了电子合同的管理，强调了消费者权益保障。针对非法网站、假冒商品网络横行的现象，工信部开展了专项治理行动，清理了众多不法网站，全面实施域名实名注册，进一步完善网站管理制度。

3. 电子商务中的消费者权益问题

（1）电子商务中消费者权益内容概述

消费者权益可理解为消费者的权利与利益的合称，它是指消费者依法享有的权利以及该权利受到保护时给消费者带来的应得的利益。所谓消费者权利，是指消费者在消费领域中，即在购买、使用商品或者接受服务中所享有的权利。

根据1985年联合国大会通过的《保护消费者准则》的规定，结合我国1993年立法机关通过的《中华人民共和国消费者权益保护法》（以下简称《消法》）的相关规定可知，消费者权益是从九个方面进行保护的。电子商务虽然与传统的交易方式有不同之处，但是我国并未针对电子商务中的消费者权益保护专门制定法律加以规制。因此，电子商务中消费者权益保护的内容同样应该包括这九个方面内容。它们依次是：保障安全权、知悉真情权、自主选择权、公平交易权、获得赔偿权、依法结社权、获得知识权、维护尊严权和监督批评权。

（2）电子商务中消费者权益保护法律

1993年10月31日我国立法机关通过了《消法》，虽然该部法律通常被划分为经济法中的市场秩序规制法，但就其调整对象而言，其不仅调整了国家与经营者之间、国家与消费者之间等具有经济性质的社会关系，而且调整了消费者与生产经营者之间的关系，并且针对侵犯消费者权益的行为规定了一系列的责任。这些责任包括：①经营者违反《产品质量法》应承担的民事责任；②致人伤残的民事责任；③致人死亡的民事责任；④侵犯其他人身权的民事责任；⑤造成财产损害的民事责任；⑥违反约定的民事责任；⑦提供不合格商品的民事责任；⑧欺诈行为的民事责任。上述八种民事责任中，既有侵权责任，也有违约责任。所以，在《消法》出台以后发生的侵害消费者权益的案件中，无论是以侵权之诉还是违约之诉来保障消费者的权益，都可根据特别法优于一般法适用的原则援引《消法》，因此《消法》被广泛地应用于司法实践中。

但是，电子商务作为新型的商务方式，它的特殊性给消费者权益的保护工作带来了许多新的问题。消费者作为电子商务的重要组成部分，他们合法权益的保护显得极为重要。电子商务的快速发展对消费者权益的保护提出了更高的要求，经济合作与发展组织（OECD）在《关于电子商务中消费者保护指南的建议》中称："全球性的环境对每一个国家或其法律制度解决电子商务中消费者保护问题的能力提出了挑战。"

纵观我国现有的法律法规，对电子商务中消费者权益的法律保护可以适用《民法通则》、《合同法》、《消法》、《产品质量法》、《计算机信息网络国际联网安全保护管理办法》等。网上消费者权益的保护在我国还是一个"盲点"，因此加强对电子商务中消费者权益保护的立法，制定专门法律保护电子商务中消费者权益已经是迫在眉睫。

（3）电子商务中消费者权益保护面临的问题

电子商务中消费者权益受到侵害的各种具体表现，归纳起来，主要有以下方面。

① 网络消费欺诈问题。网络消费欺诈是指经营者以非法占有为目的，在网络上利用虚构的商品和服务信息或者其他不正当手段骗取消费者财物的行为。在网络环境下，销售者对其身份信息披露不全或虚假，购买者很难认识或无法判断销售者的真实身份。而且，在销售商品（服务）时，销售者对购买者无告知销售动机的义务，购买者只是凭借经验和习惯来购买商品或接受服务，自然容易上当受骗。现阶段，网络消费欺诈的手段有：虚假广告、低价陷阱套取货款、空头承诺骗取订金、网络拍卖欺诈等。其中，虚假广告表现尤为突出。经营者通过虚假广告误导消费者作出错误决定的行为，严重损害了消费者的知情权。

② 网络交易安全问题。消费者在进行电子商务交易过程中能否获得安全保障是决定消费者是否进行网上交易的关键。当前，网上交易的付款一般采用电子支付手段，但是现阶段电子支付主要以信用卡作为付款工具。在支付时消费者的信用卡号码、个人身份证号码及其他个人资料是否会遭到网络黑客袭击，是否会被经营者不当披露或使用，就成为消费者非常关注的一个问题。

③ 网络消费合同中的格式条款问题。因为"网络具有天然地适用格式合同的条件及优势"，因此，在网上交易时，为了节省时间，格式合同被大量使用。这样，网络媒介的特殊性为经营者利用格式合同逃避责任找到了新的空间。这些格式条款或者以消费者不加注意的形式出现；或者通过一定的技术手段置于消费者不加注意的网页位置；或者将相关条款置于其他网页而不加以说明或设置方便的链接，使消费者无从了解；或者在提供免费电子信箱申请的服务中，无条件无限制地免除自己的责任等。

④ 消费者损害赔偿权难以实现问题。消费者的损害赔偿权又称求偿权，它实际上是法律赋予消费者在利益受损时享有的一种救济权。实现这种权利的前提是消费者在进行交易的过程中或使用商品和接受服务后，人身或财产遭受了一定的损害。网络的特性和相关

法律的缺失使网络经营者和消费者之间产生大量的纠纷。当消费者发现自己权益遭受侵害后，因无法得知经营者的真实身份或者经营者处于其他地区而无法或不便寻求救济。而且过高的诉讼成本、举证困难、网络交易纠纷的管辖权与法律适用的不确定也导致消费者容易放弃救济权。

（4）构建我国电子商务中的消费者权益保护体系

① 通过法律确定网络经营者的义务。

• 在线信息披露义务。为保障消费者知情权和公平交易权，法律应当明确规定经营者有义务披露真实的、完全的交易信息，向消费者提供清晰的、全面的交易条件，如向消费者收取的或由消费者承担的成本项目、服务条款、交付和支付条款、购买的限制或限度条件（监护人许可、地域和时间限制、购买额的限度等）、有效的售后服务信息以及担保条款等。

• 不得滥用格式条款的免责义务。网络格式合同在网络消费交易中是必要的，尽管我国现有法律没有规定电子商务活动中格式条款的效力，但是其效力可以根据《合同法》、《消法》确认，只要符合法律规定而且没有损害消费者合法权益，格式合同就对双方当事人具有约束力，不能仅因为其承诺方式的特殊性而否认其效力。当然也应当从法律角度对免责条款进行限定，这对维护交易公平和发展网络交易具有重大意义。如限制无效条款列入合同；限制不合理条款的效力；对于减轻、免除经营者责任或限制消费者权利的条款应当采用特别提醒的方式列入合同，否则就是“霸王条款”。另外，法律可以作出类似如下规定：格式合同必须出现在点击成交之前，格式合同应放置于消费者易于查阅之处，对于一些经营者免责或限制权利的条款应当采用特别提醒方式，否则，不构成合同内容。

• 切实履行合同义务。电子商务交易的便捷和迅速很大程度上依赖于经营者对交易流程处理的效率。针对电子商务交易中延迟履行的违约行为，应以法律明文规定经营者负有及时处理信息的义务，并应履行收到确认等及时通知的义务。另外，因为电子交易中消费者购买决定的作出完全是根据电子信息作出的，使经营者负有消费者接到商品后一定时间内无条件退货的义务已经成为电子商务较发达国家的普遍做法。

② 建立电子商务消费争议的解决机制。

• 建立权威的在线投诉中心。目前，各地工商行政管理机关依托12315申诉举报电话，积极受理消费者申诉举报，依法调解互联网消费纠纷，严厉查处了利用互联网销售伪劣商品、虚假宣传、不正当竞争、传销和变相传销等侵害消费者权益的违法行为。如果在全国范围内以中国工商总局和中国消费者权益保护协会为主，共同建立一个权威的在线投诉中心，接受来自全国各地的网络消费投诉，则更能有效地保护广大网络消费者的权益。具体方法是：在该中心投诉的资料由中心转发到被投诉的网络经营者所在地的工商局或消费者权益保护协会，由当地的工商局或消费者权益保护协会对投诉资料进行核查并进行处理。

• 设立小额诉讼程序。网络交易中，大多数是小额交易，在合同履行出现问题后，面对诉讼成本、诉讼困难等问题，消费者往往选择放弃救济。因此，设立小额诉讼程序对于保护网络消费者的利益有着重要意义。

知识框架

图 D-1 所示为拓展知识四知识框架。

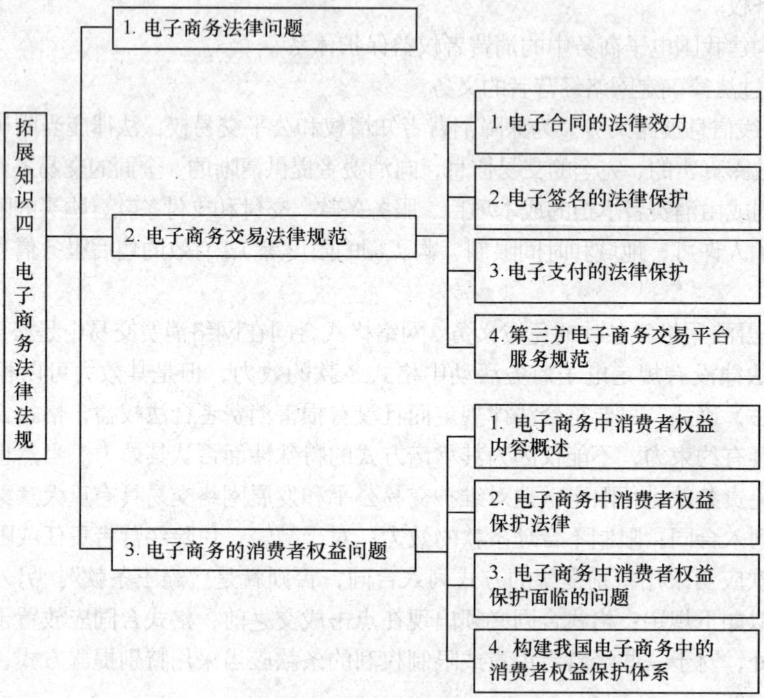

图 D-1　拓展知识四知识框架

复习思考题

1. 什么是电子商务法律，其涉及的主体主要包括哪些？
2. 简述电子商务中涉及的法律问题。
3. 简述电子合同的特点。
4. 简述电子签名的实现方法。
5. 简述电子商务中消费者权益保护面临的问题。